供应链企业管理决策

质量与环保的抉择

薛 颖 著

电子工业出版社·

Publishing House of Electronics Industry

北京·BEIJING

内 容 简 介

　　本书以供应链社会资本与企业绩效（包括环境绩效与经济绩效）的关系研究为基础，以核心企业主导的制造业供应链为研究重点，逐层论证，从而揭示社会资本对企业绩效的影响，进一步分析得出其与供应链质量整合和绿色供应链管理实践的作用机理，并最终论证出关系资本、供应链质量整合及绿色供应链管理实践影响核心企业绩效的作用路径，为供应链核心企业决策提供依据。

　　本书可供理论工作者、管理类的本科生与研究生、政府中的政策管理和研究人员、企业中从事供应链管理决策的相关人员阅读和参考使用。

图书在版编目（CIP）数据

　　供应链企业管理决策 ： 质量与环保的抉择 / 薛颖著.

北京 ： 电子工业出版社，2024. 10. -- ISBN 978-7-121-49045-3

Ⅰ．F252.1

　　中国国家版本馆CIP数据核字第2024M25M64号

责任编辑：刘小琳　　　特约编辑：张思博
印　　　刷：三河市鑫金马印装有限公司
装　　　订：三河市鑫金马印装有限公司
出版发行：电子工业出版社
　　　　　　北京市海淀区万寿路 173 信箱　　邮编：100036
开　　　本：720×1 000　1/16　印张：15　　字数：250 千字
版　　　次：2024 年 10 月第 1 版
印　　　次：2024 年 10 月第 1 次印刷
定　　　价：88.00 元

　　凡所购买电子工业出版社图书有缺损问题，请向购买书店调换。若书店售缺，请与本社发行部联系，联系及邮购电话：（010）88254888，88258888。

　　质量投诉请发邮件至 zlts@phei.com.cn，盗版侵权举报请发邮件至 dbqq@phei.com.cn。

　　本书咨询联系方式：liuxl@phei.com.cn，（010）88254538。

──────────────── 作者简介 ────────────────

　　薛颖，女，汉族，1978 年 5 月出生，西安财经大学电子商务专业副教授，博士。主要研究方向为电子商务、供应链管理、物联网应用等。先后在物流及供应链管理类核心期刊发表多篇学术论文。

前　言

随着质量和环境问题的日益凸显，企业将提高产品质量和降低环境影响视为品牌价值提升、效益提升的有效途径。同时，产品生产的供应链网络化迫切需要企业从供应链角度考虑质量与环保问题，即实现供应链质量整合（Supply Chain Quality Integration，SCQI）与绿色供应链管理（Green Supply Chain Management，GSCM）实践的融合。在此过程中，学者研究表明，嵌入个体或上下游企业关系网络中的社会资本不仅是 SCQI 的重要前因，也是 GSCM 的重要影响因素。与此同时，SCQI 对环境绩效的激励作用和 GSCM 对经济绩效的正向影响，已经获得部分研究结论的证实，但仍存在以下问题：①社会资本对两者的影响是否存在一致性？②SCQI 如何影响企业绩效？③GSCM 如何将 SCQI 的成果转化为企业绩效，并实现环境和经济的共赢？为此，本书以绿色视角下供应链社会资本与质量整合的关系研究为基础，以核心企业主导的制造业供应链为研究重点，逐层论证，从而厘清社会资本内部结构及关系特征，揭示社会资本与 SCQI、GSCM 的作用机理，并最终论证出 SCQI 与 GSCM 影响核心企业绩效的作用路径。本书的研究结论具有积极的理论价值与实践意义。

本书的研究思路可概括为：综合运用社会资本、资源基础观、组织能力观等理论，沿着"资源—能力—结果"的逻辑主线，探究社会资本、SCQI、GSCM 及企业绩效之间的关系。①从供应商、核心企业及客户三方视角，厘清供应链情境下社会资本的内涵、维度并设计量表；②构建"社会资本—SCQI（GSCM）—企业可持续绩效"的 CIMP（Capital Integration Management Performance）模型，提出研究假设；③收集中国市场 404 份有效数据，采用多元回归分析及偏最小二乘法检验研究假设，并进行结果讨论，为供应链核心企业决策提供依据。

本书主要研究内容、研究结论及创新点如下：

（1）明确了供应链社会资本的内涵、研究维度，识别出核心企业内外部社会资本维度的差异性。围绕该研究点：①基于社会资本理论及供应链相关文献，界定了供应链社会资本的内涵，即它是上下游企业之间、企业内部部门之间关系的总和。②从供应商、核心企业及客户三方视角，划分出 9 个研究维度。③根据研究情境，识别出核心企业内外部社会资本维度的差异性，即针对核心企业，强调内部互动、感性信任及共同愿景；针对供应商及客户，强调上下游企业之间的外部互动、理性信任及共识语言，并设计了供应链社会资本量表。

（2）揭示了供应链社会资本的内在作用机理，即结构资本、认知资本正向影响关系资本。围绕该研究点：①根据社会资本理论，挖掘供应链社会资本维度之间的内在影响关系，提出研究假设并加以验证。②揭示了供应链社会资本的组成结构及关系特征，即供应商、企业内部及客户结构资本与认知资本对关系资本均有正向影响，并且结构资本的影响更为显著。③识别出供应链关系资本是 SCQI 和 GSCM 的重要前因变量，即供应链社会资本各维度中，关系资本是驱动 SCQI 和 GSCM 最重要的因素，增加了社会资本理论的解释力。

（3）探明了供应链关系资本驱动 SCQI、GSCM 的作用机制。围绕该研究点：①基于社会资本理论和资源基础理论，构建 CIMP 模型，探明各维度与 SCQI，及各维度与内外部绿色供应链管理实践（Internal Green Supply Chain Management Practice，IG；External Green Supply Chain Management Practice，EG）的关系，提出假设并加以验证。②实证检验的结果表明，内部关系资本是驱动 SCQI 最重要的因素，而供应商关系资本和客户关系资本是次要因素。③供应商关系资本是驱动 IG 最主要的因素，客户关系资本是驱动 EG 最重要的因素。由此可以发现，供应链关系资本对两种管理实践的驱动方式存在差异。

（4）验证并揭示了 SCQI、GSCM 影响核心企业可持续绩效（Environmental Performance，ENP；Economic Performance，EP）的 7 条作用路径。①本书不仅提出了 SCQI 与 IG（EG）关系的研究假设，还进一步地提出了 SCQI、IG（EG）对 ENP（EP）影响关系的研究假设。②利用研究假设，经实证检验，证明了多重中介和链式中介的存在性。③实证结果表明：SCQI 对 EP 存在正向影响；IG（EG）和 ENP 是多重中介变量，探明了 SCQI 与 EP 之间的中介解释机制；IG（EG）与 ENP 组成链式中介，证明了 SCQI 可以通过 IG（EG）和 ENP 的转化作用来实现经济绩效，进一步证实了"实现环境与经济双赢"的可行性。

作者

2024 年 6 月

目　录

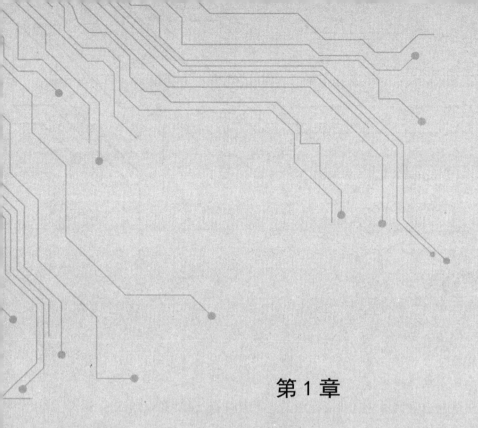

第 1 章

绪　论

1.1 研究背景

质量与环保是供应链企业绩效评价体系的重要组成部分，其实现并不单纯依赖供应链质量整合和绿色供应链管理实践，供应商关系及拓展到供应链各环节的关系网的作用举足轻重。

供应链质量整合强调供应链核心企业与上下游进行战略协调与运营合作，以低成本、高质量的方式，实现企业内部和供应链企业之间与质量相关的关系治理，以及对交流、流程等的有效管理。而绿色供应链管理实践是企业在生态环境和产品安全方面从事的运营活动。质量一直是产品赢得市场的关键因素，供应链质量整合是供应链企业在市场竞争中制胜的重要工具。绿色发展已成为全球共识，打造绿色供应链是构建绿色制造体系的重要环节。那么，供应链质量整合与绿色供应链管理实践之间是否存在交集？质量与绿色制造须臾难离，在供应链管理中，对于质量整合的本质要求是追求精益化、高效化，这与绿色供应链管理实践的循环化、集约化相吻合。因此，供应链质量整合与绿色供应链管理实践应存在相互融合的关系，这种融合将对循环经济、制造业绿色转型产生放大效应。

同时，以往的相关研究说明，供应链质量整合对环境绩效有积极作用，绿色供应链管理实践对企业经济绩效有正向影响，但目前仍存在以下问题尚未厘清。①研究表明，核心企业与上下游构建关系网的作用越来越重要，核心企业持有的社会资本是供应链质量整合的重要前因，而组织认同、共同目标及社会网络等也是影响绿色供应链管理实践的重要因素，那么这些属于社会资本理论的变量对两者的影响是否存在一致性？②在可持续发展背景下，供应链质量整合如何影响企业绩效？绿色供应链管理实践在其中是否扮演角色？③绿色供应链管理实践如何将供应链质量整合的成果有效转化为企业可持续性绩效，并能实现环境和经济共赢？厘清上述问题，将对供应链质量整合与绿色供应链管理实践的前因后果有更清晰的认识，并理顺其中的逻辑关系。本章将重点介绍研究背景，引出研究问题，分析研究意义，并确定研究方法、研究内容及技术路线等。

1.1.1 现实背景

1. 产品质量安全问题影响企业绩效改善

质量是企业竞争的焦点。近年来，由产品质量安全问题引发的质量安全事件，引起了全社会的广泛关注。其中，比较典型的案例有湖南的"镉大米"、广汽本田的"召回门"及"走私冻肉"事件等。众多产业中，汽车产业较早建立了完备的产品召回制度以应对质量安全问题。自中国实行缺陷汽车产品召回制度至今，质量安全问题造成的召回次数及召回数量不断攀升，2006—2020 年中国召回汽车产品次数及召回数量如图 1-1 所示。

图 1-1 2006—2020 年中国召回汽车产品次数及召回数量

资料来源：刘回春《76%召回车辆因设计缺陷》。

不仅如此，中国作为全球重要的原材料加工及产成品组装产地，在全球供应链网络中所处地位较高，所面临的质量监督也较国内严格。近年来，因质量安全问题，中国制造的玩具、食品等产品在北美市场及欧洲市场多次发生召回事件，由此造成全球市场对中国制造产品质量的严重担忧，使中国品牌蒙尘，给中国生产厂商带来销售危机。例如，2019年第一季度，欧盟、美国、加拿大等市场共召回中国产品425批次，其中，欧盟召回原产国为中国的产品323批次，占总批次的76%，涉及儿童护理用品和玩具等11个种类；美国召回原产国为中国的产品23批次，占总批次的5.4%，涉及家居用品等5个种类；加拿大召回原产国为中国的产品28批次，占总批次的6.6%。事实说明，产品质量安全问题不仅给企业带来了巨大的经济损失，更危害消费者的切身利益及影响其消费信心。因此，质量安全问题已在汽车、药品、医药设备、电子产品、玩具、食品等行业引起广泛的关注和重视。

分析发现，虽然诱发质量安全问题的原因不尽相同，但都有一个共同点，就是原材料等资源在企业供应链管理过程中出现了质量偏差甚至失控，造成严重的经济影响和社会影响。质量安全问题可能出现在任何一类产品的供应链管理过程中。例如，食品类企业经营业务涵盖产品的设计、生产、销售、回收等环节，参与供应链的节点企业数量较多，上下游企业关系网较为复杂，一旦供应链环节上出现信息缺失、协调不一或管理混乱等问题，根据牛鞭效应，将严重影响供应链的稳定性，这将导致供应链质量管理整体失控，给企业造成极大损失。汽车召回事件频发，说明汽车产业的供应链质量管理模式存在严重漏洞，其中一个重要原因就是国内工厂、海外工厂及合作工厂使用不同的技术标准，最终导致零部件之间不能完全匹配。由此可见，供应链内部的标准不一致、上下游缺乏统一的认识和及时沟通的制度，给供应链质量管理造成了隐患，增加了出现产品质量安全问题的概率。

2. 资源匮乏及环保压力阻碍企业绩效进一步提升

经济与社会飞速发展的同时，资源匮乏与环境恶化日趋严重，已成为全人类必须共同面对的问题。如何在追求经济与社会发展过程中，最大限度地减少对资源及环境的浪费和破坏是所有企业必须承担的社会责任。1972年，联合国首次提出并强调可持续发展的重要性。2012年，联合国可持续发展大会进一步明确了坚持经济发展、社会发展和环境保护三大原则，呼吁世界各国统筹协调各种因素，实现全球经济均衡和可持续发展。党的十八大以来，我国政府基于可持续发展理念，提出"人类命运共同体"的可持续发展观；同时，我国还明确了构建绿色制造体系的设想，即在产品功能、质量的基础上，考虑环保和资源因素，推行生态设计、绿色技术和工艺、绿色生产，绿色管理、绿色供应链、绿色就业等，减少对环境的影响，提高资源利用率，获得经济、生态和社会效益的协同。据此，我国政府逐步严格环保标准并加强环境管理措施。例如，通过建设生态工业园区来维持经济发展与环境保护之间的平衡、发布并实施节能减排计划及发展循环经济，并在国家及各省市发展规划中列入单位国内生产总值能耗降低和主要污染物排放总量减少这两个关键的环境约束性指标。经过全社会的共同努力，我国绿色发展成效显著。但在实践过程中，企业在环保达标方面仍存在诸多障碍，如投入不足、监督不力等，这已经成为企业绩效进一步提升的重要阻碍。

3. 社会资本对供应链管理及企业绩效的重要作用日益凸显

《物流术语》（GB/T 18354—2021）将供应链定义为生产及流通过程中，围绕核心企业的核心产品或服务，由所涉及的原材料供应商、制造商、分销商、零售商直到最终用户等形成的网链结构。供应链管理只针对供应链上所发生的采购与销售等业务，围绕关键企业，通过对物流、商务流、信息流、现金流的控制，实现对供应者、制造者、分销者等关键环节的管理，并最终实现供应链总体商业目标。下面通过梳理日本丰田汽车公司供应链管理案例，来说明在供应链管理过程中社会资本发挥的重要作用。

日本丰田汽车公司是全球排名前十的整车制造企业，其供应链管理体系科学严密，其中准时制生产方式（Just In Time，JIT）被称为"改变世界的机器"。日本丰田汽车公司在运作过程中，以提高客户满意度为最终目标，从时间和空间上进行精细化设计。经测算，日本丰田汽车公司总装厂与零部件厂家之间的平均距离为 95.3 千米，日本其他汽车厂商，总装厂与零部件厂家之间的平均距离为183.3 千米。美国克莱斯勒公司总装厂与零部件厂家之间的距离为 875.3 千米，美国福特汽车公司总装厂与零部件厂家之间的距离为 818.8 千米。可见，与供应商之间合理的空间布局被充分转化为日本丰田汽车公司管理上的优势。

　　除了对供应商空间布局的合理规划，日本丰田汽车公司对供应商的管理同样严格细致。①初期，通过对潜在供应商的不断考察和培训，确定供应商资格。②合作过程中，对供应商群体进行战略细分，将其划分为丰田协力会成员和独立供应商。日本丰田汽车公司拥有大部分丰田协力会成员的股权和实际控制权。③供应商拓展期，培育优秀的供应商，拓展供应网络。总之，日本丰田汽车公司将供应商整合为一个企业网络，以保证该网络内部所有企业的利益和目标高度一致，形成强大的供应商合作关系网，确保日本丰田汽车公司的核心竞争优势。2019 年原始设备制造商（Original Equipment Manufacture，OEM）基准调查数据显示，70%以上的零部件供应商表现出想与日本丰田汽车公司合作的强烈意愿。

　　另外，日本丰田汽车公司零部件供应商平均每天向总装厂发运零部件 8 次以上，平均每周 42 次。该频率在美国通用汽车公司为平均每天 1.5 次，平均每周 7.5 次。由此可以看出，日本丰田汽车公司极大地降低了平均存货成本。同时，日本丰田汽车公司总装厂与零部件供应商相距较近，各企业管理人员、技术人员之间的沟通非常便利。相关数字统计表明，在日本丰田汽车公司整合的企业网络中，各企业人员之间的沟通次数为 7236 次/天。这种频繁的人员交流为各企业之间充分沟通和协作创造了条件，便于解决产品设计问题、技术改造问题和生产中遇到的问题，从而加快新产品开发，提高产品质量，降低经营成本。

　　通过分析，我们发现日本丰田汽车公司的供应商管理模式有以下几个鲜明特点。

　　第一，与供应商高度共享信息资源。通过双向、及时、准确的信息沟通，日本丰田汽车公司信息交流全面迅速，生产灵活，效率和质量大幅提高，并实现了零库存管理。

　　第二，与供应商建立信任关系。一方面，通过增加透明度，确保彼此了解成本组成的相关部分，使双方共同应对成本压力成为可能。另一方面，出于信任，取消了供货质量普遍检查，大大降低了交易成本。同时，信任使供应商愿意主动承担技术开发和专业咨询业务，确保持久的竞争优势。

　　第三，企业文化具有一致性。与供应商有共同的经营理念是日本丰田汽车公司选择或培训供应商的一个重要方面。由供应链管理理论可知，制造商 70%～80%的成本源自供应商，因此外部供应商提供的资源是降低产品成本的重中之重。日本丰田汽车公司将供应链上所有企业都看作企业集团的一部分，由此形成企业集团中共同的经营理念和企业文化。

从上述案例可以看出，交流、信任和拥有共同理念是日本丰田汽车公司成功管理供应商的有效手段，合理的空间布局保证了这些手段的实施。根据社会资本理论可知，企业之间的高度共享信息、建立信任关系，以及拥有共同的经营理念和企业文化分别属于社会资本的认知资本、关系资本和结构资本，是企业拥有的无形资源。说明日本丰田汽车公司已经注意到这些区别于原材料、能源、技术的企业资源在供应链管理中的重要作用，但作用的差异性并不明确。因此，本书通过梳理社会资本理论在供应链管理中的应用，厘清不同属性社会资本的差异性，为供应链管理实践提供依据。

除此之外，更重要的是，供应链管理所追求的精益化、高效化，是质量的本质要求，同时也与绿色概念中的循环化、集约化、节能化相吻合。因此，在供应链管理过程中实现质量和绿色的融合，将在发展循环经济、促进企业绿色转型方面产生叠加效应和倍增效应。但从实践来看，我国企业在供应链管理过程中往往做法单一，未能发挥两者相互支撑的作用，有关两者融合的研究也比较少见，亟待开展。

1.1.2　理论背景

1. 供应链质量整合与绿色供应链管理的融合是供应链质量管理领域的研究热点

供应链质量整合是企业与其供应链伙伴战略性的合作，通过管理企业内与企业间的业务流程获得产品流、服务流、信息流、资金流和决策流的高效运作；通过管理企业内与企业间质量相关流程达到高质量绩效。供应链质量整合是供应链整合与质量管理相融合的产物，已成为供应链质量管理领域的研究热点。但从文献检索的结果来看，以供应链质量整合为关键词的高质量文献较少，且中文文献明显少于外文文献，存在明显的外热内冷的研究态势，因此有必要在这一领域展开针对中国企业的研究。

从文献分析来看，全球化加速了市场竞争从企业间向整个供应链转变的趋势，竞争焦点逐渐转移到供应链上下游企业成员间的资源整合上。而全面质量管理指出，质量是供应链产品生产和交付过程中的关键因素之一，产品质量符合客户要求对企业至关重要。因此，企业竞争优势的取得主要靠供应链整合与质量管理这两个重要工具，通过使用上述工具能够获得包括质量、效率和创新在内的重要竞争力。在此过程中，由核心企业主导，在整个供应链推动全面质量管理，是实现更高质量绩效的关键。由供应链结构及分类可知，制造业供应链一般以制造企业为主导，其对自身质量的关注和保障措施能延伸、扩展到各级供应商及客户并最终贯穿供应链。供应链质量整合通过上下游企业间资源的优化整合来提升企业的运营效率，并为供应链客户创造价值，成为企业绩效和供应链绩效的新增长点，得到了该领域学者的关注。

绿色供应链管理实践也一直是供应链领域的研究热点，但将其与供应链质量整合相结合的研究较少。有关两者是否存在相互影响、相互促进的作用关系的研究结论并不明确。全生命周期理论认为，绿色供应链管理实践应贯穿供应链的每个环节，涵盖产品从制造到消费的整个生命周期，关注供应链的环境规制并要求供应链成员之间长期保持战略合作。换句话说，就是将供应商和客户纳入产品的生命周期，实现原材料采购、产品设计、制造、交付、回收等各个环节的绿色化。

从现有的研究结论看，绿色供应链的构建是企业获得可持续发展能力与竞争优势的有效途径，在实现企业绩效增长的同时，减少对环境的不利影响，能在实现成本降低的同时，帮助企业履行社会责任，赢得良好的社会声誉，这是实现可持续发展的关键因素，故而逐渐受到企业的重视。不仅如此，企业在实施绿色供应链管理实践的过程中也意识到，要想实现上述绩效目标和环境目标，须针对供应链整体开展相关管理活动并积极与供应商和客户合作。这种紧密的合作关系促使各成员（制造商、供应商及客户）从中受益。

总结发现，供应链质量整合与绿色供应链管理实践都关注供应链整体，管理范围重合，两者存在相互影响的可能性。另外，上下游企业间的信任、合作是驱动开展质量和绿色实践的重要关系要素，能够决定结果的优劣。因此，开展供应链质量整合与绿色供应链管理实践关系机理的理论研究迫在眉睫。

2. 供应链整合与质量管理相融合是管理实践驱动下的理论创新

供应链整合与质量管理相融合获得普遍认可，并被认为是绩效改善和价值创造的关键所在，对整个供应链及企业个体的成功运作具有重要意义。但研究表明，供应链全球性的网络结构使得在供应链全域内实现对质量的管控难度很大。加之核心企业为应对提高客户服务及生产力的双重压力和投资者对盈利能力的期望不断增长，不得不开展外包业务。这使得供应链结构更加复杂多样，因此供应链中的各企业间必须建立更密切、更合理的关系，以确保产品、信息和资金的流动有效运作，确保质量管理在整个供应链得以实现。而管理这些关系需要整合再造跨职能和跨企业的业务流程，以及彼此信息共享、业务协调和密切的伙伴关系。可见，供应链质量整合是管理实践驱动下的理论创新，环节间的关系管理是实现管理目标的关键。

3. 用社会资本诠释供应链企业间社会关系资源，是研究供应链管理的全新视角

供应链管理通过科学组织上下游企业内外资源共同满足消费者需求，并最终实现供应链绩效目标。供应链管理研究的视角丰富，如比较传统的财务管理理论、交易价值理论、委托代理理论等，着重分析供应链管理中的质量成本、财务绩效和库存管理等问题。近几年，关系理论和权变理论在该领域的研究逐渐兴起，学者开始关注无形资源对供应链管理的影响机理。

基于资源基础理论，社会资本将企业所掌握的社会关系网诠释为一种不可替代的、难以被复制的稀缺资源，能帮助企业赢得竞争优势。目前对社会资本的研究基本沿用 Nahapiet 和 Ghoshal 的研究成果，采用三分法划分维度，并强调关系维度的作用。该划分符合供应链质量整合要求，将企业掌握的最有价值的资源区分开来，能实现供应链管理优化的目标。因此，依托社会资本理论研究供应链质量整合与绿色供应链管理实践的关系非常契合。

1.2　研究现状

1.2.1　社会资本与供应链质量整合相关研究

1. 社会资本研究现状

针对社会资本的研究主要集中在其含义、维度划分等方面，此类研究已经有了代表性的结论。学者们目前基本认同社会资本以企业或企业间关系网为基础，包括以下 3 个维度的划分。①认知资本是指供应链企业间共同的目标、愿

景及价值观的语言、符号、文化习惯、行为规范等资源；②结构资本是指供应链中的各企业间所形成的网络关系结构；③关系资本是指供应链中各企业间所构建的相互信任关系的资本。Nahapiet 和 Ghoshal 研究指出，认知资本将在企业组织中起到积极促进作用，企业间共同的价值观和意识形态会为企业形成良好的关系资本奠定基础；Zaheer 等进一步对企业间信任关系的形成进行剖析，认为共同的价值观及理想信念将高效促成信任关系的形成；郁玉兵等在此基础之上，研究发现结构资本能保障企业间信息流动的通畅，由此进一步巩固企业间的良好关系资本。由此可见，社会资本不同维度间存在相互影响的关系。

从现有的文献可以看出，学者们已经对社会资本内部关系进行了一定的讨论。一部分文献将社会资本进行企业内外之分，分析得出内部社会资本与外部社会资本相互关联，甚至是显著相关的关系。另有文献认为，社会资本的存在能够促进供应链企业间的合作。例如，霍宝锋等实证研究认为长期稳定的供应商关系是供应链质量整合的重要动因，即供应商关系资本能够促进供应商质量整合，与供应商之间的信任关系有助于双方的信息分享与协同规划。同时，Horn等研究认为，供应链伙伴关系（包括供应商及客户等外部关系）可以帮助企业构建外部整合能力，促进供应链协同；Prajogo 等研究指出，通过对供应商及客户的关系治理可以促进供应商及客户质量管理；蔡绍涵等进一步指出供应链关系资本对供应链协同目标的实现具有一定的正向促进作用。

2. 供应链质量整合研究现状

供应链质量整合是基于整合视角的质量管理延伸到供应链领域的成果。通过梳理文献可以发现，当前供应链质量整合研究的成果较少，而供应链整合相关研究已有丰富成果，可以借鉴。有关供应链整合的研究主要从以下几个方面展开。

1）整合前因研究

鉴于供应链整合对企业的重要影响，学者们广泛认为研究其前因非常必要。相关成果大致可归纳为以下三类：①有关组织内外部关系维度因素，如信任、承诺、依赖、合作及权力对供应链整合的重要影响，已被众多学者的研究证明。潘文安针对 341 位供职于中国家电、纺织、电子等行业供应链企业的关键员工进行问卷调查并进行统计分析，结果表明，供应链伙伴关系对内外部整合具有正向激励作用。在赵丽等对中国制造企业的调查研究中，权力分为专家权力、认同权力、奖励权力及强制权力，合理运用前三种权力将增加承诺筹码，而使用强制权力则将减少承诺筹码；制造商的规范性承诺将促进客户整合。赵丽等还指出，制造商对客户与供应商的关系承诺对客户整合和供应商整合具有促进作用。Yeung 指出，信任与强制权力存在交互效应，当信任水平较高时，强制权力将促进内部整合与供应商整合；当信任水平较低时，强制权力将妨碍内部整合。霍宝锋等对权力与承诺之间的关系进行了研究，指出供应商使用专家权力和奖励权力同时提升制造商的规范性关系承诺和工具性承诺，强制权力则会降低；而这两种承诺都会促进供应商整合，其中规范性关系承诺作用更大。张慧颖等研究发现，供应链成员之间的依赖关系会增进彼此的信任，进而促进供应商整合与客户整合。②组织外部环境因素，如环境不确定性、动荡性、制度环境及国家物流能力等，对供应链整合也存在影响。Stonebreaker 等指出，环境动荡将会负向影响整合阶段、程度及广度。Wong 和 Boonitt 的研究表明，制度规范及环境不确定性会对整合产生影响。赵君涵等在其研究中着重针对物流外包中核心企业与物流服务提供商的整合问题，认为环境不确定性分为 4 个因素，即需求波动、法律不规范性、供给波动和技术波动，其中前两个因素会正向影响供应链整合，而后两个因素会负向影响供应链整合，Flynn 就环境不确定性对供应链整合的影响进行了分析，主要从环境的微观、中观、宏观分析，结果显示微观不确定性和中观不确定性负向影响供应商整合和客户整合，而宏观不确定性正向影响供应商整合和客户整合。Wiengarten 等的研究则指明，国家物流能力较弱会负向影响供应商整合和客户整合。③组织技术与结构因素对供应链整合的影响，如信息技术、组织文化、企业战略及风险感知能力等。郁玉兵等研究发现，IT 能力与营销能力对供应商整合有显著影响，并在营销能力与供应商整合之间起中介作用。曹智研究发现团队文化对供应商整合和客户整合均有显著影响。朱庆华发现敏捷供应链及精益供应链等企业战略正向影响供应链整合。Villena 等指出供应链部门经理的薪酬风险及就业风险会负向影响供应链整合。

2）供应链整合与绩效关系

关于供应链整合影响企业运营和财务绩效的研究，已有一些建设性成果，且学者们仍在不断开拓新的研究视角，探寻两者之间的关系；但目前针对供应链质量整合与企业绩效的关系的研究比较罕见。在现有研究中，霍宝锋等第一次提出"供应链整合"的概念，并通过 291 家制造企业的调查数据研究了供应链整合的前因及对质量绩效的影响，指出内部整合显著正向影响质量绩效，包括产品质量、质量成本、交付及柔性绩效。霍宝锋等提出的相关理论不断获得验证，为进一步拓展研究奠定了坚实基础。

除此之外，许多学者探讨了供应链质量管理与企业绩效的关系。Flynn 等指出，供应商之间的关系与产品设计显著相关，且可通过产品设计提升质量绩效。Salvador 以 160 家制造企业调查数据为样本，研究发现供应商与客户高效互动能有效促进质量管理、物流管理等企业内部实践，提升时间绩效。Primo 和 Amundson 经过实证研究美国 5 家电子企业 38 个新产品数据发现，供应商质量控制将鼓励其参与新产品开发，并有助于产品质量提升，同时也发现供应商参与对新产品开发速度与成本等方面绩效影响显著。林钦浩等的实证研究涉及香港特别行政区和我国台湾地区的 212 家企业，得到了与 Primo 相似的观点，即供应商参与产品设计等实践，将直接提升企业运营绩效与顾客满意度。Lo 等通过实证分析得出，供应商整合可正向显著影响质量绩效。Sila 基于美国 96 家制造企业的数据分析认为，供应链质量管理正向显著影响产品质量，但企业对质量管理实践的范围仅针对主要客户而不包括供应商，这将限制质量管理发挥更大的作用。Kaynak 通过美国 263 家制造企业的问卷调查数据，指出供应链内部的质量互动、合作与整合将对企业绩效产生重要影响；供应商质量管理对库存管理绩效存在直接正向影响，对质量绩效存在间接正向激励。

通过文献梳理发现，有关供应链质量整合的研究视角不同，结论亦存在诸多不一致，已有文献主要集中在以下几个方面。

（1）供应链质量整合的内涵及维度划分有待进一步统一认识并验证。

一直以来，质量都是企业追求利益、获取竞争优势的重要工具。众多学者认识到，竞争主体有逐渐向供应链变迁的趋势，使得在供应链层面开展质量管理尤为重要。由此，供应链质量整合成为这一趋势下企业竞争的新角逐点。基于供应链整合与在供应链层面开展质量管理的融合，"供应链质量整合"概念逐渐浮出水面，霍宝锋等首次对供应链质量整合的概念进行界定，即在供应链环境下，质量管理须结合上下游的协同参与。鉴于目前的研究，霍宝锋等的有关结论仍需在中国经济环境下及中国企业现状下进行进一步验证，以便更好地推动质量管理在供应链领域的开展。

（2）供应链质量整合相关研究方向及重点领域亟待确定和引领。

我国开展供应链质量整合相关研究仅有不到 20 年的时间，因此无论是研究方向还是成果，都较为散乱且深浅不一。纵观已有文献，虽有学者讨论了供应链质量整合与绩效的关系，但大多数学者使用的样本为国外企业，中国企业的相关实证研究较为罕见，且样本量不大，因此其研究结论有待进一步验证。本书以中国经济环境下制造业企业为数据样本进行进一步研究。同时，本书将在霍宝锋等得出的供应链整合前因及与绩效关系的研究基础上，从社会资本视角出发，尝试探讨社会资本 3 个维度是否为供应链质量整合的前因及 3 个维度之间的关系，并验证供应链质量整合对企业绩效的影响机理。

综上所述，以社会资本与供应链质量整合为对象的研究较少，是否存在影响及影响关系的正负等结论并不明确，也并不清楚社会资本 3 个维度影响供应链质量整合的具体差异。因此，本书将首先研究供应商、企业内部及客户社会资本各维度的关系，再以此为基础，探讨社会资本与供应链质量整合两者的影响机理。

1.2.2　供应链质量整合与绿色供应链管理实践

从绩效评价的角度看，除财务指标和客户指标外，质量和环保指标是评价体系的重要组成部分。从现有文献看，供应链质量整合或绿色供应链管理实践，可以促进财务绩效或环境绩效的结论较为明确，但研究供应链质量整合对企业绩效的影响较少，研究供应链质量整合与绿色供应链管理实践相互影响，以及对企业绩效共同作用的也不多。

在分析供应链整合与企业绩效关系时，大多数学者将环境绩效或经济绩效分开研究，且主要以经济绩效为主。例如，Vickey 等研究了财务绩效和供应链整合间的关系，认为供应链整合将正向影响财务绩效，但研究并不包括环境绩效。Germain 等研究发现，内部整合及客户整合与物流绩效正相关，而物流绩效又与财务绩效进一步相关。有些研究认为企业绩效即为财务绩效和运营绩效，探讨供应链整合与企业绩效的关系。Flynn 等认为供应链整合会影响企业的运营绩效，以及营销业绩和商业业绩。Droge 等从财务和市场的角度，研究发现供应链内部和外部整合都与企业运营绩效成正相关，进而与财务绩效成正相关；还发现内部和外部整合的相互作用与市场份额和财务绩效成正相关，表明内部和外部整合对企业财务绩效和运营绩效存在协同效应。Swink 等以制造业的竞争能力为中介，考察战略整合与企业绩效关系的直接效应和间接效应，得出以下结论：制造业的竞争能力（包括质量、交付和新产品的灵活性能力）间接影响产品工艺技术和企业战略集成，进而对企业绩效产生积极影响（包括客户满意度和市场绩效）；供应商整合与质量的直接效应是负向的，表明供应商整合对市场绩效和客户满意度的间接影响也是负向的。这些研究结论梳理了供应链整合各维度与企业绩效（经济绩效）的相关关系，为我们从质量管理的角度继续深入探讨提供了方向性的指导。

绿色供应链管理实践综合了环境管理的理念和供应链管理的思想，是一种新兴的企业战略管理模式，其对企业绩效是否有提升作用已成为近年来供应链研究的另一个重点。但此前绿色供应链管理实践对环境绩效和经济绩效影响的研究往往是分开进行的，比较有代表性的研究有：Rao 和 Holt 发现，绿色供应链管理包括采购环节、生产环节、营销环节及回收环节的绿色化，能形成竞争优势，最终与经济绩效成正相关。Pullman 等的研究认为，绿色供应链管理实践与环境绩效和财务绩效（包括积极和消极绩效）及其他绩效，如质量绩效、交付和灵活性绩效都有正相关关系，但并不是任何绿色供应链管理都能显著影响企业绩效。朱庆华和 Sarkis 发现，绿色供应链管理水平较高的企业相较水平较低的企业，更能改善环境和经济绩效。此外，Pullman 等的研究发现，企业环境实践（设施资源保护和土地管理）分别与环境、质量和成本绩效有关。虽然上述研究表明绿色供应链管理实践能对企业绩效产生积极作用，但目前尚不清楚这种作用是直接的还是间接的，也不明确环境绩效是否充当了中介。

综上所述，研究供应链质量整合的文献比较少，以往文献没有将所有绩效维度都纳入同一项研究，因此很难理解供应链质量整合和绿色供应链管理实践是对环境和经济绩效同时作用的，还是通过某个中介作用的。另外，对于供应链质量整合与绿色供应链管理实践之间存在怎样的关系这一问题的研究同样很少，但一些论点已经出现，Vachon 和 Klassen 的研究认为，供应链质量整合可以对绿色供应链管理实践产生积极影响，并通过进一步研究表明，供应链质量整合对环境的影响可以通过绿色供应链管理实践来实现。然而，是否存在中介机制还没有得到理论上的解释和经验上的证明。

总之，供应链质量整合、绿色供应链管理实践与包括环境绩效和经济绩效在内的企业绩效之间的关系尚待充分探讨。因此，研究这三者之间的关系，厘清其间的直接效应、间接效应关系，对于企业认识绩效本质并进而采取正确激励措施至关重要，具有重要的理论与实践价值。

1.2.3 研究评述

根据国内外研究现状可以看出社会资本相关研究，以及在可持续发展视角下，供应链质量整合、绿色供应链管理实践对企业绩效影响机理的研究存在以下不足。

（1）供应链情境下社会资本的概念及维度有待明确。

从以往的研究看，社会资本理论源起于运营领域，对社会资本维度的划分并不统一，目前多针对关系资本，即社会资本的关系维度。而将社会资本置于供应链情境下，探讨社会资本在供应链领域内的维度结构及维度划分方法是否具有异质性等的相关研究较少，对社会资本不同维度的外部影响是否存在差异，以及社会资本各维度之间的影响关系的研究也较少。因此，目前并没有适用于供应链领域的社会资本测量量表可供参考，阻碍了这一领域的实证研究。基于上述考虑，本书认为有必要开发应用于供应链领域内的社会资本测量量表，并检验其可靠性与有效性，从而厘清供应链情境下社会资本的内部结构特征，拓展社会资本在供应链领域的应用研究。

（2）现有研究多从社会资本不同维度对供应链质量整合的影响开展，结论存在诸多不一致。

多数文献认同关系资本的关键作用，而忽视了其他维度的影响，对 3 个维度之间相互作用的讨论也没有定论，相关研究假设也不尽相同，因此有必要进行更深入的探讨。在中国市场环境下，彻底厘清社会资本对供应链质量整合的作用机理及社会资本内部的作用关系，有助于解决供应链质量整合如何开展的问题。同时，根据已有研究可以发现，社会资本理论中的结构网络、组织共识及关系质量通过不同路径对绿色创新绩效有促进作用，因此本书认为社会资本对绿色供应链管理实践也存在某种影响，但有待证实。

（3）绿色供应链管理实践的两个维度，即内部和外部绿色供应链管理实践，对企业环境绩效和经济绩效的影响及作用机理有待厘清。

首先，已有研究认为，企业实施绿色供应链管理实践的主要动因来自管理、环保意识、企业文化、专业理论、部门间交流、环境管理系统、员工参与性、投资者压力等内部因素，以及来自政府、供应商、客户及竞争对手等众多企业利益相关者的外部因素。虽然已经从内外两个方面诠释了企业实施绿色供应链管理实践的原因，但并未明确哪个为主导因素，因而缺少能够有效引导企业实施绿色供应链管理实践的理论成果。

其次，尽管绿色供应链管理实践已从个体向供应链整体全面开展，但并不清楚能否稳定提升企业或供应链整体的绩效，影响是否相等，是否存在中介解释机制等，需要通过实证梳理清楚。

最后，有关绩效的研究中多分为运营绩效与财务绩效两个维度，本书从绿色发展视角出发，将企业绩效拓展为企业可持续绩效，具体分为环境绩效与经济绩效两个维度，主要目的是证实环境绩效是否在内外部绿色供应链管理和经济绩效间起中介作用，从而证实企业实施环保措施虽然会增加企业的成本压力，但同时也能通过环境绩效抵消成本，给企业带来实实在在的经济效益。

（4）社会资本、供应链质量整合与绿色供应链管理实践对企业绩效的影响机理有待进一步探索。

通过已有针对供应链质量整合、质量及绿色供应链管理实践、可持续发展的研究，认为供应链整合水平高低将直接影响绿色供应链管理绩效，质量整合将有助于可持续发展。以上分析表明，社会资本尤其是关系资本能促进供应链质量整合的开展，并能推动绿色供应链管理实践，两者共同作用以使企业获得可持续绩效。但并未将社会资本、供应链质量整合、绿色供应链管理实践等多个变量同时考虑来研究它们对企业绩效的影响和作用机理。另外，也不清楚社会资本是否存在对绿色供应链管理实践的驱动作用。因此，有必要将上述多个因素变量放在同一个概念模型中，研究变量间是否存在相互作用，并检验是否存在其他还没有了解的作用路径，为企业决策提供更翔实的依据。

1.3　问题的提出

社会资本是一种影响人与人之间行为的制度、关系、态度与价值观念的综合要素，在不同国家、地区的社会经济发展中起着十分重要的作用。然而，在供应链领域，首先，大多关注关系维度的作用，而忽略认知维度和结构维度的影响；其次，针对供应商关系乃至各环节关系的研究，以及对绩效的作用机理并未获得足够重视，已有结论也并不一致；最后，现有研究并不能确认供应链质量整合与绿色供应链管理实践之间作用的相互转化，两者对绩效的作用机理也不明确。

基于上述研究缺口，本书围绕如何实现经济绩效与环境绩效双赢这一问题，关注企业社会资本、供应链质量整合、绿色供应链管理实践及企业绩效之间的关系模型，概括为以下 5 个部分，并开展研究。

（1）供应链核心企业社会资本具有哪些特征？其内部结构如何？

（2）社会资本与供应链质量整合的关系是什么？

（3）绿色供应链管理实践和供应链质量整合之间的关系是什么？绿色供应链管理实践的内部关系特征如何？

（4）供应链质量整合、绿色供应链管理实践与企业绩效的关系是怎样的？

（5）社会资本、供应链质量整合与绿色供应链管理实践对企业绩效的影响机理是什么？对企业绩效的影响表现在哪些方面？

1.4　研究意义

质量是绿色的基础，是实现绿色制造的手段。实现绿色和质量的融合将在发展循环经济、促进绿色转型，并最终形成绿色发展新格局方面产生叠加和倍增效应。本书以绿色发展为背景，分析中国企业所面临的外部环境与内部要素禀赋变化的现状，深入探讨"供应链核心企业如何实现质量与绿色实践融合"这一问题，综合社会资本理论、资源基础观、组织能力观等理论，沿着"资源—能力—结果"的逻辑主线，从"供应商—核心企业—客户"三方视角分析供应链质量整合前因，探讨社会资本、供应链质量整合及绿色供应链管理实践的相互关系，并进一步讨论"供应商—核心企业—客户"三变量对核心企业可持续绩效的影响和作用原理。研究具有理论与现实两方面的意义。

1.4.1 理论意义

（1）丰富了社会资本理论在供应链领域的研究视角。现有研究明确了社会资本在企业管理中的作用，但很少从供应商、核心企业及客户三方视角分别讨论，这使得供应链核心企业的决策选择缺乏供应商及客户端的依据。本书从供应链成员中的不同视角展开，丰富了社会资本理论在供应链这一领域的研究成果，为企业运营实践提供借鉴。

（2）明确了社会资本在供应链领域的内涵及维度，为供应链质量整合前沿研究奠定了理论基础。目前，社会资本在供应链领域的内涵并不明确，且现有研究对社会资本的研究多数只涉及关系维度，而忽略了认知维度和结构维度，因此并不清楚后者在供应链领域研究中会扮演什么样的角色。本书不仅深入分析了三个维度间的相互作用，更重要的是从供应商、供应链核心企业及客户三方的角度，深入分析了对供应链质量整合的影响及作用机理，更全面地刻画了社会资本各维度所发挥的作用。

（3）通过构建"社会资本—供应链质量整合（绿色供应链管理实践）—企业可持续绩效"结构模型，不仅确定了供应链质量整合对关键企业经济绩效施加了正向影响，还揭示了内外部绿色供应链管理实践与环境绩效组成的多重或链式的中介解释机制，为企业提供了多种提升绩效的路径，表明"环境与经济的双赢"的可行性。

1.4.2 现实意义

本书基于供应链领域亟待解决的质量及绿色融合发展问题，通过对理论现状的梳理，从社会资本理论、供应链质量整合、绿色供应链管理实践等内涵出发，探讨这些变量之间的关系，尝试剖析其间的作用机理。从实践角度看，本书主要针对制造业供应链，以供应链核心企业为研究对象，构建理论模型并提出研究假设。通过实证研究，可为企业决策提供依据，具有重要的实践价值。

其实践意义主要表现在以下两个层面。

1. 企业层面

一方面，帮助企业按供应链成员企业不同角色将资源合理分类，通过实证研究区分不同角色对供应链质量整合的影响差异来指导实践，如加强企业内部各部门关系维度的整合最重要。另一方面，通过引入可持续理论，将企业绩效划分为环境绩效和经济绩效，研究供应链质量整合、内外部绿色供应链管理实践作用企业环境绩效，进而促进经济绩效，明确"环境与经济共赢"的可行性，促使企业主动实施相关管理实践。此外，通过实证研究验证的影响路径差异及影响大小差异，指导企业实施环节的具体操作对象及力度，避免盲目实施带来的资源浪费。

2. 政府层面

鉴于目前外部和内部环境双重压力，资源的高效整合对我国经济发展至关重要。对结构复杂的供应链进行质量整合方面的研究，摸清其前因后果，将为我国政府制定下一步经济战略提供重要依据；研究绿色供应链管理实践能否帮助国家改变仅靠环境监督等行政措施达到环保目标的现状，通过激发企业主观能动性，形成企业主动实施为主、环境监督为辅的局面，将能从根本上解决企业经济目标与环保目标的冲突矛盾，实现绿色发展。

1.5　研究内容、研究方法及技术路线

1.5.1　研究内容

1. 理论基础

对社会资本、供应链质量整合、绿色供应链管理实践及企业绩效的概念内涵、维度划分及主要观点进行分析，为后续研究奠定基础。通过查阅文献，界定供应链领域社会资本的概念，并按供应链成员不同角色进行维度划分，共得到三方视角 9 个维度，进而厘清这 9 个维度对供应链质量整合的影响路径及影

响大小的差异。同时将绿色供应链管理实践划分为内部和外部两个维度，厘清企业内外部绿色供应链管理实践的差异。为了说明各变量之间的关系，引入可持续概念，将企业绩效划分为环境绩效和经济绩效，使供应链质量整合、绿色供应链管理实践对企业绩效的影响更加清晰，论据更加充分。

2. 理论模型构建及假设提出

将供应商（认知资本、关系资本、结构资本）、企业内部（认知资本、关系资本、结构资本）、客户（认知资本、关系资本、结构资本）、供应链质量整合、内外部绿色供应链管理实践、企业环境绩效及企业经济绩效纳入同一个研究框架，运用资源基础观等理论构建模型。运用演绎分析法提出供应商（内部及客户）认知资本、结构资本与关系资本之间的关系、供应商（企业内部及客户）关系资本与供应链质量整合的关系、供应链质量整合及内外部绿色供应链管理实践与企业环境绩效、经济绩效的关系等研究假设。

3. 研究设计及实证检验

运用统计分析法对研究假设进行实证检验和稳健性检验，厘清供应链质量整合前因、供应链质量整合与绿色供应链管理实践对企业绩效的影响关系及作用路径。其中，统计分析法包括：通过 SPSS 22.0 进行的描述性统计分析、样本 t 检验、信效度检验；运用 Smart PLS 3.3 进行的基本 PLS 分析、Bootstrapping 算法及 Blindfolding 算法等。实证检验包括主效应检验、多重中介效应检验、链式中介效应检验及两个控制变量的稳健性检验。

4. 结论讨论与启示

结论讨论包括对成立的研究假设进行讨论分析，得出理论贡献，对未获支持的假设诠释原因。在结论讨论的基础上，从供应商、企业内部及客户三方视角向企业提出相关的管理启示，包括增强企业内部的沟通、交流等关系维护措施，提升企业内部质量整合；同时提升企业内部绿色供应链管理实践；加强供应商培训与管理，提升供应商与企业对发展愿景等的认同度及与客户的关系维护，提升企业外部质量整合；同时注重企业间的绿色管理合作。

1.5.2　研究方法

本书以管理学为基础，结合经济学、社会学、社会关系学及营销学等多学科理论，通过构建社会资本、供应链质量整合、绿色供应链管理实践的关系模型，探索对供应链企业绩效的作用机理。主要运用的研究方法包括文献研究法、定性分析法、问卷调查法及统计分析法。

1. 文献研究法

为探究社会资本、供应链质量整合、绿色供应链管理实践、物流能力与企业绩效之间的关系，本书借助 EBSCO Host、Elsevier Science Direct、Springer 等外文检索工具，并运用 CNKI 等数据库予以配合，对关键概念、理论的中外相关研究进行细致全面的文献检索，并对供应链管理领域权威期刊（JOM、POM、IJPE、JSCM 等）进行浏览以补充重要文献；通过研读并归纳文献，深入把握供应链相关领域理论研究的总体脉络及前沿研究，为本书清晰的理论来源奠定基础，也为概念模型的构建及研究假设的提出做好充足的准备。

2. 定性分析法

针对本书的研究问题，定性分析与之相关的管理理论，找出能够解决本书研究问题的理论基础，界定相关概念。具体而言，本书将系统分析社会资本理论、供应链质量整合理论、资源基础理论、组织能力观等，基于这些理论与本书的研究问题，构建本书的理论框架；界定本书中供应链社会资本、供应链质量整合、绿色供应链管理实践及企业绩效的概念；通过确定变量测度，进行定量分析，得出实证结果。

3. 问卷调查法

问卷调查法是社会科学研究最常用也是最有效的方法，本书通过文献研读及专家访谈等方式形成调查问卷，具体包括社会资本、供应链质量整合、绿色供应链管理实践及供应链绩效等方面的问题，调查区域主要覆盖陕西省、山东省、浙江省等省份，调查对象主要为此区域制造企业的管理层（董事长、总经理或供应链经理、质量部门负责人等），问卷发放分阶段进行，共耗时 4 个月。累计发放问卷 500 份，回收 423 份，有效回收率 84.6%，符合实证研究要求。

为保证回收问卷真实、可靠，发放过程中对发放企业、调查对象及调查过程进行了严格控制。

4. 统计分析法

针对建立的理论模型，在采用 SPSS 22.0 对问卷数据进行基本统计分析的基础上，运用统计分析法，具体采用 Smart PLS 3.3 对结构模型进行实证检验，以厘清社会资本各维度与供应链质量整合、内外部绿色供应链管理实践、环境绩效及经济绩效之间的影响机理及作用路径。其中，Smart PLS 3.3 将运用普通 PLS 算法、Bootstrapping 算法及 Blindfolding 算法进行路径分析、主效应检验、直接效应检验、间接效应检验及特殊间接效应检验，同时检验 f^2 以预测模型的有效性。

1.5.3 技术路线

本书主要分为以下四个部分，研究技术路线如图 1-2 所示。

（1）文献研究。综合理论分析结果，归纳相关结论，使用演绎分析法，为本书梳理研究背景与研究意义，通过综述国内外研究现状并进行评述，为本书的研究打开突破口，提出主要研究内容，即详细阐述社会资本、供应链质量整合、绿色供应链管理实践及绩效的基本含义、组成维度、前因，以及本书涉及的相关理论与研究视角。

（2）理论研究。通过理论分析及演绎分析法的论述结果，结合社会资本基础理论、资源基础理论等，将社会资本、供应链质量整合、绿色供应链管理实践、绩效等纳入研究框架，构建理论研究模型，并提出社会资本与供应链质量整合及绩效、供应链质量整合与绿色供应链管理实践及绩效之间，以及内外部绿色供应链管理及环境绩效这一维度的多重中介效应和链式中介效应等的研究假设，为后续实证研究提供理论基础。

（3）实证研究。通过文献分析法、问卷调查法设计调查问卷、变量测量、样本选择及数据收集。运用统计分析法对样本进行基本统计分析、t 检验、偏差分析及信效度检验，证明样本的有效性，以备后续实证分析。通过 PLS 算法、Bootstrapping 算法及 Blindfolding 算法检验变量之间的路径关系、主效应及中介效应，并检验控制变量对模型的影响。

（4）对策研究。根据理论假设及实证分析结果，从微观及宏观两个方面为企业供应链、行业供应链及国家供应链战略提出积极理论建议和应对策略。

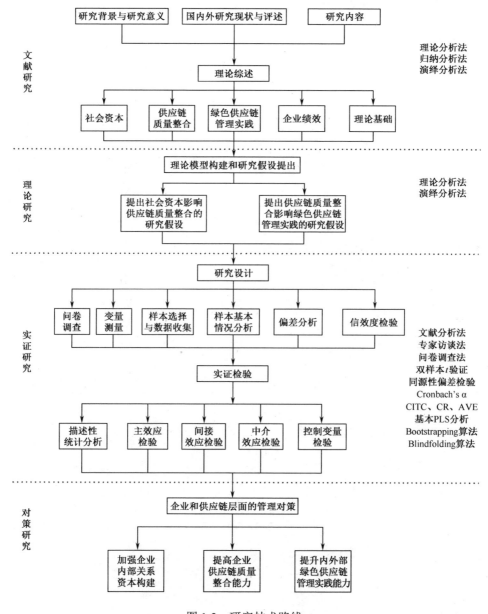

图 1-2 研究技术路线

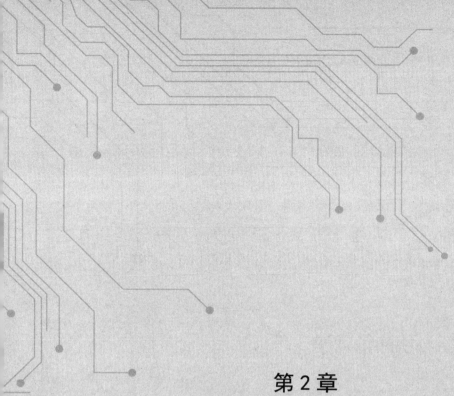

第 2 章

相关理论综述

　　本章梳理现有文献，进一步明确了社会资本、供应链质量整合、绿色供应链管理实践及企业绩效等相关概念内涵，重新划分维度，并对本书研究中所用到的相关理论进行了阐述。

2.1　供应链与供应链管理

2.1.1　供应链

　　供应链（Supply Chain）的形成最先来自彼得·德鲁克提倡的"经济链"，后由迈克尔·波特发展形成"价值链"，最终进一步发展演化为"供应链"。早期学者们认为供应链只是制造商运营过程中的一个内部过程，是指企业从上游供应商那里采购原材料，通过制造商的生产、加工、转换、分销等活动，将其传递到下游消费者的一个过程，根据此含义可发现供应链的活动局限于企业自身的内部操作，其目的是提升企业的经济利益。随着理论研究的深入和实践应用的普及，"供应链"概念逐渐转移到企业的外部环境，其活动范围更广、运作更系统。20 世纪 80 年代，迈克尔·波特提出一切企业都可以认为是由一些企业的基本行为组成的，这种行动对应从企业到用户的物流、信息流和资本流的整合活动，形成企业经营理念的雏形。

　　对于供应链的定义，国外学者代表性的观点如表 2-1 所示。

表 2-1　国外学者对供应链定义的代表性观点

定义者	年份/年	定　义
Jone 等	1985	供应链是一条由采购、生产、仓储、配送及销售等不同功能联结而成的链条
Christopher	1992	供应链是通过连接上游与下游诸多企业所构成的网络，其中包括许多不同创造价值的过程和活动

续表

定义者	年份/年	定　义
Harrison 等	1995	供应链是执行采购原材料或零部件,经过加工将其转换为中间产品或成品,并将其销售到消费者手中的功能网络
Handfield 等	1998	供应链包括从原料获取阶段到将最终产品送到最终客户手中的,所有与物品流动及所伴随的信息流动相关的所有活动
Stevens	1999	供应链开始于供应源点,结束于消费终点,通过价值增值和对渠道的控制,以实现产品从供应商到达客户的流动
Ganeshan 等	1999	供应链是由供应商、制造商、分销商、零售商及客户组成的系统。在这个系统中,原材料流动的路线是从上游供应商到下游消费者,同时还包含双向的信息流
美国供应链协会	2000	供应链涉及生产与交付最终产品或服务的所有工作,从供应商到客户
Chopra 等	2001	供应链是各阶段之间信息、产品及资金流的动态链,或可视其为由一连串的上游供应商和下游消费者所联结的环相互链接而成

资料来源:根据相关文献整理。

对于供应链的定义,国内学者代表性的观点如表 2-2 所示。

表 2-2　国内学者对供应链定义的代表性观点

定义者	年份/年	定　义
陈国权	1999	供应链是指企业从原材料和零部件的采购、加工、运输、分销直到最终送到客户手中的整个过程,可将供应链看作环环相扣的链条
马士华	2000	供应链是指围绕核心企业,通过对物流、信息流和资金流的控制,从采购原材料开始,制成中间产品或最终产品,最后由分销网络把产品送到消费者手中的一个整体的功能网链结构模式
沈厚才	2000	供应链是一种业务流程模型,是指由原材料和零部件供应商、产品制造商、分销商和零售商到最终用户的价值链组成,完成由顾客需求开始到提供顾客所需要的产品与服务的整个过程
陈功玉	2003	供应链是指企业与其供应商、分销商、零售商、用户之间结成的一种全面合作、利益共享、风险共担的战略合作伙伴关系
GB/T 18354—2006《物流术语》	2006	供应链是指生产及流通过程中,涉及将产品或服务提供给最终用户所形成的网链结构
卢松泉	2008	供应链是指供应链核心企业与原始资源供应商、需求商和最终需求客户按照核心企业瓶颈资源的节拍运行所形成的网链组织结构
GB/T 18354—2021《物流术语》	2021	供应链是指生产及流通过程中,围绕核心企业的核心产品或服务,由所涉及的原材料供应商、制造商、分销商、零售商直到最终用户等形成的网链结构

资料来源:根据相关文献整理。

通过研究对比可以发现，这些对供应链定义的描述中存在诸多共同点：①定义中普遍提出供应链涉及产品或服务从最初的生产加工、销售到最终到客户手里的全部过程，既包括供应链上成员企业彼此的合作行为，又包括成员企业自身内部功能的实现；②定义中普遍提到了供应链运作中涉及成员企业之间的物流、信息流和资金流；③定义中普遍强调了供应链成员企业之间的关系对供应链整体绩效实现的重要性，提出了可通过在供应链成员企业之间建立战略合作伙伴关系，实现信息共享，提高供应链效率和绩效。

本书认为供应链是在产品或服务生产和营销过程中，由原材料供应商、制造商、各级分销商和最终消费者组成的网链系统，其结构模型如图 2-1 所示。

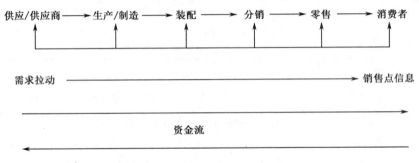

图 2-1　供应链网链系统结构模型

如图 2-1 所示，供应链是由多个加盟的节点企业组成的系统。各节点企业在需求信息的驱动下，通过供应链职能进行分工合作（生产、分销、零售等），利用资金流、物流作为媒介，实现整条供应链的不断增值。这个系统中存在一个核心企业，它对整条供应链起着最初的构建、组织和推动发展的作用。从传统角度出发，这个核心企业角色由制造商承担，但从供应链的最新发展来看，这个核心企业并不局限于制造商，供应链上任何一个节点企业都有可能成为核心企业，既可以由上游原材料供应商承担，也可以由制造商承担，还可以由零售商承担。供应链由围绕核心企业的供应商和客户组成。一个企业是一个节点，各节点企业之间是一种需求与供应的关系。其主要特征表现在 4 个方面：①复杂性，这是因为供应链节点企业组成的跨度（层次）不同，供应链由多类型企业甚至多国企业组成，所以以供应链结构模式比一般的单个企业结构模式更复杂。②动态性，企业发展战略需要适应市场变化，节点企业需要动态更新，因此供应链也具有动态性。③面向客户需求，供应链的形成、存在和重构都是基于一定的市场需求发生的，并且在供应链运作过程中，客户的需求拉动是供应链中信息流、产品/服务流及资金流的运作驱动源。④交叉性，节点企业既可以是供应链成员，又可以是其他供应链上的成员，众多供应链形成了交叉结构，增加了协调管理的难度。

2.1.2　供应链管理

随着供应链的进一步发展，人们对供应链的关注度越来越高。从发展进程来看，对供应链管理（Supply Chain Management，SCM）的研究兴起于 20 世纪 80 年代末。Stevens 提出所有的生产类企业一般会经历从其供应商采购、进行生产包装、运输零售等多个环节，对这些流程的管理与整合对于企业来说是非常重要的，这些流程组成了一个供应链，而对这些流程的整合与控制称为供应链管理。随后也有一些学者对供应链管理的范畴进行了定义与探索，Ellram 认为供应链是由一系列企业组成的网络，这个网络的目的是要通过互动将产品从原材料最终变为产品或服务并提供给终端客户，供应链管理就是对这个网络进行管理的活动。Saunders 认为供应链中的企业通过原材料的生产、组装、运输等活动最终将产品零售给客户，通过对这些流程的优化管理，可以使产品交付的质量、速度有所提升。在此之后，产生了一系列关于供应链管理的研究，现有的研究可大致分为采购管理、运输管理、生产运营管理、供应链战略管理等方面。麻省理工学院斯隆管理学院的查尔斯·法恩教授得出这样的结论：在今天比拼竞争力的沙场上，一个企业最基本、最基础的竞争力就是对供应商的设计。市场的竞争、企业对降低成本的需求，随之引入了供应链管理理论。近代供应链管理是指企业对重要行业，包括物流配送、资本流、信息化等的全方位控制，企业从供应商处购买原材料、零部件，企业对其进行生产加工后形成半成品及成品，再通过分销渠道把产品送达消费者手中的一个网络拓扑结构，一环扣一环。根据国家质量技术监督局的定义，供应链管理是指全方位规划供应链中的商流、物流、资金流及信息流等，并对其加以规划、组织、调整与管理的所有行为与过程。供应链管理的重点是让客户满意，并提升企业的供应链设计，提高企业各个职能部门的运作和效益，企业内部协调配合，包括技术、制造、市场战略等领域的协调。通过整合供应商，建立战略合作，使成本最优化。

供应链管理也不仅是针对供应商实施规划、协作与管理的一个企业管理活动，还是从企业经营战略管理的高度对企业发展前景的规划，兼顾的是企业未来的发展目标，所追求的是企业持久的、核心的竞争优势。

对供应链管理的定义，国外学者代表性的观点如表 2-3 所示。

表 2-3　国外学者对供应链管理定义的代表性观点

定义者	年份/年	定　义
Jones 等	1985	供应链是从供应商到最终客户的整个过程中物体流动的所有活动，因此，供应链管理的重点是物流管理。此定义从功能链的角度出发来解释供应链管理
美国物流管理委员会（CLM）	1986	供应链管理是对企业组织以外的包括消费者和供应商在内的物流活动的管理
	1998	供应链管理是指不仅包括物流管理，还包括对物品、服务及信息进行从起点到消费点的计划、实施和控制，以满足最终客户需求的管理过程
Lambert 等	1993	供应链管理不能局限于物流管理和信息流管理，还应对所有商业流程进行管理，包括客户关系管理、客户服务管理、需求管理、订单管理、生产管理、采购管理、产品开发与商品化管理、废品与退货管理
Fisher	1997	供应链管理是指在不降低产品质量和客户满意程度的前提条件下，高效率协调各个环节的活动，进而实现供应链管理的"6R"目标。其内容是能够将客户所需要的正确产品在正确时间、按照正确数量、正确质量和正确状态送到正确地点，并使总成本最小化

资料来源：根据相关文献整理。

对供应链管理的定义，国内学者代表性的观点如表 2-4 所示。

表 2-4　国内学者对供应链管理定义的代表性观点

定义者	年份/年	定　义
陈国权	1999	供应链管理是对整条供应链系统进行计划、协调、操作和优化的各种活动和过程。其目标是能够将顾客所需要的正确产品在正确时间，按照正确数量、正确质量和正确状态送到正确地点，并使总成本最小
赵先德	1999	供应链管理是对整条供应链进行管理，即对供应商、制造商、运输商、分销商、客户和最终消费者之间的物流和信息流进行计划、协调和控制
马士华	2000	供应链管理是通过前馈的信息流（需方向供方流动，如订货合同、加工单及采购单等）及反馈的物料流和信息流（供方向需方的物料流及伴随的供给信息流，如提货单、入库单等），将供应商、制造商、分销商及零售商直到最终用户链接成一个整体的管理模式

续表

定义者	年份/年	定　义
刘刚	2005	供应链管理是从系统的观点出发,以集成的思想对供应链中的物流、资金流和信息流进行设计、规划和控制,以最大限度地减少供应链中各成员的内耗和浪费,通过整体最优来提高全体成员的竞争力或福利水平,实现全体成员的共赢
GB/T 18354—2021《物流术语》	2021	供应链管理是指从供应链整体目标出发,对供应链中采购、生产、销售各环节的商流、物流、信息流及资金流进行统一计划、组织、协调、控制的活动和过程

资料来源:根据相关文献整理。

在上述研究的基础上,本书认为供应链管理是以客户需求为核心,对供应链中从供应商到最终消费者发生的物流、信息流和资金流进行计划、组织和控制,并通过有效整合资源为顾客提供更高的附加值,确保整条供应链获得竞争优势。供应链系统中包含诸多企业,企业之间和企业内部各部门之间需要进行配合与协调,因此,供应链管理的关键是提高系统整合度、信息可见度,以确保信息的高度共享性,使供应链上的成员企业成为不可分割且协调发展的整体。

供应链管理涉及领域如图 2-2 所示。

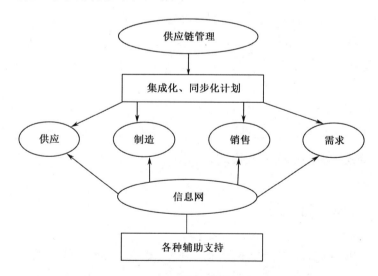

图 2-2　供应链管理涉及领域

由图 2-2 可以看出,供应链管理是一种集成的管理思想,强调企业间相互协作，重点在于系统中各个企业通过信息共享，采用系统方法来降低整条供应链的成本，使传统的单个企业向扩展型企业发展。

总结供应链管理方面的文献可知，供应链管理的核心思想，是通过一些管理手段，来减少供应链上企业之间合作时（如共同提升产品质量）造成的浪费，提升供应链效率。

供应链管理的核心理念如下。

（1）高效的管理供给和需求，进行供应链整合运营，供应链企业与供应商、制造商、分销商及零售商等合作公司之间进行资源整合，知识共享，企业之间协同发展，共同合作与相互帮助，提高决策水平和绩效水平，共同改进生产运营效率。

（2）利用高度的信息化系统实现企业的扁平化管理，优化供应链设计。

（3）整合供应链资源，建立战略合作伙伴，合作共赢，在供应链的不同环节避免浪费，降低企业总成本。

（4）通过领先的科技与经营手段来降低成本，增强公司的核心竞争力。

（5）以客户需求为第一要素，以市场需求为动力，驱动供应链。

1985年，美国哈佛商学院迈克尔·波特教授在《竞争优势》一书中阐明了价值链的基本观点。他指出，企业内部的竞争并非单纯的竞争，而是由众多产生价格的过程共同构成的价值链环节的竞争。企业内部的竞争实际上就是企业不同价值链环节之间的竞争。企业应该审视其自身的价值环节，降低成本，最大化地创造价值，使企业的利润最大化，提高企业的核心竞争力。传统的供应模式以价格为导向，不会考量合作方的综合能力，会陷入价格战。而供应链管理模式的目的是战略合作共赢，企业之间协同发展、共同合作、共同成长，能够建立可持续发展的战略共赢模式。

2.1.3　供应商管理

供应商管理是对供应商进行评估、开发、选择、管理及控制的一系列活动。供应商既是企业的主要竞争者又是企业的合作者。供应商管理串接客户、制造商与供应商一整条链，以确保合作成功。供应商分类决定了企业对供应商的决策，也决定了企业与供应商之间形成何种联系。例如，战略合作、作为潜力供应商发展、直接淘汰、保持现有关系等。供应商管理一般包括如下几个方面：产品质量管理、产品成本管理、交易成本管理、订单交付管理、售后服务管理、工程技术管理、企业资产管理、企业员工管理与作业流程管理。产品质量管理、产品成本管理、交易成本管理和订单交付管理是目前通用性行业的技术指标，在企业对供应商的绩效管理控制中是可以直接体现出来的；工程技术管理、企业资产管理、企业员工管理与作业流程管理这几个指标相对而言较难量化，是前面几个指标的重要基础保障；售后服务管理排在中间，主要体现了供应商整体附加价值。虽然产品质量管理、工程技术管理与订单交付管理这三项指标得到普遍认可和应用广泛，但企业内部对其他方面的重视程度并不一样。供应商管理是供应链采购管理系统的关键点，是供应链实现采购准时化的关键点。

供应商管理主要存在两种模式：一是驱动价值的竞争关系，二是可以达到双赢的合作关系。竞争关系就是为了获得更大的价格优势而串接多个供货商之间的信息，并使用短期合约和采购额度等来管理供货商。实际上供应商、制造商、分销商及零售商等合作公司很少与供货商沟通。而双赢关系则将重点放在信息资源共享上，帮助供货商减少经营成本，提升产品质量，从而使贸易、管理等成本降低，从短期合同上升为长期的信任合作，共同成长。

2.2　供应链绩效与企业绩效

2.2.1　供应链绩效

供应链绩效是评价供应链管理目标实现与否的重要手段，是对供应链整体、各环节（尤其是核心企业及其各环节间的运营关系）所进行的事前、事中和事后评价。供应链绩效是供应链系统动态运作的成果，其过程如图 2-3 所示。

图 2-3　供应链管理运作过程

目前，影响较大的供应链评价体系包括供应链运作参考模型（Supply Chain Operation Reference Model，SCOR）评价体系、平衡记分卡及 SaT（Sink and Tuttle）体系。SCOR 评价体系能够测评并改善企业内外部业务流程，提升企业战略管理水平，共有 5 个 1 级指标、15 个 2 级指标和 45 个 3 级指标。平衡记分卡主要从客户角度、流程角度、改进角度和财务角度确定评价指标。SaT体系建立在"供应商—投入—加工—产出—顾客—成果"模型的基础上，包含效率、成果、生产率、盈利能力、质量、创新和环境等指标。

2.2.2 企业绩效

1. 供应链绩效与企业绩效的关系

供应链绩效不仅要对单个节点企业的运营绩效进行评价，还要考虑各节点企业对上层节点企业或整个供应链的影响。因此，供应链绩效强调企业和合作伙伴之间的沟通与协作。

反过来说，由于企业的"逐利"本性，节点企业在实现供应链整体绩效的前提下会利用自身及成员企业间的有形及无形资源实现利益最大化。供应链具有复杂的网链结构，供应链结构不同，节点企业绩效的实现路径和结果也不尽相同。本书针对制造业供应链进行研究，选取该领域较为典型的三级供应链结构，即"供应商—生产商—客户"，讨论在以生产商为核心企业的绩效中经济及环境两个重要组成部分，并分析与之有紧密关联的供应链管理实践。

2. 企业绩效的组成

企业绩效是评价企业管理成果的重要手段，是企业实现战略目标的重要保障。企业绩效的产出过程与供应链绩效的类似，也是资源投入—过程—产品产出的过程，如图 2-4 所示。

图 2-4　企业管理运作过程

　　虽然企业性质、战略目标存在差异性，有效的企业绩效评价在各个企业中的表现各不相同，但是在评价体系及评价指标构建方面存在同质性。常见的企业绩效评价方法有杜邦财务分析体系、平衡记分卡、国有资本金绩效评价体系、EVA 经济附加值及绩效预算管理。杜邦财务分析体系仅就财务指标进行评价，不能全面动态地反映过程问题。平衡记分卡从顾客满意度、企业内部运行、组织创新等方面衡量。国有资本金绩效评价相对完善，将企业的整体素质、内部控制、公众形象、未来潜力等非财务指标纳入评估系统。EVA 经济附加值与杜邦财务分析体系类似，仍属对财务指标的评价。绩效预算管理从经济效益、社会效益两方面进行综合评价。企业绩效评价方法及指标一览表如表 2-5 所示。

表 2-5　企业绩效评价方法及指标一览表

绩效评价方法	绩效评价视角	具体指标
杜邦财务分析体系	因素分析、财务分析	财务指标：盈利、偿债、资产管理、成长及股本扩张能力、主营业务状况
平衡记分卡	顾客满意度、企业内部运行、组织创新	财务指标、非财务指标
国有资本金绩效评价体系	整体素质、内部控制、公众形象、未来潜力	竞争性企业指标、非竞争性企业指标
EVA 经济附加值	价值驱动、资本成本	税后利润扣除资本成本的财务指标
绩效预算管理	经济效益	财务指标同杜邦指标
		非财务指标：创新能力、研发费用率、新产品销售率、新产品开发率、市场占有率、顾客满意度、合同交货率
	社会效益	合法经营性、员工满意度、社会关系状况、顾客满意度、安全生产率、社会积累率、排污达标率、环境保护状况

资料来源：根据相关文献整理。

　　由此可见，评价方法的理论基础和评价目标不同，指标选取也不同。目前，企业更多采用绩效预算管理，可以看出，合法经营性、员工满意度、社会关系状况、顾客满意度、安全生产率、社会积累率、排污达标率及环境保护状况等指标已经成为企业绩效评价的重要组成部分。因此，本书在总结绩效产出过程及已有理论的基础上，选取企业绩效的可持续性作为研究视角。

3. 可持续性企业绩效

　　基于绿色供应链管理视角，企业绩效应考虑 GSCM 给环境（经济）绩效带来的影响是否存在差异，因此，本书引入可持续性企业绩效的概念，通过文献梳理，提出研究假设，并进行实证检验。

"可持续性"大多数情况分为 3 个方面：环境、社会和经济。这一概念与 Elkington 提出的三重底线（TBL）的概念相关，即同时平衡了自然环境、社会和经济视角。理论上，企业可以在环境、社会和经济绩效 3 个方面同时实现，并最终获得可持续的竞争优势。

在供应链管理文献中，Carter 和 Rogers 根据三重底线，概括了可持续供应链管理的定义："企业为了实现社会、环境和经济目标，进行战略性资源整合，系统协调关键业务流程，以改善企业及其供应链的长期经济绩效。"同时指出，供应链的可持续管理主要涵盖以下几个方面：风险管理、透明度、战略和组织文化等，并共同作用于企业绩效，如图 2-5 所示。

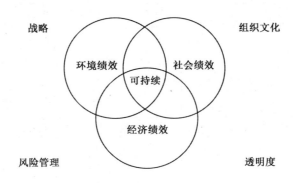

图 2-5　可持续供应链管理框架图

Carter 和 Rogers 进一步认为，可持续性企业绩效是战略、透明度和成就的整合，不仅指单个企业，更表现在供应链整个业务流程中的 3 个主要问题上：环境绩效、社会绩效和经济绩效，并将可持续性的概念扩展为 6 个要素，即感知、潜力、实践、环境、人和利润。前 3 个要素是短期目标，即提高生产力、减少库存和缩短周期；而后 3 个要素是长期目标，可提高供应链所有成员的客户满意度、市场份额和利润，并最终实现可持续性的企业绩效。换句话说，"环境"指的是自然环境层面，"人"指的是社会层面，"利润"指的是经济层面，表明企业实现可持续性绩效，应集中环境、社会及经济 3 个层面业务运作和战略的长期规划。

从已有文献来看，在研究企业绩效时，学者们已逐渐将环境绩效和经济绩效或财务绩效作为切入点。Carter 和 Rogers 基于资源依赖理论、交易成本理论、生态理论及企业资源观（RBV）等，建立了可持续供应链管理框架；Gold 等指出，企业通过环境协作，整合企业间优质资源，实现可持续供应链管理，并最终获得可持续的竞争优势；Russo 和 Fouts 基于 RBV 理论，考虑行业调节作用，研究企业环境绩效与经济绩效的关系。本书重点研究环境和经济绩效方面，以便更清楚地阐释供应链质量整合、绿色供应链管理实践和企业绩效（环境绩效和经济绩效）之间的关系及作用机理。

1）环境绩效

此前研究对环境绩效有许多不同的定义。一般认为环境绩效是企业考虑环境问题时，各方关系所产生的结果。从现有的环境绩效衡量标准来看，存在平衡计分卡、生命周期分析、作业成本计算、环境分析设计和层次分析过程等多种工具。而对环境绩效指标的选择，学者们的着眼点不尽相同，如朱庆华和 Sarkis 提出了环境绩效测量应由 6 个测量项目组成：空气排放减少、废水减少、固体废物减少、减少危险（有害/有毒）材料的消耗、减少环境事故的频率和企业环境状况的改善。在此基础上，De Burgos 等进一步将量表优化为：内部测量、外部利益相关关系、外部影响和内部协作。不同的是，Henri 和 Jurneault 将绿色绩效继续扩展分为 4 个方面：环境影响和企业形象、利益相关者关系、财务影响，以及流程和产品改进。可见，环境绩效的衡量是多种要素的集合。

如上所述，环境绩效衡量是绿色供应链管理的核心问题，而环境绩效涵盖广，涉及面复杂，仅靠单一要素衡量很难实现。因此，企业应了解和确定环境绩效过程中的利益相关者，这是实现供应链总体环境目标、应对环境压力的基础。本书参照英国 DEFRA 确定的 22 个关键环境绩效指标，并将其划分为 5 类关键要素：空气排放、水排放、土壤排放、资源使用及其他影响供应链环境绩效的要素。具体环境绩效指标源自标准体系 ISO 14031，分为 3 个关键类别：管理绩效指标、业务绩效指标和环境状况指标。管理绩效指标是环境成本或年度预算（美元/年）与实现的环境目标的百分比，以及应对环境事件的时间（小时/年·人）。业务绩效指标是每单位产品使用的原材料（千克/单位）、预防性维护时长（小时/年）和交通工具的平均燃料消耗（升/100 千米）等。环境状况指标用于评估企业对当地环境的影响，如光化学烟雾事件的频率（每年数量）、地面或地表水中污染物浓度（毫克/升）及恢复受污染土地面积（公顷/年）（1公顷＝10000平方米）等。

2）经济绩效

如朱庆华和Sarkis所述，经济绩效是企业总绩效的一部分，是可持续供应链管理框架内容之一。经济绩效的含义并不统一，大多数人认为金融绩效和经济绩效含义相同。事实上，两者存在明显差异。Jennings认为，财务是企业投资或消费期间的资金，财务结果必须通过企业账簿和年度报告显示。而经济是社会利用人力和自然资源追求人类福利的手段。与经济绩效相关的研究，一部分集中在财务绩效上，另一部分除涉及财务绩效外还将营销绩效考虑在内。主要涉及以下几个主要指标：市场份额、溢价增长（如销售增长）和过去3年平均每年盈利能力、新的市场机会和产品价格上涨。

本书认为，盈利能力或财务绩效衡量只是经济绩效的一个维度，经济超越了单一组织的边界，并与可持续发展的环境和社会要素相关联。因此，本书中的经济绩效包括财务绩效和营销两方面，这也是量表开发和问卷设计的依据。

2.3 社会资本

2.3.1 社会资本的概念

20世纪50年代，舒尔茨等在经济学研究中引入"人力资本"的概念，提出个体的能力、知识、经验与才华等可以给个体带来收益。这一定义对"资本"进行了全新的诠释，即资本是价值增值的来源，更加抽象了其原始定义，为社会资本理论奠定了基础。总的来看，社会资本的概念反映的是人与人社交过程中的本质及相互作用，因而能更好地解释存在于政治、经济、社会等领域中暂时无法解决的疑难问题。其含义因背景差异而有所不同，仍在不断完善和发展。目前，我们普遍认为社会资本的理论框架以Piere Bourdieu、James Coleman、D. Robert三位为代表建立，而Alejandro Ports、Granovetter、S. Ronald等学者对该理论进行了开拓性的研究。

　　Pierre 认为，社会资本是潜在或实际资源的集合，它或多或少与我们所熟知的制度化关系网络有关，即与群体中成员的身份有关。Bourdieu 在此基础上强调，社会资本是与社会网络相关联的资源，依托彼此的认知及认可，并强调个体为使收益不断增加，主动参与群体活动并对其自身社会能力精心进行组织架构。同时指出，社会资本包括两个部分：社会关系所属资源的数量和质量。此后，Bourdieu 的研究进一步着眼经济资本、文化资本、社会资本及符号资本的相互转化，认为对社会关系资源的投资主要是为了将个体资源合法转化为集体的、公共的利益。由此确立了社会资本理论的基本框架和研究主线。

　　此后，学者们从不同层面对社会资本展开研究。Salisbury 和 Bourdieu 从不同层面构建了社会资本理论，主要包括关系层面和社会层面。到 20 世纪 90 年代，国内外学者对社会资本理论的研究取得了丰富成果。而在组织层面，代表学者是 Putnam。他认为，社会资本有效链接企业外部，并促进彼此的互动往来。他指出，与物质资本和人力资本相比，社会资本具有社会组织的特征，主要包括信任、规范及网络，并通过相互协调提高社会效率，最终提高物质资本与人力资本的收益。同时，Putnam 强调互惠准则（Norms of Reciprocity）及公民参与网络（Networks of Civic Engagement）是社会资本的主要生产性指标，能对社会信任起到促进作用，并最终促进经济繁荣及民主治理问题。物质资本、人力资本和社会资本三者的相互加强对合作意愿的形成及彼此的协作至关重要。继而 Huber 通过深入分析得出结论，即社会资本是一种嵌套在社会网络连接之中的组织行为决策。

　　除此之外，Bourdieu 和 Coleman 从个体层面的研究反映出社会资本的其他属性。首先，Bourdieu 以社会学为基础，分析了社会网络资源的组成，认为社会资本是存在于企业之间的网络连接，并强调其数量和质量在很大程度上依赖所处组织的范围，进而明确社会资本不能独立存在，必须与经济或文化相匹配。Coleman 将其内涵界定为具有相关关系、相互依赖及信任、互惠的规范标准等，是促进生产的组织资源，并认为社会资本是由社会结构的某些方面组成，且有利于行为者的特定行为。同时，Coleman 强调，社会资本由个人所拥有的资本等结构资源演变而来，是具有不同形式的实体，其存在、保持和消亡主要受社会网络的封闭性、社会结构的稳定性、意识形态及财富、政府资助等因素影响，并须不断通过交流和沟通保证价值不丧失。Coleman 认为，社会资本可以分为义务与期望、信任、信息网络、规范及惩罚、权威、社会组织、创新组织等。

纵观文献可以看出，对社会资本理论进行全面诠释，做出重大贡献的是Lin，他从概念表述、指标测度及理论模型构建等方面进行详细分析，将社会资本定义为，社会资本是嵌入社会网络关系中可带来回报的资源投资。Lin 对社会资本的诠释包含 3 个层次：社会结构中的嵌入性资源；个体攫取这些资源的能力；有目的地运用个体及社会资源的行动。通过分析可知，社会资本的含义分为 3 点：①社会资本根植于社会关系网络，以彼此关系为基础；②社会资本具有可增值性，不仅包含货币、资产等物质资本，也包含威望、信任、准则等文化资本及源于个体中的认知与技术等人力资本；③社会资本既指资源，也指人们的投资活动。

除此之外，Frances 指出社会资本是特定的信任普及程度，并认为"高社会资本"国家，即互信程度较高的国家，如美国、日本、德国，经济运行的成本较低，为经济繁荣提供了必要条件。"低社会资本"国家，互信范围不广泛，一般无法扩展到家庭以外，此类国家经济组织以家庭或家族式产业为主，限定了规模经济的发展。

综上所述，针对社会资本的研究广泛，梳理文献可知，对社会资本的定义至少有 19 种，其区别主要在于对社会资本所在关系网络范围的划分，如组织内部社会资本、组织间社会资本及外部资源，或两者皆有。本书对于社会资本的定义借鉴了相关成果，国外有关文献总结如表 2-6 所示。

表 2-6 国外学者对社会资本定义的代表性观点

定义者	年份/年	定　　义
Baker	1990	社会资本包含一定社会网络结构，企业主动实施优化并利用其追求利润，其资源优化会通过主体间关系变化不断变化
Burt	1992	社会资本是指组织成员能控制和利用资源的权利，以及由社会网络结构获得的竞争优势，即"结构洞"。同时指出由"谁"获取不重要，"从哪里"获取更重要

定义者	年份/年	定　义
M. Schiff	1992	社会资本是社会结构中能够影响行为主体与主体之间关系的要素组合，上述要素是生产及效用的输入变量
Putnam	1993，1995，1996，2000	社会资本是组织成员的结构网络、行为规范及组织信任等资源，成员通过这些资源共同努力，实施为达成目标的协作行动
Ports	1995	社会资本最关键的特征是信任的可传递性
Francis	1995，1997	社会资本的本质是信任
Nahapiet	1997	社会资本是指存在于个体之间或集体网络中，建立在相互认知及信任基础上的潜在资源
Lean 和 Vain	1999	企业社会资本存在于内部，用于描述企业内部人与人之间的关系

资料来源：根据相关文献整理。

国内学者针对社会资本理论的应用研究较为普遍。熊捷首次提出并系统地对社会资本与经济效益之间的关系进行了量化研究。他将企业社会资本分为嵌入员工之间的社会资本、嵌入员工与管理者之间的社会资本及嵌入管理者之间的社会资本，并通过关系的密切程度来测度社会资本。研究结果表明，企业社会资本对企业经营绩效存在影响。包凤耐等认为，社会资本是企业与社会多角度的联系网络，以及由此获得稀有资源的能力，并强调企业不是孤立个体，而是企业网络上的一个节点。文风等指出，社会资本是一个企业与其他企业之间的横向联系及与企业外实体和社会组织间的社会联系等社会关系的总和，以及该企业获取并利用社会关系网络获取外部资源的能力总和。在其研究中，还进一步将企业的社会关系进行量化，以衡量社会资本，通过横向层次、纵向层次及企业外层次进行研究，并将社会资本指标划分为 3 个子指标，即企业横向资本、企业间纵向资本及企业外社会资本。

除此之外，国内学者也对社会资本进行了不同层次、不同视角的解释和定义，具体如表 2-7 所示。

表 2-7　国内学者对社会资本定义的代表性观点

定义者	年份/年	定　义
郭毅和朱熹	2003	社会资本是反映企业可利用的关系总和，包括内部关系及外部关系，主要指企业关系网络中嵌入的信任、规范等
周小虎和陈传明	2004	企业社会资本包含：一是企业可以通过与其他组织建立联系，获取稀有资源；二是企业的内部关系网络及规范融入更大范围的组织网络，形成全体成员间的合作

定义者	年份/年	定　义
郭少新和 何炼成	2004	社会资本包括组织间信任、行为规范及企业文化、组织过程3个方面，均为内在生产性资源，能极大地减少机会主义，降低成本，加强信任，提升经济
鲍盛祥	2005	企业社会资本主要指内嵌于企业与外部组织所构建的社会网络中的关系总和
马宏	2010	企业社会资本是由以企业作为主体构建的社会资本和以企业主作为主体构建的社会资本两部分组成的
田亚飞和 宋彧	2018	社会资本是对其他资源的补充和替代，具有黏滞性，其主要作用是降低企业的经营成本

资料来源：根据相关文献整理。

2.3.2　供应链社会资本的概念

通过上述社会资本理论主要观点的梳理，本书将社会资本应用于供应链情境中，强调上下游企业的不同角色地位，认为供应链社会资本是上下游企业间、企业内部部门间关系的总和，以及供应链企业获取这种关系资源的能力。本书供应链社会资本的研究重点如下。

1. 供应链的分类及结构

供应链是由核心企业主导，源于原材料、半成品及产成品，最后由渠道送达客户手中，由供应商、制造商、分销商及最终用户所组成的网链结构。

供应链分类方式多种多样。根据企业地位不同进行分类是较为实用的方法。根据供应链中企业的地位，可以将供应链分为集成型供应链和分散型供应链。集成型供应链是指存在占据主导地位的某个节点企业，强势辐射并吸引其他企业，该企业被称为核心企业或主导企业。例如，日本丰田汽车公司以生产商为核心企业主导供应链；香港利丰公司以中间商为核心企业主导供应链；沃尔玛以零售商为核心企业主导供应链。分散型供应链是指供应链中的企业不分彼此，对供应链的重要程度大致相当。

2. 本书研究对象的选择

在本书所做研究的前期成果 *Cost Optimization Control of Logistics Service Supply Chain Based on Cloud Genetic Algorithm* 中，将质量成本理论应用于供应

链管理领域，构建了基于"信息熵"的供应商选择模型，并进一步优化了核心企业的质量成本效用。因此，本书主要分析以制造企业为核心企业，包含供应商、生产商和客户在内的三级供应链。

同时，通过浏览有关博弈论在供应链管理领域的文献发现，供应链成员间存在明显的分散决策行为，而由核心企业主导的供应链表现出"集中+分散"的决策过程。加之本书作者对供应链管理理论的理解认为，在本书研究的制造业供应链中，核心企业处于主导供应链社会资本的关键地位。因此，本书所指供应链社会资本，是指核心企业主导的供应商社会资本、内部社会资本及客户社会资本。

2.3.3　社会资本的维度

多数研究对社会资本的维度划分均参考三维度划分法。社会资本的三维度划分法由 Nahapiet 和 Ghoshal 提出，他们从结构维度、认知维度和关系维度 3 个方面进行测度。结构维度是指社会网络的连接强度，是社会关系网中节点间或强或弱的连接能力。Granovetter 研究区分了这种强联系和弱联系，认为是关系的紧密程度不同引起的。认知维度是指对一些概念或目标的共同解释，即共识的语言形式，如代码、符号、知识和语言。关系维度则是存在于主体之间，由认知获得的资源，如彼此信任或对身份的识别等。Hazleton 和 Kennan 研究认为，彼此信任和交流，能解决贸易、信息共享及冲突等问题。

1. 供应链社会资本维度的内涵

供应链社会资本从本质上包含上述 3 个维度的含义，但由于供应链特殊的网链结构特征及企业地位的差异，其维度划分及含义表现出独有的特点。

本书认为，每个维度所涵盖的内容不宜过多，否则会增加实证研究的工作量。因此，本书在保留三维度划分法的基础上，为各维度赋予一个关键内容作为核心解释。

本书中，供应商和客户社会资本的结构维度主要指外部互动，即供应链成员间的交流互动。其关系维度主要指理性信任，即企业与上下游建立的识别彼此意愿和能力的信任。其认知维度是指共识语言方面，即上下游企业相互一致的企业文化和认知编码，由此方便彼此对话和交流。企业内部社会资本的结构维度指内部互动，即重视企业内部的协同合作。其关系维度是指情感信任，即员工间的相互信任。其认知维度指共同愿景，即企业内部高度一致的目标，能够促进知识共享和交流并解决利益冲突。

2. 供应链社会资本维度的划分

本书将供应链社会资本分为供应商、内部及客户 3 个层次，以方便分析讨论。各层次社会资本均分为认知资本、关系资本及结构资本 3 个层次，即得到供应商认知资本、供应商关系资本、供应商结构资本；内部认知资本、内部关系资本、内部结构资本；客户认知资本、客户关系资本及客户结构资本，共 9 个维度，如图 2-6 所示。

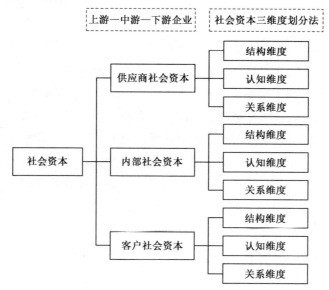

图 2-6　供应链社会资本维度

2.4　供应链质量整合

2.4.1　供应链质量管理与供应链质量整合

供应链质量管理（Supply Chain Quality Management）是一个相对较新的学

科，供应链质量管理的发展一方面建立在供应链管理的相关理论上，另一方面与全面质量管理的发展息息相关。

全面质量管理（Total Quality Management）的实践起源于日本，由 Deming及 Juran 共同提出，全面质量管理的应用使日本成为全球瞩目的制造业强国。而全面质量管理的学术概念大约在 20 世纪 80 年代被提出，Ebrahtmpour 与Schonberger 指出，日本的管理技术为全球所瞩目，通过聚焦日本的产品生产理念，讨论了其全面质量控制（Total Quality Control）及即时生产理念（Just In Time），并指出该管理理念具有巨大的潜能。Rehder 与 Ralston 指出，美国自 1965 年起在世界贸易中处于劣势地位，1980 年美国的商品有一半来自海外，而当时日本的产品则由于物美价廉而非常畅销，因此结合日本的管理思想提出了全面质量管理系统的理念。在此之后，全面质量管理迅速发展。到 20 世纪 90 年代中期，全面质量管理已经成为推动美国社会进步的重要力量。Juran 指出，在 20世纪 80 年代至 20 世纪 90 年代，全面质量管理从日本被引入美国，美国的制造业快速复兴，重新拾回其全球竞争力。Dean 与 Bowen 对 20 世纪 80 年代至20 世纪 90 年代的全面质量管理进行了概述，对其理论与方法进行了总结，他们认为，20 世纪 80 年代至 20 世纪 90 年代，全面质量管理的理论方法经历了快速发展。Hackman 与 Wageman 指出，在 20 世纪 80 年代中期至 20 世纪 90年代中期这段时间里，全面质量管理已经成为推动美国社会进步的一个重要因素。该研究指出，全面质量管理理念中一个核心思想是质量问题的解决要从系统的角度去看待；全面质量管理主要通过以下 5 种方式实现：①对客户的需求进行定义；②与供应商建立伙伴关系；③建立跨功能的质量团队；④使用科学方法对质量表现进行监控与提升；⑤使用流程管理来提升团队效率。随后，有一系列研究对全面质量管理的关键因素及实施效果等进行了研究。Powell 认为，全面质量管理成为提升企业竞争力的战略资源。该研究指出，有多种因素可能对全面质量管理的最终表现有所影响，包括通过实证研究对全面质量管理的实施要素与其最终表现进行了分析，并执行承诺、实施管理理念、关注客户需求、维护供应商关系、制定参照标准、进行人员培训、制定开放的组织结构等。Easton对企业中全面质量管理的实施及企业表现进行了研究，该研究使用了 108 家企业在 1981—1991 年的数据，并发现全面质量管理的实施能够使企业的表现有所上升。Samson 与 Terziovski 则进一步考察了全面质量管理与企业运营表现之间的关系，该研究选取了领导力、人员管理、顾客聚焦、战略规划、信息分析、流程管理等几个全面质量管理要素作为自变量，并声称前 3 个自变量对企业表象有显著影响。Douglas 等对全面质量管理中组织构架对实施效率所造成的影响进行研究，该研究中将组织构架归类为两类：一类为控制型构架，另一类为探索型构架。该研究发现在实施全面质量管理过程中，探索型构架能够获得更好的企业财务表现。

全面质量管理研究正与供应链管理逐步结合。在早期研究中，供应商或供应链上的质量往往作为质量管理中的一方面要素出现，Gitlow 与 Wiesner 提出供应商关系是质量管理中的一个重要因素，也讨论了供应商的质量保证、质量监督在质量提升中的作用。Carter 与 Miller 则考察了两种不同的供应商关系类型对于飞机生产质量的影响，该研究定义了两种不同的供应商关系类型：平行型与序列型。通过分析可知，平行型生产商关系能够使生产质量有显著的提升。Lascelles 与 Dale 对全面质量管理中的生产商—零售商关系进行了研究，该研究基于英国 300 家汽车制造企业，发现下游对上游的供应商管理活动对产品质量并没有显著影响，这是由于几乎没有下游企业与上游生产商共同进行关于质量问题的解决与沟通。Kekre 等通过实证研究发现，拥有较高产品质量的企业对于其供应商的要求有更多的相似之处。Forker 等则对供应链上的全面质量管理进行了讨论，该研究将供应链质量管理归到全面质量管理的框架中，认为是全面质量管理的一种拓展。吴绮等指出，供应链质量管理意味着核心企业不仅要对自身的产品设计制造等过程进行质量管理，也需要对上下游相关企业的质量进行把控。

供应商产品质量日益受到重视，供应链质量管理的概念逐渐兴起。Robinson 与 Malhotra 在其研究中对供应链质量管理进行了定义：供应链质量管理包含供应链中所有参与方对其商业活动的协调与融合。其职能是定义、分析并持续提升产品、服务与流程，以创造价值、获取中间客户或获取终端客户满意度。Flynn 分别从质量管理和供应链管理两方面对该问题进行了阐述，通过实证数据表明追求质量水平与追求供应链表现的企业的目标协同一致，认为供应链管理与质量管理是可以协同的。Foster 总结了相关文献，认为供应链质量管理是一种上下游共同合作来改进供应链绩效的管理模式。根据之前的研究和定义，我们可以进行归纳，供应链质量管理是一个由供应链上下游乃至产品终端客户共同参与的整体系统，其目标是通过供应链整合、协同合作等方式，对供应链上的产品与服务质量进行提升，达到提升供应链表现与竞争力的目的。同时，对供应链质量有一些量化研究，主要通过建模的方式来分析生产商或零售商关于质量水平、质量成本的选择及供应链上其他关于质量的问题。Reyniers 与 Tapiero 分析了供应链上下游在合作情形与非合作情形下，市场售价及售后保修的价格对于生产商质量选择的影响。Banker 等在不同的竞争情形下考察了供应链参与者的质量选择策略，并表明随着竞争激烈程序的提升，平均质量水平也有所提升。Baiman 等分析了供应链中产品质量、质量成本及可被合同约定的信息（Contractible Information）之间的关系，其中产品质量是可通过双方协商决定的。他们发现，当更多信息可通过合同约定共享时，质量总成本有所下降。Hwang 等比较了在认证机制（Certification Regime）及评价机制（Appraisal Regime）下，与生产商共同进行质量提升时，零售商的质量水平及监督水平。Xu 研究了分销渠道中产品定价与质量决定的联合决策。生产商将对产品质量及批发价格进行决策，零售商将决定零售价格，研究发现，当边际收入函数为仿射函数时，生产商对产品质量的决策与分销渠道结构无关。Lee 与李洋分析零售商是否应该通过监督生产商或选择与生产商合作来提升产品质量。周志忠与 Johnson 设计了分析框架来观察质量风险评价如何影响生产商与零售商的质量及所获利益。董妍等研究了零售商在双层和多层供应链中应该如何选择通过基于监督的方式（Inspection-based Approach）或基于外部故障的方式（External Failure-based）进行产品生产质量合作。目前，有些学者开始关注通过投资的方式在供应链上提升质量。朱庆华等使用 EOQ 模型对生产商和零售商的在需求为一个固定需求率的情形下对最优质量投资决策进行了分析。该研究使用了两阶段斯塔克尔伯格模型对其决策过程进行描述。Hsieh 与刘先兵研究了供应链上下游同时进行质量投资的供应链决策，在其研究中考虑了不完美生产及监督的过程。谢家平等使用了一个两阶段斯塔克尔伯格模型对生产商与零售商的投资和生产决策进行分析。在其研究中，假设正态分布的随机需求，并考虑了双方的风险偏好问题。邓明成等考虑了生产商的质量投资决策，该研究采用生产商许可机制（Supplier Certification）来排除信息不对称的问题。陈英菊等则提出了一种投资分摊机制，该研究分析了由一个零售商和两个存在竞争关系的生产商组成的供应链，两个生产商同时在质量和价格方面进行竞争。在其研究中，假设正态分布的随机需求。

供应链质量整合起源于供应链管理和质量管理的结合，但不是两个概念的简单叠加。它强调供应链成员企业构建质量共同体，通过企业各自契合的质量实践形成供应链管理能力。本书认为，供应链质量管理强调供应链全域或整个供应链网络，通过上下游企业的协同和整合，最终实现提升质量绩效等目的。供应链质量整合是将供应链整合进一步延伸的结果，是企业与上下游企业的协作，通过再造流程，实现高质量绩效的实践。

诚如前文所述，供应链质量整合是基于整合视角的质量管理拓展到供应链领域的结果。大量学者对这一新概念、新理论的内涵、结构等进行了研究。在众多关于供应链质量管理的研究成果中，霍宝锋基于整合视角将质量管理扩展至供应链全景，对供应链质量整合理论进行了全面诠释。此后，这一领域的研究成果不断涌现，具有代表性的观点如表 2-8 所示。

表 2-8　供应链质量整合的代表性观点

学者	年份/年	代表性观点
Robinson	2005	针对供应链业务流程的协调，通过分析并优化产品生产、服务流程，实现价值创造及客户满意
林钦浩等	2005	SC 指生产—配送网络；Q 指正确满足市场需求，迅速实现客户满意并获取收益；M 指创造条件并增强信任以实现供应链质量 质量管理实践、供应商参与、供应商选择
Kuei 等	2008	供应链能力（产品优质生产、交付可靠、与供应商的信任关系、效率、客户满意度）；成功因素（客户、高质量信息系统、与供应商的信任关系、流程整合、供应链质量主导）；战略组成（质量管理氛围、技术、供应商参与、结构设计、规划）；实践规划（供应商质量培训、质量大数据、供应链结构优化、战略规划）
Foster Jr	2008	上下游彼此交流提升绩效的系统方法 质量实践；供应商关系、客户导向；领导、人力资源实践、安全
Mellat	2013	所有供应链伙伴间的协调与整合，通过流程改进提升绩效，通过彼此协作提升客户满意度
霍宝锋等	2014	内部职能部门和外部供应链合作伙伴之间的战略和运营合作旨在通过共同管理内部和外部供应链合作伙伴之间与质量相关的关系、沟通和流程，以低成本实现高质量绩效
郁玉兵等	2014	以"合作""客户""绩效"为导向，以追求卓越品质为核心理念，运用系统管理方法和技术，对供应链进行统一管理，构建供应链成员之间的科学分工与合作，从而提高供应链的质量管理水平，进一步提高供应链的整体和个体绩效，从而为客户提供满意的产品和服务管理流程

资料来源：根据相关文献整理。

2.4.2　供应链质量整合维度划分

根据供应链结构的内外差异，供应链质量整合可分为内部质量整合、供应商质量整合、客户质量整合 3 个维度。

1. 内部质量整合

内部质量整合指企业内部与质量相关的整合实践活动。企业通过在质量管理方面实现跨部门整合和协作，可以改善产品质量，并降低质量成本。更重要的是，企业改进产品设计、改善流程管理及控制可避免发生质量安全事件，并缩短交付事件时间，避免产品延迟配送，从而提升配送绩效。

2. 供应商质量整合

供应商质量整合包括选择供应商、共享质量数据及供应商参与企业内部质量管理实践。供应商质量整合可以显著提高产品质量，降低质量成本。企业与供应商在产品设计和质量改进方面的合作通常可以避免产品质量问题，降低产品缺陷率，提高效率。

3. 客户质量整合

客户质量整合指相关的质量实践活动，包括客户质量和服务要求、客户投诉和反馈、客户满意和客户信心。例如，协助企业获得客户质量信息，让客户参与创新，及时获得客户反馈，或接受客户质量改进体系，这些都可以帮助企业控制质量成本，避免发生产品交付延迟等情况。此外，企业在产品设计阶段采纳客户建议，可以有效减少产品瑕疵率和返工率。

2.5　绿色供应链管理实践

绿色供应链管理（Green Supply Chain Management，GSCM）又称环境意识供应链管理（Environmentally Conscious Supply Chain Management，ECSCM），是在考虑环境问题后，注重供应链各环节的环境保护，实现经济与环境指标的协同。目前，理论界还没有一个统一的表述来定义绿色供应链管理，但一致认为它将环境保护意识融入供应链管理，把"无废无污""无任何不良成分""无任何副作用"贯穿其中。

2.5.1 绿色供应链管理理论

1. 绿色供应链管理

绿色供应链管理（GSCM）思想产生于物流管理实践。20 世纪 90 年代，Webb 通过研究产品生产与环境保护之间的关系，认为确定原材料应以环境为指导，由此形成了绿色采购的概念。1996 年，美国密歇根州立大学制造研究协会针对"环境制造"展开研究，提出了绿色供应链管理这一全新概念。之后，Handfield 等研究认为，GSCM 是由原材料采购开始直到产品交付客户的所有活动，包括物流和信息流。Narasimhan 及 Carter 则认为，GSCM 是指企业为从源头减少对环境的影响而实施的减排及资源再造的活动。Zsidisin 等认为，GSCM 是为了减少供应链各环节给环境带来的负面影响而实施的管理、行动及组织关系的集成。Beamon 认为，GSCM 是指考虑环境因素，在供应链管理过程中实现社会、经济和环境的协同，实现企业可持续发展。Hall 等认为，GSCM 源于可持续发展理念，是指贯穿于采购、生产、消费，再到回收的整个过程，从而实现供应链生产与环境之间的最优化。Gilbert 提到，GSCM 包括环境管理、战略管理与库存管理 3 个方面，是环境标准在流程中的推广。Nagel 认为，GSCM 是供应链内部的新型关系，表现为环保意识在供应链的扩展，同时要求技术创新。

绿色供应链管理的研究与资源基础理论，特别是自然资源基础理论，有着紧密的联系。自然资源基础观（NRBV）认为，自然资源是人类经济生活最重要的资源，这一观点被普遍认同并逐渐应用于研究。以 NRBV 理论为基础，学者普遍认为，长期以来，有毒物质、空气和水污染、全球变暖、臭氧消耗和核废料等环境问题，一直是发展过程中必须面对的问题。为了减少污染，预防与控制有害物质排放是最有效的手段，预防成本更低。Hartens 认为，环境是企业的基本资源之一，可以帮助企业实现可持续绩效，为了获得可持续竞争优势，企业应充分认识并促进成果转化，形成差异化产品或服务。Shi 以 NRBV 为基础，从环境、业务和财务 3 个方面提出企业内及企业间环境实践与企业绩效之间的关系假设。综上，企业拥有的资源可以提高品牌忠诚度、声誉及定价。

对绿色供应链管理的定义，国外学者代表性的观点如表 2-9 所示。

表 2-9　国外学者对绿色供应链管理定义的代表性观点

定义者	年份/年	定　义
Narasimhan 等	1998	绿色供应链管理是指企业的采购部在废弃物减少、再循环、再使用和原材料替代等活动中所做出的努力。绿色供应链管理的主要思想在于企业从采购原材料开始就要贯彻绿色供应链思想，从源头降低企业行为对整条供应链环境的危害，并提倡利用可循环使用或者可再生的原材料
Walton 等	1998	绿色供应链管理的核心是将供应链管理的集成思想应用到绿色供应链领域中，将供应商纳入企业的环境战略中
Handfield 等	1999	绿色供应链管理是对从原材料采购到最终客户的与商品及信息流转相关的所有活动的管理，物流和信息流都贯穿于上下游
Hall 等	2000	绿色供应链管理是对产品整个生命周期进行环境友好设计，构建供应链联盟，确保供应链上的成员具有环保意识，为整条供应链营造绿色氛围，最终实现协调优化
Zsidisin 等	2001	绿色供应链管理是在供应链系统内部进行环境友好的设计、采购、生产、销售、使用及再使用而实施的管理策略、行动及所形成的合作关系
The United States-Asia Environmental Partnership	2003	当企业把环境要求强加到供应商的产品和经营过程中时，就是绿色供应链，相应的管理就是绿色供应链管理

资料来源：根据相关文献整理。

对绿色供应链管理的定义，国内学者代表性的观点如表 2-10 所示。

表 2-10　国内学者对绿色供应链管理定义的代表性观点

定义者	年份/年	定　义
蒋洪伟等	2000	绿色供应链管理即环境意识供应链管理，它考虑供应链中各个环节的环境问题，注重环境保护，促进经济与环境的协调发展
但斌等	2000	绿色供应链管理是一种在整条供应链中综合考虑环境影响和资源利用率的现代管理方式，它以绿色制造理论和供应链管理技术为基础，涉及供应商、制造商、销售商和客户，其目的是使产品从原材料获取、加工、包装、仓储、运输、使用到报废处理的整个过程中，对环境的影响最小，资源利用率最高

定义者	年份/年	定 义
朱庆华	2004	绿色供应链管理是在供应链管理中考虑和强化环境因素，具体说就是通过与上下游企业合作及与企业内部各部门的沟通，从产品设计、材料选择、产品制造、产品销售及回收的全过程中考虑整体绩效最优化，同时还要提高企业的环境绩效和经济绩效，从而实现企业和整个供应链的可持续发展
王能民等	2005	绿色供应链管理是指在以资源最优化配置，增进福利、实现与环境相融为目标的，以代际公平和代内公平为原则的，从资源开发到产品消费的过程中，包括物料获取、加工、包装、仓储、运输、销售、使用、报废处理、回收等一系列活动的集合，是由供应商、制造商、销售商、零售商、消费者、环境、规则及文化等要素组成的系统，是物流、信息流、资金流及知识流等的集成
袁鹰	2006	绿色供应链是指有效地将原有供应链的三大子系统——生产子系统、消费子系统和物流子系统，加以改造和重组，采用系统工程的观点，综合处理供应链从最初的原材料采购一直到对报废的产品实施回收的整个过程中出现的环境资源问题，从而实现整条供应链系统的运营与环境之间的相容和协调

资料来源：根据相关文献整理。

上述学者分别从不同角度出发，分析绿色供应链管理的定义，但是他们在研究中都不约而同地指出了实施绿色供应链管理对企业来说是一种全新的战略模式，并且也是现代企业实现可持续发展的必然选择和发展趋势。虽然学者给出的绿色供应链和绿色供应链管理的定义具有不同的侧重点，但又有着某些共同之处，主要体现在以下 3 个方面。

（1）要求在供应链管理中融入环境因素。绿色供应链管理要求企业在传统供应链管理的基础上，更注重环境保护，并且获得链上各节点企业的认同，进而在供应链范围内达成一种长期稳定的绿色合作战略关系。

（2）要求供应链上的所有成员企业都进行环境管理。绿色供应链中的成员企业包括供应商、制造商、销售商及消费者，若要达到绿色供应链管理的最终目标，则要求每个成员企业都必须进行环境管理，不断强化环保意识，在供应链管理的实施过程中减少或消除对环境有负面影响的活动。只有供应链上的所有成员企业都能做到环境管理，整条供应链才能实现绿色化。

（3）要求企业对产品的生命周期进行环境管理。绿色供应链管理强调产品整个生命周期管理的全过程形成闭环链。其管理内容包括从最初的产品设计、原材料选择、产品制造及产品物流到面向客户的销售，以及对废弃材料实施回收的整个过程。

结合上述学者的观点，本书认为绿色供应链管理是在供应链系统内重视环境保护和资源节约，以供应链管理为基础，以可持续发展为长远目标，通过有效利用绿色技术使产品从原材料获取、生产加工、物流、销售及使用到回收处理的整个过程中对环境的负面影响最小，资源利用率最高。绿色供应链管理体系结构如图 2-7 所示。

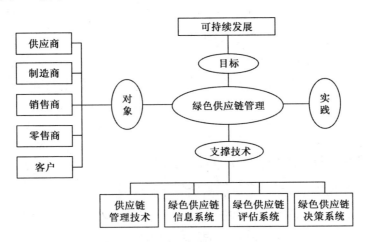

图 2-7　绿色供应链管理体系结构

2. 绿色供应链与传统一般供应链的联系

通过上述分析可知，绿色供应链与传统一般供应链存在以下 3 个方面的相似性。

1）强调管理的系统性

两者都突破了企业界限束缚，不再封闭且孤立地看待采购、生产和销售等经营活动和过程，而是系统地思考相关的内外联系，将企业的采购、生产、销售与其他市场经济实体及其活动建立外部联系，将供应商、制造商、销售商及消费者视作一个有机联系的整体，通过制订集体目标，彼此联结、依存、渗透和互动，形成合作式的、超越组织界限的网链系统。

2）强调整体收益的最大化

绿色供应链与传统一般供应链在本质上是一样的，即这种网链系统都是建立在合作和共赢的信念上的，通过分担责任和风险、共享信息、减少交易成本，实现共同受益，在实现共同受益的同时还要实现各成员企业利益的最大化。成员企业的活动是将满足消费者需求的活动转化为所有参与者的集体行动。每个成员企业不但可在相互支持、配合和协调中实现整体利益最大化，还可使每个参与者从中都获得收益。

3）强调链上成员企业的协调合作

绿色供应链与传统一般供应链都是具有一定专长和市场竞争力的企业之间的一种合作性安排，是一种优势整合的价值共同创造活动。两者最终的发展方向是协同的、集成的高新信息技术管理模式，将在组织结构、管理模式、业务处理、技术应用上发生变化或者提升。系统中各成员企业的策略选择要遵循强强联合的原则，聚集最具市场竞争力的经济资源，通过和谐共融、相辅相成的协调合作，整合企业资源和能力，将单一企业的核心竞争力融合成整个链条的竞争力。

3. 绿色供应链与传统一般供应链的区别

相比传统一般供应链，绿色供应链在传统一般供应链的基础上又融入了对环境问题的关注，强调全体成员从采购、制造、销售到消费者的活动全过程都要做到与环境相容，因此，两者之间存在较明显的差异。

1）两者的经济背景具有差异

传统一般供应链是在传统线性经济背景下发展起来的，所谓线性经济是指"资源—产品—废物排放"的单向流动。在此模式下，人们首先获取地球上的各种资源，通过产品的生产和最终消费，把产生的废物和污染物排放到大自然中。此时，由于供应链上的企业更加注重提高系统运营效率，而不注重资源节约与可持续利用，因此对资源的利用往往是粗放的、一次性的。而绿色供应链是可持续发展模式下的产物，其经济活动模式强调与环境相容，可持续发展模式与线性经济模式不同，它是"资源—产品—再生资源"的反馈式流程。在此模式下，资源可在闭环循环中得到更合理和更持久的利用，从而使经济活动对自然环境和消费者长远生存环境的负面影响最小。在此背景下，各成员企业遵循循环经济与生态经济的经营管理思想，积极实施面向上游供应商的绿色采购，面向制造商的绿色生产、绿色物流，面向客户的绿色营销，面向消费者的绿色消费等。

2）两者的哲理基础具有差异

传统一般供应链以效率的最优为活动准则，以帕累托效率为基础。帕累托最优是指已经不可能通过改变资源配置，在不降低他人效用水平的前提下，使任何人的效用水平有所提高。而帕累托无效则是指通过资源的重新配置，可以在其他人效用水平不变的情况下，使一人或多人的效用水平有所提高。帕累托改进则是指在帕累托无效的条件下，通过资源的重新配置，使一部分人的效用水平在其他人效用水平不变的情况下有所提高。由此可见，它强调资源的配置效率，却未涉及公平问题。

与传统一般供应链相比，绿色供应链则是在以效率最优为基础的同时，增加了公平的思想。绿色供应链中的公平主要体现在以下两个方面。

（1）从时间上看，绿色供应链强调链上成员企业的活动能体现对资源利用的代际公平。也就是说，绿色供应链上各成员企业在活动之前必须考虑可能给环境带来的负面影响，尽可能避免其活动对后代的生存与发展产生不良影响。具体来说，不管是资源投入、工艺选择、制造过程、营销活动，还是产品回收处理，都要做到与环境相容。

（2）从空间上看，绿色供应链要求链上各成员企业的活动不能对链外企业或链外个人和群体的福利构成威胁。这符合经济学中的外部性理论。外部性理论是指经济主体的活动决策应遵循社会边际成本等于社会边际收益的原则。因此，绿色供应链的公平理论在空间上主要表现为杜绝负向外部性的存在。

3）两者的管理目标具有差异

传统一般供应链管理目标为 6R 目标，即将客户所需的正确的产品（Right Product）在正确的时间（Right Time），按照正确的数量（Right Quantity）、正确的质量（Right Quality）和正确的状态（Right Status）送到正确的地点（Right Place）。而绿色供应链管理目标则是在 6R 基础上进一步实现资源的优化配置，以及活动过程与环境的相容性，实现经济绩效，同时实现环境绩效和社会绩效，进而实现可持续发展。由此可见，传统一般供应链管理目标只注重经济绩效，未重视能耗和环保，忽略了环境绩效和社会绩效。虽然两者的核心管理目标基本一致，即获取最大的经济绩效，但是绿色供应链管理目标还包括与环境相容、优化资源配置和提升社会福祉等。其中，与环境相容是绿色供应链管理下企业实现可持续发展的前提条件；优化资源配置可确保在降低绿色供应链整体实践成本的同时提高回报率，也是与环境相容的具体表现形式；提升社会福祉是确保消费者进行绿色支付及实施绿色消费的基本要素，这也是为了保障绿色供应链管理能够持续、高效地运营。这些目标的实现体现了实施绿色供应链管理活动带来的正向外部性效应，提高环境绩效和社会绩效的同时也不会与经济绩效最大化的核心目标产生矛盾，反而能够形成与传统一般供应链在环境管理方面的差异，转变为差异化竞争优势，进而提高经济绩效。

4）两者的管理活动具有差异

绿色供应链管理活动除了要对传统一般供应链中涉及的物流、信息流和资金流进行管理之外，还要对上下游企业间的知识流进行管理。这是因为，为了链上成员企业能够获取最大化的经济绩效、环境绩效和社会绩效，必须运用相应的绿色技术和知识来支持、指导运营管理。因此，相对传统一般供应链管理而言，绿色供应链管理更重视供应链内与环境管理相关知识的知识转移和知识溢出等活动。绿色制造、绿色设计、绿色采购及绿色营销等绿色供应链管理实践所涉及的活动需要建立在知识流基础之上。这就要求核心企业在进行绿色供应链管理时，要特别重视与绿色经济相关的知识在成员企业之间的流动，以此来保证整条供应链的绿色化。

5）两者的链上成员企业评价选择过程具有差异

链上成员企业评价选择过程的合理化及合适的成员是供应链管理效率高低的关键，即使传统供应链在最初的系统构建中，核心企业对成员的评价选择十分慎重，但是，绿色供应链上的核心企业对成员企业的评价选择要求会更严格，指标会更复杂。这是因为，绿色供应链不仅要求资源的可持续利用，还要注重系统的可持续发展。因此，核心企业在选择绿色供应链的成员企业时，要把绿色意识、绿色技术及绿色设备等作为主要的评价指标，并不断对链上成员企业进行绿色知识培训，使其绿色能力、绿色活动达到核心企业的要求。

4. 绿色供应链管理实践

绿色供应链管理实践是以可持续管理理念为基础的企业实践。Vachon 和 Klassen 通过研究环境因素对供应链的影响提出了绿色供应链管理实践的概念，认为它包括：环境监督，即采购部通过市场管控供应商；环境协作，即采购部与供应商合作制订环境保护计划。Sonesson 和 Berlin 通过情境分析和 SAFP 模型等方法，研究牛奶生产供应链对环境造成的影响。Van 运用比较分析法，着重研究了两家汽车公司的管理实践，并讨论企业绿色化及关键环节的绿色活动对供应链的影响。Abdallah、Farhat 和 Diabat 等通过模型，分析煤炭供应链对环境的影响，并提出了降低煤炭供应链对环境负向影响的有效措施。Preuss 通过分析供应链核心企业和制造商的环保问题，认为供应链绿色化是物流、信息流、供应链关系管理相互协同的结果。Mont 等以生命周期理论为基础，分析了产品不同生命周期对环境造成的不同影响，并详细论述了在此过程中各成员企业应采取的行动。Walker 等研究了企业绿色供应链管理实践的动力，以及在运行过程中存在的阻力，并且认为阻力小于动力。朱庆华等研究认为，对绿色供应商的评估和选择，将对供应链核心企业获取并维持竞争优势起到至关重要的作用。张莉等通过构建评价指标体系，运用 ANN 模型对绿色供应链合作伙伴进行评价，梳理了供应链伙伴关系的影响因素。朱庆华等在 GSCM 基础上提出了绿色设计的模型和方法。杨耀红、谭攀静通过熵和智能加权决策法，构建了评估和选择绿色供应商的途径。邹安全通过投入产出及生命周期评价法对钢铁碳排放及其抵扣量进行了测算，厘清了企业碳排放量较大的业务部门。许志瑞通过生命周期理论构建了闭环供应链环境绩效模型，并论述了电视制造企业选择供应商的方法及实现原材料循环再利用的方法，最终实现了对环境的负向影响最小化。可见，绿色供应链管理实践包括针对供应商在内的各环节的环境管理活动。此外，有研究发现，企业的环境实践与其经营业绩之间存在积极关系。其中代表性的观点包括：朱庆华和 Sarkis 研究认为，绿色供应链管理实践（由内部环境管理和外部环境实践组成）与环境绩效和经济绩效之间存在积极关系。Giovanni 研究证明，内部和外部环境管理实践与环境绩效成正相关，但它们与企业的经济绩效无正相关关系。

通过以上理论及应用研究成果发现，还没有学者从社会资本的视角对绿色供应链管理实践展开研究，也没有针对它与可持续性企业绩效关系展开的实证研究。本书借鉴前人成果，将社会资本与绿色供应链管理联系起来，通过实证方法，讨论社会资本是否为绿色供应链管理的驱动因素，及其与企业绩效之间存在何种关系。

2.5.2 绿色供应链管理实践维度划分

绿色供应链管理实践维度划分应建立在内涵外延清晰的基础之上，因此，本书在明确绿色供应链管理实践内涵的基础上划分其维度。环境已经成为衡量企业形象和声誉的重要指标，与环境管理和绿色供应链管理相关的成果不断涌现。Srivastava 将绿色供应链管理定义为：将环境思维纳入供应链管理，包括产品设计、材料采购和选择、制造过程、向消费者交付最终产品及产品使用后的寿命管理。刘先兵进一步扩充全球科学管理概念，即绿色供应链管理涵盖产品从制造到消费直至整个生命周期，关注整个供应链环境，并要求供应链成员之间达成长期战略合作。因此，绿色供应链管理实践的重点是供应链中每个环节的环境管理，包括单个企业及相关企业间，将供应商和客户纳入产品的生命周期，涉及从原材料采购、产品设计、制造、交付，到客户甚至回收。有研究认为，企业的环境管理及预防活动（如减少废物排放和降低水污染）提高了客户的信任度，并促使双方进行更大范围的合作，最终获得持续竞争优势。具体而言，发展客户对企业或品牌的忠诚度，也将提高企业的业绩。综上所述，绿色供应链管理实践是涵盖供应链上下游各环节在内的全域性的环境管理活动。

关于绿色供应链管理实践的维度划分，一些研究将其分为绿化入境、绿化生产和绿化出境。另外一些研究认为，其主要的环境活动包括内部活动和外部活动。本书根据绿色供应链管理实践含义中将供应链企业内外部成员均纳入管理活动范围的重点，将绿色供应链管理实践划分为两个维度：内部绿色供应链管理实践（Internal Green Supply Chain Management Practice，IG）和外部绿色供应链管理实践（External Green Supply Chain Management Practice，EG）。

1. 内部绿色供应链管理实践

根据 Srivastava 对绿色供应链管理实践的定义，本书将内部绿色供应链管理实践（IG）定义为：整合企业内部的环境思维，包括产品设计、材料采购和选择、制造过程、向消费者交付最终产品及产品使用完成后的报废管理。从已有文献可知，内部环境管理是提高绩效的主要途径。实施内部环境管理的前提是获得公司高级管理人员及中级管理人员的支持，并执行 ISO 14001 环境标准。学者们还讨论了投资回收和生态设计等重要管理措施。朱庆华和 Sarkis 认为，投资回收是通过有效再利用或剩余销售来回收未使用或报废资产价值的过程。它可以延长产品的寿命，将回收资源再加工成其他产品或部件。Karlsson 和 Luttropp 的研究将生态设计定义为：将设计和环境多方面纳入产品开发，以创造满足客户需求的可持续解决方案。Borchardt 和 Vercalsteren 研究发现，企业实施生态设计可以降低产品成本和环境管理成本；增加产品功能多样性，减少产品数量；改进知识管理；减少库存原材料项目的数量；减少对工业过程投资的需要；等等。可见，设计环保产品或服务有助于降低成本、提高竞争优势、提升企业形象、提高产品质量，因此，众多企业逐渐将生态设计纳入企业经营流程中。

2. 外部绿色供应链管理实践

Srivastava 认为外部绿色供应链管理实践（EG）是通过与供应商和客户的互动，将产品设计、材料采购和选择、制造过程、向消费者交付直至最终废弃或回收等环境问题纳入供应链管理的过程。从已有文献可知，EG 主要分为两个视角：供应商和客户。朱庆华认为进行环境管理研究时，应将绿色采购和客户合作分开考虑。首先，向供应商提供并执行环境要求是供应商绿色供应链管理实践或绿色采购的关键因素。实施过程中，企业应与供应商整合，对供应商内部进行审计监测，要求供应商采用 ISO 14001 认证等环境管理标准，实现共同的环境目标。EG 的措施还包括为供应商举办环境保护主题研讨会，引导供应商建立自己的环境方案，促使供应商分享其专业知识，并向供应商宣传清洁生产技术的优势，促使其采取环境保护相关措施。其次，在客户绿色供应链管理实践或绿色配送方面，主要指与客户需求密切相关的产品分配的绿化，包括绿色配送、绿色包装及绿色回收。其中，绿色配送指与供应链伙伴合作，整合标签、包装、运输方式和逆向物流等职能。绿色包装指环保可降解的包装物。除此之外，企业还通过寻找替代燃料、使用导航系统、减少距离等措施实现环境目标。另外，学者们注意到，逆向物流对绿色供应链管理的促进作用日益显现，Sarkis 的研究表明，逆向物流侧重于产品和材料的回收及再利用。Roger 和 Tibben-Lembke 将逆向物流定义为：规划、实施和控制原材料、库存的高效流程，以重新获得价值。

另外，客户视角绿色供应链管理实践的相关研究成果表明，企业与客户就绿色设计、绿色生产、绿色包装、绿色回收产品或材料等方面展开合作，并向客户提供关于环保产品及绿色物流等信息。本书关于绿色供应链管理实践的维度划分如图 2-8 所示。

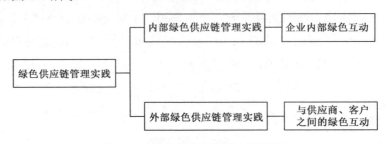

图 2-8　绿色供应链管理实践维度

总之，人们日益关注环境问题，许多企业已将环境问题纳入供应链管理战略。基于供应链总体利益考虑，有必要采取新的做法，特别是在绿色供应链管理方面创新思路并付诸实践。相关文献认为，绿色供应链管理是企业实现环保目标而采取的最重要的实践活动。但目前仍需要更多的证据来充分了解绿色供应链管理实践对环境和经济绩效的影响。本书将从供应链整体利益最大化出发，将企业 IG 和 EG 纳入研究模型，探讨其对环境的影响是积极的还是消极的，并最终揭示由此带来的经济绩效的具体实现路径。

2.5.3　其他绿色供应链管理理论研究回顾

1. 绿色采购

采购功能在绿色供应链管理中具有重要作用，通过对产品采购过程进行管理可在降低成本的同时减少废物的产生。环境问题日益严重，学者们注意到，以往实施的末端治理已不能对企业的环境污染行为进行有效的控制，供应端绿色化管理要比末端治理效率高，只有从源头对污染的发生采取有效控制措施，才能真正提升企业的环境绩效。因此，绿色采购是绿色供应链管理实践的核心内容。除了要选择对环境影响无危害或危害小的原材料，供应商还应优化供应链环境绩效。

在国外，Webb（1994 年）提出可以通过建立环境准则来帮助企业选择合适的原材料，同时还要注重材料的再利用，但他未从绿色供应链管理的角度出发研究企业生产等多个环节对环境的影响。Carter 等（1995 年）认为绿色采购是供应链管理活动的采购功能，其目的是促进循环、再使用和资源使用的减量化，通过与供应商和供应链下游成员企业的合作，达到绿色采购的理想效果；同时提出绿色采购对企业的环境保护非常重要，但对影响绿色采购的因素研究较少。Min 等（1997 年）通过问卷及描述法进行调研，讨论了企业在供应商评价选择决策中应如何考虑环境因素，并探讨了绿色采购废物减少的作用。Zsidisin 等（1998 年）对多国的采购经理进行了调研，以此识别出绿色采购的关键因素有：为供应商提供设计说明书；与供应商合作以实现环境目标；对供应商实施内部管理环境审计及要求供应商进行 ISO 14001 认证。Walton（1998 年）以 5 个家具公司为调查对象，研究分析了管理者在供应链管理中环境友好实践的表现，并以此作为绿色供应链管理的案例，得出的结论是：企业只有在整合供应链中的客户、供应商和其他参与者时，才会促进环境管理。Sarkis（1998 年）提出绿色采购是由很多与环境有关的活动构成的，包括调查供应商的环境活动、对供应商进行环境审计和评估、制定供应商甄选的环境标准、要求供应商获得环境认证、与供应商共同开发清洁生产技术和工艺、要求供应商从事"为了环境的设计"、要求供应商在产品和工艺上进行技术革新。为使这些行动取得成功，企业需要把这些行动融入与供应商的长期战略伙伴关系中，让供应商参与企业产品及工艺的设计。Zsidisin 等（2001 年）指出绿色采购是企业为应对与环境相关的问题而制定的一系列政策、采取的一系列活动和形成的相应关系。在国内，朱庆华等（2002 年）提出所谓绿色采购就是企业内部各部门协商决策，在采购行动中考虑环境因素，通过降低材料使用的成本及末端处理成本、保护资源和提高企业声誉的方式提高企业绩效，同时还阐述了绿色采购行动给企业带来的影响。赵清华等（2005 年）指出，绿色采购是指通过源头控制（在采购时就必须考虑材料是否为环境友好材料，包括材料能否再循环、再利用），以及粉碎、无害焚烧和降解等措施清除废物。可见，核心企业针对上游供应商的绿色采购活动直接决定了整条供应链的环境绩效和经济绩效及针对消费者的绿色供应链管理和实践，如绿色营销活动。

2. 绿色营销

关于绿色营销的含义存在多种说法，菲利普·科特勒认为，绿色营销是重视生态平衡、保护环境和维护人类长远利益的营销。其主要形式是开发绿色产品，实施绿色包装，采用绿色标志。追根溯源，绿色营销这一概念来源于社会营销观念。菲利普·科特勒在《营销管理》一书中提出社会营销观念，社会营销要求企业营销人员在制订营销策略时，要权衡 3 个方面的利益，即兼顾实现企业利益、满足消费者需求和社会利益。企业的任务是确定目标市场的需要、欲望和利益，并以保护消费者和提高社会福祉的方式，比竞争者能更有效、更便利地向目标市场提供其所期待的满足。由此可以看出，绿色营销与社会营销相比，绿色营销是社会营销理论的具体深化和发展，有学者提出绿色营销是社会营销观念的一个分支。英国学者 Ken Peattie（1989 年）提出，绿色营销是一种能辨识、预期及符合消费的社会需求，并且可带来利润及永续经营的管理过程。因此，绿色营销是指以产品对环境的影响作为中心的市场营销手段，或以环境问题作为考虑点而开展的营销实践。因此，它又区别于传统的社会营销观念，因为它更重视环保问题，更重视企业经营活动与环境之间的关系。国内学者万后芬（1994 年）在 1994 年第 1 期《北京经济瞭望》期刊上发表了名为"企业必须重视绿色营销"的文章，在营销理论界掀起了"绿色营销"理论研究的热潮，并引起了国内学术界的高度重视。

对绿色营销定义的界定，目前国内存在诸多观点。魏明侠等（2001 年）认为，在可持续发展的要求下，绿色营销要求企业从充分利用资源、承担社会责任、保护环境及长远发展的角度出发，在产品开发、研制、生产、销售及售后服务的整个过程中，采取有效措施，达到企业的可持续生产、消费者的可持续消费、社会的可持续发展，从而实现企业、消费者和社会 3 个方面的平衡。杨坚红等（2002 年）指出，绿色营销是企业在权衡自身经济利益、消费者需求和保护环境资源的前提下，在遵循整体利益高于局部利益、长远利益高于眼前利益的原则下，在充分利用传统市场营销组合工具的条件下，倡导消费者绿色消费需求，从而实现企业的社会营销目标。虽然学者们对绿色营销有不同的描述，但也有共同之处，即绿色营销是一种兼顾消费者利益、企业利益及生态利益的营销活动和理念，其实质是针对消费者日益增强的生态意识和政府对环境污染管制方面做出的积极回应。从根本上说，绿色营销倡导的是绿色消费、保护环境、反对污染、变废为宝及充分利用资源等观点。

3. 绿色消费

20 世纪 60 年代，人们越来越重视环境保护问题，绿色消费走进人们的生活并开始发挥越来越重要的作用，消费者需求也从以关心自身健康与安全为主，转移到以关心自身健康和安全与关心环境改善并重。20 世纪 70 年代初，有学者开始对生态导向的消费者进行研究，我们可以把它看作最早对绿色消费的研究，其研究重点是描述关心环境保护的特殊人群的特征。

绿色消费的定义存在诸多观点，国外具有影响力和代表性的观点如下。英国学者 Ken Peattie（1989 年）从正面对绿色消费进行了定义：绿色消费是指购买或非购买行为至少有一部分从环境、社会的角度出发。国际环保专家将绿色消费行为的原则概括为 5R 原则，即 Reduce、Reevaluate、Reuse、Recycle 和 Rescue，对应的含义分别是：节约资源，减少污染；绿色生活，环保选购；重复使用，多次利用；分类回收，循环再生；保护自然，万物共存。

在国内，具有影响力和代表性的观点如下。唐锡阳指出，绿色消费行为是 3R 和 3E。3R 包括：Reduce，指减少非必要的浪费；Reuse，指修旧利废；Recycle，指提倡使用再生原材料制成的产品。3E 包括：Economics，指讲究经济实惠；Ecological，指讲究生态绩效；Equitable，指遵循平等、人性的原则。刘湘溶（1999 年）指出，绿色消费不仅是对绿色产品的消费，还是对一切无害或少害于环境的消费。张长元（2001 年）提出，绿色消费具有多重含义：从环境学的意义来说，它是指人们的消费活动无害于环境，即"无污染消费"；从资源学的意义来说，它是指人们的消费活动应做到对自然资源的适度利用和综合利用；从生态学的意义来说，它是指人们的消费活动应符合生态系统物质和能量流通的规律，不能因人们的"畸形"消费而破坏生态系统的"食物链"，既能满足人们对营养和其他方面的需要，提高生态经济效益，又不会造成生态经济学上的浪费。柳青杨（2004 年）从绿色消费与可持续发展的关系阐述了绿色消费的重要性，指出绿色消费既是可持续发展思想的体现，又是可持续发展得以实现的基础。绿色消费是在生态意识支配下的绿色消费行为。文启湘（2005 年）认为，绿色消费是把人类与自然摆在平衡协调的地位，以人类与自然和谐共处为理论基础，注重生态系统的保护；包含"人类本身也是一个有机整体"的观念，注重人与人之间关系的平衡；强调人的消费需求的多样性和人性的丰富性，注重消费结构和消费方式的变革与优化。

4. 绿色供应链管理影响因素

企业绿色供应链管理的实践越来越多，这说明企业已有动力开展绿色供应链管理。但是，实践方面做得非常成功的企业案例却很少，这也说明企业绿色供应链管理在实践方面确实存在诸多障碍。因此，很多学者对绿色供应链管理的动力/压力因素和制约因素进行了研究。朱庆华（2009 年）提出，绿色供应链管理是企业提高市场竞争力，应对资源、环境压力的重要手段。强制性压力和正规化压力等外部因素可直接带来部分绿色供应链管理实践。企业在受到压力的前提下，即使有动机开展绿色供应链管理实践，但如果没有一定的资源和能力，动机也不能真正转化为实践。更为重要的是，目前我国企业开始重视环境管理，但所受的法规、市场等压力还不是非常大，因此，某些资源能力较强的企业，在受到外部压力时，因为有信心应对现有的压力，开展绿色供应链管理的实践反而不够积极。因此，本书将学者对绿色供应链管理的制约因素和动力/压力因素的研究成果进行了梳理。

1）绿色供应链管理制约因素

Walter（2005 年）指出，市场沟通、信息有效性及信息成本已成为产品在全球范围内绿色化的主要障碍。因此，如何协调这三者之间的关系已成为绿色供应链运营的一个新挑战，基于实际案例，Walter 通过定性分析提出了解决方法和途径。Oksana 等（2007 年）分析了产品生命周期各阶段的环境相关因素对供应链运营的影响；探讨了供应链中各成员为实现可持续资源管理和生产消费所面临的障碍、应付出的努力和可实施的行动；对如何在产品生命周期的各个环节消除这些障碍进行了研究，由此提出了可指导供应链的实际运作的有效的处理方法。Walker 等（2008 年）指出，绿色供应链运营的内在障碍包括成本的提高和供应商的不合作，外在障碍包括社会调控的缺乏、行业的特殊性等；通过对英国 7 家私营企业及国有企业的实证研究得出：目前绿色供应链运营的动力因素多于障碍因素。Salam（2008 年）认为，绿色采购对企业成功实施绿色供应链具有重要作用，并通过对具有 ISO 14001 认证的多家电子制造企业的实证调研，从产品性能、采购价格、组织环境压力、商业伙伴及安全问题等方面，对影响企业绿色采购的因素进行了分析。

在国内，王能民（2005 年）从市场、组织与技术角度出发，分析绿色制造战略实施过程存在的市场障碍、组织障碍和技术障碍，并从强化市场环境、推进组织变革及提供技术平台等方面，提出了相应的绿色供应链管理实施策略。朱庆华等（2005 年）结合国外的实践经验，对我国制造企业绿色供应链管理的实施情况进行了统计分析，并初步识别出我国企业实施绿色供应链管理过程中存在的问题及相关薄弱环节，并为制造企业开展绿色供应链管理提供了参考依据。恽伶俐等（2005 年）具体分析了我国企业实施绿色供应链管理所具备的优势和机会，提出了面临的阻力和可能存在的动力。刘彬（2006 年）以中小企业为研究对象，分析了实施绿色供应链管理的相关法律约束、"绿色壁垒"、市场竞争加剧等外部动力因素，以及企业的组织形式、绿色质量管理等内部因素，认为制度缺陷、人文环境、信息化建设及 ISO 14001 认证等相关标准是中小企业实施绿色供应链管理应解决的问题。陈傲（2006 年）认为，传统环境观念、未完善的政府制度及传统供应链管理模式是绿色供应链管理实践过程中的主要障碍，基于此提出了相应的解决对策。葛晓梅等（2008 年）分析了我国制造企业实施绿色供应链管理战略的障碍，指出了局部低效率、市场规制未健全、缺乏相应的激励措施、绿色供应链的技术水平低、企业自身对绿色供应链管理的认识不够等因素，并提出了相应的解决对策。徐学军等（2008 年）深入探讨了绿色供应链管理的相关概念，指出了我国绿色供应链运营过程中存在的主要障碍，包括法规制度未健全、消费者环境意识弱、技术水平低、企业成本高等，并有针对性地提出了我国当时实施绿色供应链管理的对策。

2）绿色供应链管理的动力/压力因素

Cater 等（1998 年）开发了一个外部环境因素驱动企业绿色采购的理论模型，研究并发现下游企业是绿色采购的主要驱动者，供应链上的强势企业可有计划、战略性地影响整条供应链的产品和服务，有效促进绿色供应链管理的实施。Sinding（1999 年）分析了企业进行环境管理的压力系统构成，它不仅面临环境法规这一决定性要素，而且还面对来自利益相关者和社会的额外要求。政府越来越关注企业的环境绩效；消费者需要绿色产品；员工和附近的居民关心生产的安全和健康问题；非政府组织也致力于监督企业的可持续发展；同时提出了完成企业之间环境管理的方法，如回收循环系统、生命周期评价及工业生态学等方法。Steve（1999 年）在对国外企业的调查研究基础上，提出了有效实施环境意识供应链的关键因素，包括最高领导层的参与、多功能团队的集成、有效的沟通及合作创新等，并进一步指出了作为绿色供应链中的核心企业对环境意识管理效率的高低是十分关键的。Green（2000 年）指出，企业之间的合作关系及合作方式是推动、激励和强迫各企业实现其活动与环境相容的影响因素。Panyaluck（2004 年）认为，当今电子行业越来越重视环境因素，巨大的压力来自客户、竞争对手和政府，他们都要求将环境因素融入企业活动中。在绿色生产中，企业需要准备和控制各种不同的因素以确保高效率。在研究中，他们建议了 6 种基本的准备要求，其结果显示其中的 5 种因素（材料、加工、包装、工作环境和废弃物）都对绿色供应链管理具有直接影响。Preuss（2005 年）指出，环境规则法规不是促进供应链绿色化的主要因素，而物流管理、信息流管理和供应链成员间的关系管理，以及三者之间的有效协调才是供应链绿色化的关键因素，并给出了协调三者关系的次优解。Walker（2008 年）对企业实施绿色供应链管理的动力与障碍进行了研究，识别出绿色供应链管理实践的外部与内部动力的主要类型，包括组织因素、管理能力、客户、竞争对手及社会压力等。

在国内，曹景山等（2007 年）提出，绿色供应链运营的驱动因素可分为合法要求、市场要求、协调利益相关者和企业社会责任 4 类，并提出了目前我国绿色供应链的发展尚处于合法要求和市场要求驱动之间，我国企业实施绿色供应链管理最终的驱动因素是企业社会责任。朱庆华等（2009 年）根据系统动力学基本原理，分析了绿色供应链管理的根本动机和主要动力因素，并从实证角度出发，进一步论证了绿色供应链管理产生的动力因素和一般规律，讨论了当时我国绿色供应链管理发展缓慢的根本原因，并提出，为更好地促进企业实施绿色供应链管理，需要提高对污染源的惩罚标准，将环保审查与质量监督结合在一起；加强与绿色供应商的合作。朱庆华等（2010 年）基于系统动力学理论，建立了企业实施绿色供应链管理的动力模型，并以此对企业实施绿色供应链管理过程进行研究。曲英等（2007 年）应用因子分析法识别并分析了影响企业实施绿色供应链管理的动力/压力因素，指出环境友好的包装成本、有害材料的处置成本、环境友好的产品成本及产品出售等问题是我国制造企业实施绿色供应链管理的关键环节和薄弱环节。通过对模型的建立及假设、运行及结果的分析，可以得出：企业实施绿色供应链管理是企业内外压力和企业运营系统的阻力合成的结果。

2.6 相关理论

2.6.1 资源基础理论

资源基础理论源于潘洛斯提出的"企业是把一切潜在产品和服务综合起来的一个有机整合体"。在此基础上，Grant 进一步指出研究的前提是在生产环节投入资源。之后，有关该理论的研究层出不穷，并取得了大量有益成果，其中以 Barny 的研究成果最为典型，他总结了资源基础理论的主要研究流派，将该理论的成果进行了清晰的梳理。

总的来说，资源基础理论假设企业内部存在异质性，也就是说，特定的企业资源是获取竞争优势的根本途径，并由此形成不同见解，主要有企业资源基础观理论、企业能力理论、企业知识理论、动态能力理论。

1. 资源基础观（RBV）理论

Penrose 在 *The Theory of the Growth of the Firm* 一书中指出，企业是生产性资源的集合，它拥有的强大的资源优势将远胜于市场地位的优势。1984 年，Wernerfelt 研究并提出企业资源基础观（RBV），从此学者们纷纷开始转向研究产品生产和企业绩效的基础。Priem 和 Bulter 认为，企业存在异质的资源特性和不可转移特性，进而讨论了维持竞争优势的 4 个条件：资源价值特性、稀有性、不可复制性和不可代替性。

2. 企业能力（CBT）理论

企业能力理论主要针对企业的核心能力，其主要观点包括：企业是通过合理使用资源获取竞争优势的，而不是依靠资源本身。由此，企业竞争应遵守 4 个准则：①企业业务流程是其战略的组成部分，而非产品和市场；②竞争过程成功与否由企业能否转变生产流程为客户提供价值决定；③企业主要通过投资相关支持性基础设施具备上述能力；④CEO 是领导者。综上，该理论涵盖 3 个方面的含义：①特定的能力体系是企业的本质；②企业获得长期竞争优势的决定性因素为能否积累、维持和运用其所拥有的能力，进行市场开拓及产品创新；③企业所具备的能力决定其经营范围。

3. 企业知识（KBT）理论

企业知识理论由资源基础理论发展而来，其核心观点包括：决定企业持久竞争优势的隐性因素在于企业拥有的知识组成；知识的特异性决定企业的异质特性；企业实现知识集成后，知识特异性及其应用高效与否将决定组织边界。

4. 动态能力（DCP）理论

动态能力是企业集成、构建或再造内外部资源，并迅速应对环境的能力。针对动态能力与企业如何获取竞争优势之间关系的研究，学者们的结论不尽相同，主要分歧在于动态能力是否为竞争优势的来源。

综上所述，将企业竞争战略分析由聚焦产品和市场，转向内部资源与能力要素，这符合本书研究将质量整合引入关系资产的假设，因此，本书将主要从 RBV 视角完成相关研究。学者们针对 RBV 关键因素进行了广泛探讨，Barney 认为资源、能力及战略性资产是关键概念；曹梅和张庆宇认为由于企业拥有的战略资源（如核心生产能力、动态及吸收能力）存在差异，因此其绩效也存在差异；Knudsen（2003 年）认为企业获取持久市场优势的关键是其拥有的稀缺性资源或资产、核心竞争力及能力；Dyer 和 Singh 则认为组合特质性资源的方式也能促进优势获取。RBV 相关研究还认为，关系资产存在稀有、高价值及不可代替等特性，对其投资可构建企业竞争优势，并且具有嵌入性特点，很难模仿。由此可见，关系资产（或资源）是企业一项重要战略性资源，可构建企业能力体系，进而促进竞争优势的持久性。这与社会资本的关系资本产生了直接关联，这也是本书将 RBV 作为基础理论的原因所在。

2.6.2 关系观

关系观（Relational View，RV）是对 RBV 很好的补充。Dyer 和 Singh 首次提出关系观，并指出组织间获取竞争优势的关键是对关系租（Relational Rents）

的获取，认为关系租是一种联合收益并具有强大的作用力，产生于企业间的异质性结合。Dyer 和 Singh 还指出关系租的产生离不开关系专用性资产、信息/知识共享惯例、互补的资源和能力及有效治理等 4 个要素。而关系租的取得源自组织间合作伙伴通过交换、整合专用性资产、知识与资源，并辅以治理机制换取成本降低。例如，组织间资产关联性提高，组织间能力演化进一步增强，战略性资源具有互补性的识别能力，且能辨别具备较强关系组织能力的合作企业，通过与这些合作企业联合，便可构建复杂的不可复制的组织环境。

关系观告诉我们，企业间的关系租来源于企业合作的互惠性，是一种实现共同利益及价值的作用机制，揭示了关系资本是提升企业绩效的因素。

2.6.3　组织能力观

组织能力观的主要观点是：认为企业在绩效方面存在差异是组织能力大小不同导致的。而组织能力（Organizational Capability）是指企业在应对动态复杂环境时，针对组织流程的变化，整合或重组资源并产生新的结构，如新产品开发、开拓新市场及企业间的合法并购。由此可见，企业是由多种组织能力集合而成的，组织能力的不同造成企业绩效的不同。组织能力观主要观点如表 2-11 所示。

表 2-11　组织能力观主要观点

学者	年份/年	主要观点
Wade 和 Hulland	2004	组织能力观有利于开拓市场机会，并应对市场风险的资源及能力，组织能力由核心能力和动态能力组成
Teece 和 Verona	1997、1999	组织能力分为核心能力和动态能力；整合集成属于动态能力
Kusunoki	1998	组织能力由集成模块性与设计性组成，划分为自身、构建和过程 3 个种类
Bharadwaj	2000	组织能力观认为信息技术也是一种组织能力
Zehir	2006	组织能力观对全球化、高层管理、产品/服务、营销、技术、信息系统、订单交付和外部关系能力等 8 种组织能力进行观察
Newbert	2007	组织能力观总结组织能力包含 32 种能力和 6 种核心能力
Peng	2008	组织能力表现为运营能力，是指组织预期的或实现的绩效与竞争优势
Bustinza	2010	组织能力观认为组织学习和知识管理是非常重要的组织能力
霍宝锋	2012	组织能力是反复实施与企业能力相关联的生产任务，通过影响投入产出的转化率，实现企业价值的能力

资料来源：根据相关文献整理。

2.6.4 绿色供应链管理理论基础

1. 绿色供应链管理宏观目标

可持续发展理论在绿色供应链管理中的具体体现是资源节约、环境友好、科技进步及制度约束。关于可持续发展的定义，目前最有影响力的是 1987 年由布伦特兰在"我们共同的未来"（Our Common Future）报告中提出的，他将其定义为：可持续发展是指既要满足当代人的需要，又不会对后代人满足其需要的能力构成危害的发展。基于此，《地球宪章》将这一概念阐述为：人类应该享有以与自然和谐相处的方式过健康而富有成果的生活的权利。这一概念的内容包括三大原则，即公平性原则、可持续性原则和共同性原则。其中，公平性原则包括代内公平和代际公平两个方面；可持续性原则包括生态、经济和社会持续性 3 个方面；共同性原则是指可持续发展作为社会经济发展的总目标，所体现的可持续性、公平性原则是共同的。

1992 年 6 月，在巴西里约热内卢举行的联合国环境与发展大会通过了《关于环境与发展的里约热内卢宣言》和《21 世纪议程》，主要内容是要彻底改变各自现行的生产方式、消费方式和传统的发展观念，努力建立人与自然和谐相处的新的生产方式和消费方式，并建立与之相适应的"可持续发展"的新战略和新观念。此后，我国率先制定了《中国 21 世纪议程》，提出了适合我国社会经济发展的行动纲领，并在 1996 年正式把可持续发展纳入国家的基本发展战略中，这引起了国际社会的巨大反响。为响应国家可持续发展的号召，我国理论界也开始针对我国的特点，对可持续发展理论进行广泛研究，不断地丰富和完善了可持续发展的内涵，逐渐形成了较完整的、具有鲜明中国学派特色的理论体系和实践方案，为可持续发展战略在我国的实践奠定了坚实的科学基础。具有代表性的研究成果如下。

著名生态经济学家刘思华教授（1997 年）从经济理论和宏观角度出发，系统地阐述了可持续发展的基础理论、可持续发展战略的模式等应用理论及可持续发展的主要对策。中国科学院可持续发展战略研究组组长、首席科学家牛文元（1998 年）指出，可持续发展是 21 世纪中国发展战略的必然选择，并在此基础上，提出了可持续发展战略今后的研究方向、目标设计、实施要点和宏观监控手段等内容。

2. 绿色供应链管理微观目标——三绩效统一

三绩效包括经济绩效、环境绩效和社会绩效。人们对环境保护的日益关注，统一经济绩效、环境绩效和社会绩效的观点逐渐被人们认同，并成为企业经济发展的主要方向。经济绩效是指投入产出比。企业要想不断提升经济绩效，就需要在一定投入的情况下，尽可能获得最成功的大产出，或是在产出成果既定的情况下，尽可能使投入减少。环境绩效是指人类活动引发环境质量变化的结果，环境质量提升则环境绩效提高。社会绩效是指人类活动所产生的社会效果，一般通过经济活动对整个社会福利所产生的影响来衡量。

经济绩效、环境绩效和社会绩效三者之间的关系既矛盾又统一。从短期看，三者之间是矛盾的，而从长远角度看三者之间则是统一的。由于企业实施环保行为的初期需要一定程度的环保投入，环境管理造成企业经营成本的增加，从短期角度看，企业的经济绩效降低，但由于取得了一定的环保成果，使得企业的环境绩效和社会绩效在提升。因此，短期内经济绩效、环境绩效和社会绩效之间是矛盾的。但从长期发展的角度看，企业环保投入后，随着各种基于环境保护的经营管理措施的实施，企业的竞争优势开始显现，如绿色创新使企业的经营成本降低，绿色营销使企业获得更多客户的偏好，因此，企业的经济绩效将会逐渐提高，同时环境绩效和社会绩效也会随着时间的推移表现得越来越明显。所以，从长远角度看，企业的经济绩效、环境绩效和社会绩效的发展方向是基本一致的、统一的。

3. 绿色供应链管理运营方式——循环经济

循环经济是美国经济学家波尔丁（Boulding）在 20 世纪 60 年代首次提出的。它是指产品在资源投入、企业生产、消费及废弃的整个过程中，把传统的线性经济模式，转变为循环经济模式。随后很多学者对这个理论进行了深入的研究和扩充。循环经济是经济发展与生态环保的"双赢"，它改变了以往经济增长只能依赖资源的消耗、生态环境资源的枯竭，以及资源、能源不间断地变成废物来换取经济发展的模式。这是一个资源和生态环境融合发展的新经济模式，是一种促进人与自然协调与和谐的发展模式，减量化（Reduce）、再利用（Reuse）和再循环（Recycle）（缩写为 3R）是经济活动的行为准则。其中，减量化的目的是人类在生产和消费过程尽可能减少资源的使用量，从源头减少资源的使用和减少污染物的排放；再利用要求产品和包装容器在条件允许的情况下可重复使用，减少浪费和污染，其目的是提高资源的利用率；再循环要求产品在使用之后，能够重新变为可再生利用的资源。这里需要指出的是，3R 原则的重要性不是并列关系，其优先顺序是减量化、再利用、再循环，强调在优先减少资源消耗和废物产生的基础上，实现资源的再利用，以提高经济运行的质量和绩效。

绿色供应链管理包括绿色采购、制造、销售和废物回收，管理对象包括上游供应商、制造商、销售商、客户及回收商。其运营方式符合闭环循环经济理论，能量在绿色供应链内各子系统间循环作用。

4. 绿色供应链管理技术手段——环境管理体系 ISO 14000 系列标准

ISO 14000 系列标准是国际标准化组织制定并正式发布的一套环境管理的国际标准，主要涉及环境管理体系、环境审核等国际环境领域内关注的焦点问题。ISO 14000 系列标准从环境因素入手，使企业遵章守法，以预防环境污染和持续改进为目的，通过制定一系列标准体系，减少企业的活动、产品或服务等任何环节对环境的负向影响。现今，ISO 14000 系列标准作为企业的形象标准，可以用来证明企业生产或经营的产品或服务已达到相关环境治理的要求，并成为企业管理持续改善的重要推动力。ISO 14000 系列标准汇集了先进的环境管理经验，通过提炼浓缩转化为标准化的、可操作的管理工具和手段，是可持续发展思想的体现。ISO 14000 系列标准适用于任何性质和任何规模的行业和企业。目前，ISO 14000 系列标准已正式颁布的有 20 余项。其中，ISO 14001 系列标准最具影响力，它是该系列标准的核心和基础标准，它从政府、社会及采购等多个角度出发，对企业的环境管理制度提出了要求，其目的是有效预防和控制污染的发生，并提高资源和能源的利用率。

因此，主导实施绿色供应链管理的核心企业和链上的成员企业，不论是制造商还是零售商，都有必要取得 ISO 14001 标准认证，这对整条供应链的绿色化发展具有重要的推动作用，也是取得消费者信任和实现绿色供应链管理的重要技术手段。

2.6.5　相关理论与本书研究的关系

通过总结有关企业绩效及供应链绩效的研究发现，学界对于绩效的研究结论不尽相同，其原因主要是研究基础、研究视角及研究环境均存在差异。因此，本书在总结绩效产出过程及已有理论总结的基础上，选取从企业绩效的可持续性出发，以资源基础、组织能力观为研究视角，探讨经济绩效和环境绩效的作用机理。相关理论对本书研究的启示如图 2-9 所示，以此说明理论梳理及本书逻辑形成的过程。

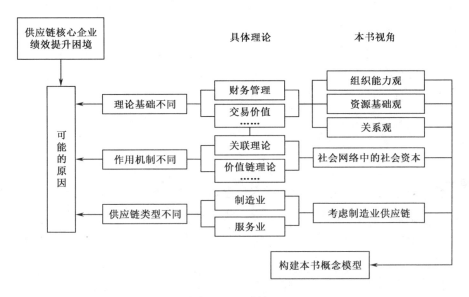

图 2-9　理论梳理

1. 质量整合和绿色供应链管理实践是供应链的组织能力

总结上述观点我们发现，大多数学者趋向于将组织能力划分为核心能力和动态能力。企业在固定状态下所拥有的能力称为核心能力，而企业在不确定和动荡环境下对内外部资源进行集成、重组所获取竞争优势的能力称为动态能力。

整合是对资源的组织与重构，也是一种组织能力，内部整合指企业内部核心能力，外部整合指企业外部核心能力。Verona 认为，技术、内部和外部集成及营销能力构成企业的组织能力；霍宝锋等进一步明确供应链整合是企业的特定核心组织能力，分为内部、供应商和客户 3 个维度。可见，本书中供应链质量整合的内涵与上述研究基本一致，可以借鉴。

绿色供应链管理实践从本质上说是一种组织能力，是对环境进行有目的的重新组织和架构，通常可以理解为组织能力或技能，可以提升企业环境绩效，进而为企业绩效的提高产生助益。因此，组织能力观是本书重要的理论基础。

2. 社会资本是企业获得绩效的资源基础

资源基础观能清晰解释企业或组织如何通过获取、利用或控制资源来实现竞争利益，并实现持续的竞争优势。由 RBV 及 NRBV 可知，企业的竞争优势来自企业所拥有的资源。Barney 研究显示，企业在价值创造过程中将获得持续的竞争优势，也将获得其他企业无法复制的战略优势。此外，Fahy 强调，企业的关键资源及将这些资源转化为具有可持续竞争优势的管理措施，将促使企业在市场上取得优异的业绩；同时还指出，企业将关键资源纳入战略规划非常重要，应认清其核心能力并注重获取相关资源，以获得持续竞争优势和绩效的提高。企业资源属性可分为高价值性、稀有性、不可复制性和不可代替性，或从另一个角度分为有形和无形两类。有形资源指工厂、设备、原材料、土地、建筑、技术和设施（软件、计算机系统）。无形资源指企业管理知识资源的能力，如关系、企业文化、培训和教育、客户忠诚度和声誉。

一般来说，大多数企业可以通过购买来获得有形资产，并取得竞争优势。相对于有形资产，每个企业的无形资产都来自企业的内外部积累或内部员工的知识储备，不易复制。企业内部的知识学习及部门间共享经验，将在企业生产及服务过程中形成独有特性，增加企业竞争优势。分散在供应链不同环节的资源具有异构性，企业可通过合理组合实现绩效目标，如实物资产、技术与人力资源的组合，以及组织资源与声誉、政治等无形资源的组合。当技术、管理等专业知识、关系和组织资源以各种特定的方式整合在一起时，可以使企业提升客户服务创新，改善成本管理，最终提高绩效。

3. 资源基础观和关系观

从已有研究可以看出，关系观和资源基础观侧重点有所不同，资源基础观强调企业如何运用现有资源、资产或能力创造最大利润，主要以单个企业为分析对象。而关系观将企业或企业所属网络视为分析单位。并且，这两个理论认为企业利润来源完全不同，RBV 认为，企业利润主要来自有形资源（如土地、原材料等）、人力资源或专业知识（如管理人才等）、技术资源（如工艺技术等）、财政资源和无形资源（如声誉等）；而关系观认为，企业利润产生于关系资产。

因此，关系观将分析对象从单个企业扩展到组织间网络关系。这说明单个企业的资源和能力能与处于同一网络中的其他企业共享。而通过在成员间建立起相互信任、互惠的关系社区，能够改善组织即供应链的内部联系。Dyer 和 Singh 指出，通过投资特定关系资产、共享信息、整合互补及稀缺资源或能力，并加之以较低的交易成本，企业治理机制和与其合作伙伴之间的相互信任是无法模仿的。上述分析告诉我们，资源基础观、关系观及自然资源基础观是解释供应链管理可持续性问题最有效的理论。

2.7　本章小结

本章主要阐述相关概念及现有文献资源，并对研究中涉及的理论进行了梳理。

首先，在已有文献基础上，引入可持续性概念，将以往学者对企业绩效仅关注运营绩效及财务绩效等经济类指标的划分，重新规划为环境绩效和经济绩效，并对两维度指标进行详细分解。这样不仅解决了原有划分忽略环境等指标的劣势，也为量表开发及问卷设计提供了依据。

其次，对社会资本的概念、维度划分等进行文献梳理，并在此基础上明确本书的社会资本概念及维度划分。根据已有文献，本书将社会资本划分为供应商认知资本、供应商关系资本、供应商结构资本、内部认知资本、内部关系资本、内部结构资本、客户认知资本、客户关系资本、客户结构资本 9 个维度，同时对每个维度的含义进行解释，为后续量表及问卷设计提供理论依据。

再次，对供应链质量整合相关理论进行阐述，交代了供应链质量管理与供应链整合之间的关系，并通过资源基础观、关系观及企业能力理论等对两者关系进行解释，使后续研究有理有据。

最后，对绿色供应链管理实践的概念及维度进行阐述，并结合本书的研究目的，将绿色供应链管理实践划分为 IG 及 EG，为实证研究开展及最终为企业提供政策建议带来了新的理论视角和思路。

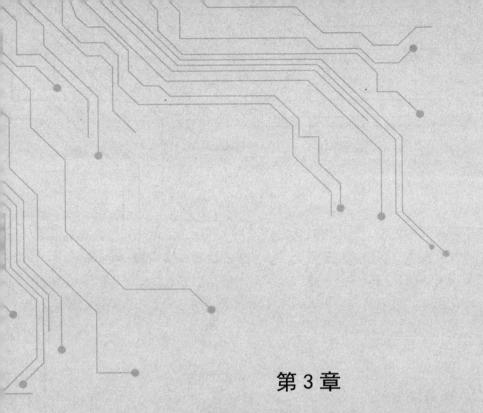

第 3 章

理论模型构建和研究假设提出

本章运用社会资本理论、供应链质量整合理论，并结合绿色供应链管理实践，构建了"社会资本—供应链质量整合（绿色供应链管理实践）—可持续性企业绩效"影响关系的理论模型，通过文献梳理对模型中的直接效应、多重中介效应进行理论推导，提出研究假设，为第 4 章的研究设计和实证检验奠定理论基础。

3.1 理论模型构建

在推动绿色发展的过程中，质量是至关重要的因素。供应链的绿色发展要大幅提高能源利用率，实现节能减排，不仅要有绿色创新涉及的新技术、新工艺、新材料和新设备，还要不断提升蕴含这些"新"的产品的质量。只有这样，才能保障创新工艺、新设备、新材料等高科技元素发挥作用，使"新"的价值得以实现。从企业战略的角度来看，质量要素对于绿色制造的重要性体现在它既是绿色的基础，也是实现绿色制造的手段。同时，我国还明确了构建绿色制造体系的设想，即在产品功能、质量的基础上，考虑环保和资源因素，推行生态设计、绿色技术和工艺、绿色生产、绿色管理、绿色供应链、绿色就业等，降低对环境的影响、提高资源利用率，获得经济、生态和社会效益的协同。由此可见，质量作为前提，与绿色是须臾难离的。除此之外，更重要的是，供应链管理追求的精益化、高效化也是质量的本质要求，同时也与绿色概念中的循环、集约化、节能化相吻合。因此，在供应链管理过程中实现质量和绿色的融合，将在发展循环经济、促进企业绿色转型方面产生叠加和倍增效应。但这种叠加效应的机理有待验证，这也是本书中模型验证的一个方面。供应链质量整合以质量管理为基础，是企业供应链质量管理重要的实践环节。因此，要研究供应链管理中质量与绿色的融合，供应链质量整合是最为合适的研究变量。本章将首先对供应链质量整合进行研究，分析其前因后果。

虽然有关供应链质量整合的研究成果略显单薄，但有关质量管理的研究已经持续了 30 年，获得了丰硕成果，具有重要的借鉴作用。学者们以界定质量管理内涵及测量指标为基础，研究重要的质量管理实践和企业绩效之间的关系。同时已有研究也说明，市场竞争已演变为企业所在的供应链之间的竞争，而不再局限于单个企业内部的资源或管理实践，因此要求企业必须与其上下游供应商及客户进行高效整合。从实践层面来看，企业为获得全球化竞争的优势，积极与供应链上下游合作，由此引出企业实施供应链质量整合策略以应对竞争的新局面。这些结论在全球化进程中已被企业所接受并展开实践，与此同时，供应链质量整合的理论逐渐系统化，得到研究者及企业的广泛认可，并逐渐成为绩效提升及价值增值的关键，成长为提升企业绩效的高效供应链管理方法及模式。

显然，供应链质量整合的对象是资源，正是供应链成员持有种类不同、数量不均的资源才会触发企业在供应链管理过程中对其进行整合。其中，结构网络、共同愿景及社会关系等资源对供应链质量整合的驱动影响日益显著，相关研究已有一些成果。例如，根据供应链角色进行维度划分并通过使用社会资本理论充分解释；现有文献已说明关系资本正向影响供应链质量整合，但并未说明是谁的关系资本。可见，对供应链质量整合前因的研究并不清晰，这将导致企业在整合实践中缺乏引导甚至造成意愿的丧失，进而无法实现高质量整合的目标。因此，本书在社会资本理论的维度划分基础上，以核心企业为研究对象，从供应商、核心企业、客户三方视角分析三者中哪一方的社会资本、社会资本中的哪个维度对供应链质量整合起重要影响作用。

社会资本对绿色供应链管理实践同样具有影响，如绿色采购需要供应商真诚合作，只有供应商与核心企业保持良好的关系、保有共同的环保理念，才能保证采购绿色化，其他环节亦是如此。因此，研究社会资本与绿色供应链管理实践的关系具有现实意义。

对企业而言，质量是关乎其生存的关键因素，是企业的生命线，这已经是普遍共识，因此在供应链范围内的质量整合存在主观能动性。同时，质量要素是绿色发展的基础，也是实现绿色制造的手段。有研究已经证明，供应链质量整合能够通过绿色采购、绿色生产等实践活动对企业运营绩效产生正向影响。但其中的影响机理仍然存在疑问，即理论上绿色采购等绿色供应链管理实践会造成成本的增加，这对于企业绩效是不利的，但企业实践又证明它们确实对绩效有一定的提升作用，说明供应链质量整合与绿色供应链管理实践相辅相成，两者的作用机理仍需进一步验证。

根据波特假说可知，环境规制行为会刺激主体产生创新行为，由此形成环境绩效。因此，本书认为，企业在供应链范围内实施的绿色供应链管理实践刺激形成环境绩效，并进一步获得经济绩效的提升。由此，本书从可持续视角出发，将企业绩效划分为环境绩效和经济绩效两个维度，并结合系统论的观点，将绿色供应链管理实践划分为 IG 和 EG，认为供应链质量整合与企业经济绩效之间可能存在不同变量所组成的多重或链式中介效应，这有待进行进一步的实证检验。

厘清社会资本与供应链质量整合、供应链质量整合与绿色供应链管理实践和企业绩效之间错综复杂的影响机理，可以为企业揭示"资源—能力—结果"的因果逻辑关系，促进供应链质量整合及绿色供应链管理实践融合，实现对循环经济和可持续发展的倍增效应。

基于以上分析，结合资源基础理论及组织能力理论，本书认为各变量之间的作用关系及多重中介、链式中介效应需要实证检验。在已有研究基础上，进一步验证供应商、企业内部及客户关系资本对供应链质量整合的正向作用强弱不同；验证供应商（内部及客户）结构资本及供应商（内部及客户）认知资本对供应商关系资本是否存在正向影响；验证供应链质量整合是否通过内外部绿色供应链管理实践及企业环境绩效构成的多重中介，间接影响企业经济绩效；验证供应链质量整合是否通过内外部绿色供应链管理及企业环境绩效所组成的链式结构，间接影响企业经济绩效。

据此，本书构建了研究理论模型，如图 3-1 所示。

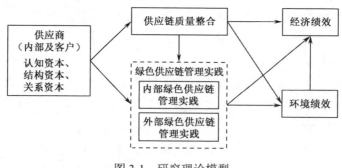

图 3-1　研究理论模型

在理论模型中，本书提出社会资本三方视角 9 个维度的划分方式：供应商（内部及客户）认知资本、供应商（内部及客户）结构资本、供应商（内部及客户）关系资本。理论模型将供应商（内部及客户）关系资本作为自变量，将供应链质量整合作为因变量，探讨供应商（内部及客户）关系资本对供应链质量整合的正向影响及作用强弱差异；将内外部绿色供应链管理实践及企业环境绩效作为中介变量，识别内外部绿色供应链管理实践及企业环境绩效，在供应链质量整合与企业经济绩效之间是单一变量中介效应还是多重中介效应路径，是否存在链式中介效应；将企业规模和企业性质作为控制变量，探讨对绿色供应链管理实践的影响及作用强弱差异。

理论模型的构建，一方面，是为了对供应链质量整合的前因进行深入详尽的研究，彻底厘清各维度之间的关系，即不同角色关系资本对供应链质量整合影响的差异，使企业能在资源整合过程中制订差异化方案，实现资源的最优化配置；另一方面，是为了厘清供应链质量整合通过内外部绿色供应链管理实践影响企业环境绩效，进而影响企业经济绩效的多重作用路径，为企业决策提供依据。

3.2　提出研究假设

3.2.1　供应商、内部及客户社会资本之间的关系假设

我们把供应链环境下企业的各种资源称为供应链社会资本，包含认知、结构和关系 3 个层次，它是诠释供应商、核心企业及客户之间关系是否可以使企业维持竞争优势的重要途径。成员企业间的共同目标、愿景及价值观所对应的语言、文字、文化背景和行为规范等称为认知资本；彼此的网络连接称为结构资本；企业间建立的彼此信任关系称为关系资本。根据企业内外边界范围的差异，供应链社会资本也可分为内部社会资本和外部社会资本，其中供应商和客户社会资本是外部社会资本。本书以核心企业为研究对象，先从供应商、企业内部、客户的认知资本、结构资本与关系资本的内部影响机理入手，探讨供应

商、企业内部及客户社会资本不同维度影响供应链质量整合的作用差异，挖掘维度间的相互作用关系，同时梳理出供应链质量整合与影响环境绩效及经济绩效的作用机理。

从概念内涵可知，供应商、核心企业、客户均持有社会资本。供应商的认知资本强调所有供应商之间的共同价值观和意识形态，关系资本强调供应商之间的关系资源，结构资本强调供应商与企业之间形成的信息资源流动路径，这些理解均适用于核心企业及客户社会资本。社会资本的 3 个维度中，互动交流常被作为结构维度的表现形式，侧重于与供应链的组织成员（供应商和客户）展开沟通交流，即外部互动；信任常被作为关系维度的表现形式，指企业与供应商和客户是建立在甄别对方意图和能力的理性判别上的信任（理性信任基础）；共同愿景作为认知维度的表现形式，指伙伴间贸易往来的双方拥有相似的组织文化背景和知识标识编码，从而更有益于双方的对话和交流，即共识语言。对于独立企业而言，结构维度注重企业内部组织机构成员之间开展的协调合作，即内部互动；关系维度是员工之间在感知对方动机的善意归因上建立的信任，即情感信任；认知维度是指企业内部组织机构成员拥有积极一致的信仰目标，从而积极促进信息知识的共享和应用，解决各部门之间或个人之间的利益冲突，即共同愿景。

无论从供应链组织成员视角还是从独立企业视角，拥有共同愿景和顺畅的交流互动都是建立企业间或企业内部各部门间信任关系的基础。这一点已被部分研究成果呈现，学者们从不同视角对认知资本、结构资本和关系资本的关系进行了分析研究。一部分文献从社会资本的内外划分出发，分析研究得出内部社会资本与外部社会资本相互关联，甚至是显著相关的关系；Schroeder 基于学习能力理论，论述了内部学习能力与外部学习能力之间的正相关关系。另一部分文献从单个企业视角，分 3 个维度进行分析。Nahapiet 和 Ghoshal 研究指出，认知资本在企业组织优势中将起到积极促进作用，企业间共同的价值观和意识形态会为企业形成良好的关系资本奠定基础；Zaheer 进一步对企业间信任关系的形成进行剖析，认为共同的价值观及理想信念将高效促成信任关系的形成；郁玉兵在此基础上研究发现，结构资本能保障企业间信息流动通畅，由此进一步巩固企业间的良好关系资本。由此可见，供应链内部关系资源与外部资源具有一定的关系，即企业认知资本、结构资本与关系资本存在一定的联系。从以往的研究中发现，学者们虽然能从供应链情境下对企业社会资本的各维度进行分析，但仍多以独立企业为研究对象，而忽略了上下游企业所持有的社会资本，这是否也适用于认知资本和结构资本影响良好关系资本的形成这一论断，需要进一步验证。本书以此前学者的研究成果为基础，认为 3 个维度之间存在相互影响的关系，即认知资本与结构资本是关系资本形成的重要前因。本书提出如下针对供应商/企业内部/客户社会资本各维度关系的假设。

H1a/H1b/H1c：供应商/客户/内部认知资本对供应商/客户/内部关系资本具有正向影响。

H2a/H2b/H2c：供应商/客户/内部结构资本对供应商/客户/内部关系资本具有正向影响。

3.2.2　社会资本与供应链质量整合的关系

资源基础理论认为，组织内部无法产生所需要的所有资源，为了生存必须通过环境中的其他组织获取；对资源的需求构成了组织对外部的依赖，对环境的依赖程度由资源的稀缺性和重要性决定；面对资源获取的不确定性和组织的依赖性，组织不断改变自身的结构和行为模式，以便获取和维持来自环境的资源，并使依赖最小化。同样，企业运作所需关键资源不仅存在于企业内部，也广泛存在于企业之间。良好的企业社会资本能够为企业打通获取关键资源的道路，并保证企业能更好地参与供应链成员间的协作，制胜于激烈的市场竞争。企业认知资本互通有无，是达成供应链成员协作过程中始终保持共同的奋斗目标和认识的前提和关键；结构资本的互动沟通平台，有利于在供应链内部展开关于技术、管理信息的沟通交流，并能为组建跨企业（职能部门）团队创造机会和提供平台；关系资本能够促进供应链伙伴间信任关系的建立，减少机会主义行为产生的可能性，更好地帮助供应链成员实现整合。综上所述，社会资本能够促进供应链企业合作的尽快达成，并最终为供应链质量整合的实现提供支持。

由 3.1 节论述可知，认知资本和结构资本的合理配置将有助于良好关系资本的构建，而学者们已经在研究中发现关系资本与供应链质量整合的关系紧密，但并不清楚究竟是供应链中哪一方的关系资本，以及是否只有关系资本的影响作用。依据供应链理论，供应链中必然存在核心企业，它承担协调上下游企业关系，以实现供应链整体利益最大化的责任。供应链质量整合将由核心企业主导并实施，因此核心企业的关系资本将可能是供应链质量整合中最重要的影响因素，供应商关系资本及客户关系资本也可能是另外两个影响供应链质量整合的因素。

梳理文献发现，对供应链质量整合的研究，一部分集中在对维度划分的探讨上，比较成熟的是霍宝锋的研究，他们将供应链质量整合划分为内部质量整合和外部质量整合，供应商质量整合与客户质量整合构成外部质量整合。实证研究中，从社会资本角度对供应链质量整合影响进行研究的直接成果较少，但可以从相关研究中找到一些线索，如 McEvily 和 Marcus 研究发现，企业与供应商存在某种嵌入式关系，主要表现为信任、信息分享及共同解决问题的意愿，这有助于提升企业质量管理能力。另外，根据社会资本理论及关系观，企业间（包括上下游企业及客户）的稀缺关系能帮助企业获得关系租金和竞争优势的关键资源。这说明供应商、核心企业内部及客户的关系资本不仅能提升供应链质量管理能力，还能提升供应链资源整合的质量指标。不仅如此，从组织能力理论的角度出发，供应链质量整合是一种专注于质量管理的组织能力，关系资本作为一种有价值的资源或资产，不仅能转化为企业特有的组织能力，也能刺激企业参与增值活动，还能塑造企业可持续竞争力，其主要特征是缺乏流动性和可模仿性。还有学者从动态能力视角将供应链质量整合看作动态能力，认为可以在企业内部或企业之间广泛的关系网络中实现，这时，关系资本作为关键资源，将有助于供应链质量整合能力的提升。以上研究都说明，供应商、核心企业及客户关系资本会对供应链质量整合产生正向影响。下面进行具体分析并提出假设。

1. 供应商关系资本对供应链质量整合的影响

已有研究表明，供应商关系资本对供应链质量整合有正向影响。有文献表明，供应商关系资本是提升供应链质量整合能力、保证实施的关键资源，能有效应对企业间关系中的交易风险。McEvily 和 Marcus 研究发现，企业与供应商的嵌入式关系能提高企业的质量管理能力。蔡绍涵等研究发现，供应商信任对供应链信息整合有重大影响。Prajogo 和 Olhager 认为长期供应关系是供应商质量整合的重要前因。还有学者发现，在多个层次上与供应商互动并建立友好互惠的关系，可以促进制造商和供应商在质量管理实践中密切合作，有利于实现质量目标并协同解决质量问题；制造商和供应商之间的相互信任和尊重能增加供应商在产品开发过程中参与制造商质量改进工作和质量管理活动的意愿。同时，通过鼓励制造商主动帮助供应商提高产品质量，供应商可以更好地满足自身的质量要求。赖柯等的研究成果明确了稳定的供应商关系有助于实现质量承诺。韩昭君研究表明，与供应商的关系治理机制对供应商质量管理有积极影响。此外，Salvador 研究发现，与供应商的互动可有效促进企业内部沟通，如交流管理、企业间及企业内部垂直协调。郁玉兵在研究中发现，通过建立信任关系，制造商更愿意分享信息并共同协调企业内部和整个供应链的业务流程，从而促进供应商的整合和企业内部整合。韩昭君进一步发现，供应商关系治理机制能促进管理领导、质量设计和流程管理等内部质量管理。在上述研究的基础上，郁玉兵和霍宝锋总结梳理得出以下理论成果：供应商可以提供关于原材料和部件性能的准确信息，以及制造商产品设计和质量管理工艺所需的投入，这可以帮助制造商提高产品质量，更好地满足客户的质量要求。在这种情况下，客户更愿意与质量管理及相关领域的制造商合作，供应商关系资本对供应链质量整合有积极的影响。可见，从理论上讲，供应商关系资本对核心企业乃至整个供应链质量整合的实现都有积极的影响，但这缺乏实证的证实。因此本书提出如下假设。

H3：供应商关系资本与供应链质量整合成正相关。

2. 内部关系资本对供应链质量整合的影响

根据已有研究，内部社会资本尤其是内部关系资本是促进供应链质量整合能力形成和发展的关键资源。①通过多层次的沟通和互动，可以及时共享质量实践的相关数据和信息，通过协商和沟通解决质量问题，从而实现质量管理的高效协同。②相互信任和尊重是保持长期合作关系的基础，可以有效降低不确定性和出现机会主义行为的风险，促进质量管理实践中不同职能部门之间的合作，如定期部门间质量会议和质量问题联合研究。在决策过程中密切关注所有团队成员的意见和想法，以促进质量问题的有效解决，从而提高质量管理的效率。③营造互惠氛围，可以增进不同职能部门之间的相互理解，增进友谊。还可以通过沟通解决质量问题，通过相互理解来抑制质量管理中的冲突，从而避免质量问题的再次发生。由以上分析可知，内部关系资本有助于提升内部质量整合能力，促进供应链质量整合目标的实现。

从相关研究中能找到支持这一观点的线索：Daugherty 等通过研究企业营销与物流实践的关系认为，两者之间的关系融合可以促进整个企业的一体化。Kale 等通过进一步研究企业间的合作意愿认为，拥有合作意识价值观能积极影响质量管理实践的实施。Horn 等研究认为，内部关系资本与内部跨职能部门整合之间存在显著的正相关关系。而企业内部的员工认同关系是实现卓越供应链质量整合的关键。Alfalla-Luque 发现，员工承诺对企业内部、供应商和客户质量整合有积极影响。以上研究大多从企业内部角度进行分析并得出结论，但供应链管理的成功实施不仅需要整合企业的内部职能，也必须与外部供应链伙伴进行有效的联系。从供应链系统的整体角度来看，随着内部融洽气氛的形成，企业需要更积极地与其他企业合作展开供应链管理。总结以上观点可知，企业拥有的资源可以被看作建立外部能力的基础，来自企业内部不同职能部门之间相互作用的信任、尊重和友好互惠关系有助于外部整合能力的形成。也就是说，供应链核心企业内部的关系资本不仅对企业内部资源整合有重要影响，更会对整个供应链质量整合起到关键引导作用。因此，本书提出如下假设。

H4：内部关系资本对供应链质量整合具有正向影响。

3. 客户关系资本对供应链质量整合的影响

与供应商关系资本相似，客户社会资本特别是客户关系资本也是有助于实现供应链质量整合的关键资源。建立良好的客户关系可以极大地促进供应链质量整合实施。根据交易成本理论，客户关系资本属于特定交易投资。客户关系资本的形成可使制造商和客户能更好地相互理解，更愿意交换和共享信息，降低机会主义风险。换句话说，为了实现高水平的客户质量整合，制造商必须与客户共享质量信息并同步质量管理过程，如果没有客户关系资本，这是很难实现的。因此，当制造商实施客户关系投资时，更有可能与客户形成资源整合。具体来说，①在质量管理过程中，通过与客户保持密切的互动，制造商可以及时获得产品质量的反馈，这有助于改进质量管理流程，更好地满足客户的质量要求。②制造商与客户之间逐渐形成信任和尊重，客户更愿意参与制造商在新产品开发方面的质量改进及质量管理活动，并提供建议。③建立互惠友好的关系可以增进制造商和客户之间的相互理解，促进质量管理冲突的解决，从而实现质量标准和目标的统一和协作。在相关研究中，我们也找到了上述观点的证据：韩昭君研究认为，客户关系治理机制的良性运转有利于客户质量管理，可以促进企业内部质量管理实践，如管理领导、质量设计和流程管理。赵先德等表示，制造商对客户的关系承诺有助于促进客户整合。霍宝锋等指出，对客户的依赖增强了企业与客户之间的信任，加速了客户的整合。Salvador 亦发现，与客户就流程管理问题展开互动交流，可促进内部流程，如沟通管理、企业间或企业内部垂直协调。

从以上分析可知，无论是理论分析还是已有研究，均能说明与客户的关系网络对促进企业内部质量整合有重要作用。在买方主导的市场环境中，客户需求是企业生存和发展的根本动力，良好的客户关系可以帮助企业获得并更好地理解客户需求，并能进一步促使企业更积极地与供应商展开合作。可以看出，客户关系资本将对供应链质量整合起到积极作用。据此，本书提出如下假设。

H5：客户关系资本与供应链质量整合成正相关。

3.2.3　社会资本与绿色供应链管理实践的关系

已有研究表明，关系资本对企业间的交换、传播、合作及绩效有积极影响，供应链成员彼此信任、真诚承诺及共同愿景，有助于企业的绿色供应链管理实践。Rackaham 研究认为，绿色供应链管理实践是企业间合作关系的表现，企业间合作需要组织间对彼此的运营模式及利益共享高度信任，必须通过供应链企业与合作商公司之间的合作行为。Hsu 等指出，与供应商建立良好的关系将激励绿色供应链管理实践。与供应商建立良好的关系不仅可以促使供应商执行绿色采购的相关标准和要求，确保制造商的绿色生产，也有利于制造商更好地根据环保标准实现绿色设计，并有利于材料的循环利用或回收。另外，良好的供应商关系能够使制造商及时根据顾客对产品的环保要求获取相应原材料，从而满足客户的环保要求，提升客户的满意度。Carter 研究指出，企业的绿色采购需要企业内部加强彼此协调。Wong 等研究表明，绿色采购、绿色设计及客户绿色合作都需要企业内部及与供应链伙伴间的协同。以上研究说明，内部关系资本不仅是企业绿色生产的润滑剂，也可以促进绿色采购与客户的绿色合作。与供应商关系资本相似，客户关系资本对绿色供应链管理实践有积极促进作用。随着环保意识的普遍提高，客户会优先选择环保产品，因此，企业的绿色供应链管理实践是满足客户对绿色环保产品追求的必然选择。与客户建立良好的关系能促使客户积极参与绿色设计、绿色生产、绿色包装及回收等绿色供应链管理实践；同时，能帮助企业及时收集客户对产品新的环保需求，也能使客户更好地理解产品的环保标准及企业执行情况；在特定情况下，客户甚至可以直接参与企业的绿色采购。可见，客户关系资本与内外部绿色供应链管理实践有积极影响的关系。由此，本书提出如下假设。

H6：供应商关系资本与绿色供应链管理实践成正相关。

H7：内部关系资本与绿色供应链管理实践成正相关。

H8：客户关系资本与绿色供应链管理实践成正相关。

3.2.4 供应链质量整合与企业绩效的关系

基于资源基础观和组织能力观，供应链整合是企业和供应链绩效的重要驱动力。一些理论研究成果表明，内部和外部综合能力、过程能力、内部和外部学习能力、组织间沟通等关系能力和合作能力都可以提升不同类型的绩效，如供应商参与、客户参与和跨部门参与。从根本上看，成员参与也是资源整合的外在表现。实证研究证实，供应链质量整合对运营绩效有积极影响。例如，有研究从质量管理理论中内部合作和外部供应商合作两个基本概念出发，分析认为客户和供应商质量整合是供应链质量管理的两个关键实践对象。以上实现供应链质量整合的关键因素也反映在 ISO 9000 的质量管理原则中，形成了以客户为中心、互惠的供应商关系和系统管理方法等理论。以此为指导，企业应了解客户当前和未来的需求，满足并努力超越客户的期望，通过与供应商的伙伴关系提高双方创造价值的能力，并认识到系统的管理和内部相互关联的流程整合，有助于企业提高业务效率和效益。

通过以上分析可知，供应链质量整合的实践能改善企业绩效的效率和效益。为了让企业在质量和环保实践过程中充分发挥主观能动性，证实供应链质量整合和绿色供应链管理之间存在的密切联系及两者的融合能实现倍增效应。

在已有研究结论的基础上，本书从绿色视角出发，将企业绩效的可持续性纳入考量，将其分为环境绩效和经济绩效两个维度，构建模型进行分析，将资源基础理论和可持续理论研究相结合，凸显了供应链质量整合的目的及供应链可持续发展的终极目标。

1. 供应链质量整合与企业环境绩效的关系

资源基础观和关系观告诉我们，企业拥有资源可以促使其产生或保持竞争力，并提高企业业绩。但是，要想保持竞争优势，所对应的资源和能力应具备稀缺性、价值性及难以复制等属性。创新是实现这些属性的有效途径，而供应链伙伴间特定的资源或能力的整合可实现低成本下产品、技术及服务的创新。Dyer 和 Singh 的研究表明，关系资本使供应链伙伴企业间共享特殊资源，从而生产出差异化的产品或服务，最终为企业乃至整个供应链创造最大利润，实现竞争优势的提升。在上述研究过程中，环境问题已进入研究者视线并逐渐成为重要话题。学者们逐渐认识到企业必须在制订商业战略时考虑环境问题，以获得相对稳定持续的竞争优势。因此，企业所持有资源的高效整合至关重要，学者们运用资源基础理论得出结论：通常，价值较高的资源和能力能帮助企业降低环境负效应。环境意识是企业促进环境绩效、获取可持续经济活动的资源和能力的来源和基础，并由此产生基于自然资源的观点。通常，企业通过整合资源实现物流绩效和盈利能力，以获得竞争优势。当企业将环境问题纳入经营战略时，以环保要求为目标的新的资源整合方式，能加强企业内部减排实践，提高效率并最终提高环境绩效。这说明环境意识能激发供应链资源整合方式的创新，提升环境绩效。从企业内部来说，开发新的环保产品需要内部质量整合。这是因为开发环保新产品，研发部门必须了解客户对可持续产品的性能及环保要求，并充分考虑如何减少生产对环境的影响。而内部质量整合能帮助部门间团队改进产品工艺设计、降低生产成本、提高产品质量；也可以改进内部业务流程，提高企业的生产效率和效益。企业内部管理系统的整合可以降低土地、空气和水等自然资源的消耗以减少对自然环境的影响，同时将环境理论及实践应用于其产品生产过程，能实现环境竞争优势。从供应链合作伙伴来看，供应链合作伙伴间的资源高质量整合可以减少或杜绝生产过程中的环境事故，帮助企业降低环境处罚及相关的环境成本等风险，降低环境负效应，提升环境绩效。同时，供应链伙伴间辅助监督和环境审计环节，可以进一步在环境保护的前提下，开展资源规划利用回收并减少危险材料的使用，减少企业污染清理、废品补救等工作，最大限度地节省成本，提高企业环境绩效。可见，通过与供应链伙伴的质量整合，企业可以监测客户的实际需求，改善与客户和其他利益相关者的长期关系，在产品研发创新过程中减少自然资源消耗量，从而实现环保目标。

鉴于上述原因，供应链质量整合可以减少企业环境相关成本并降低环境风险可能造成的处罚等负效应，从而提高企业环境绩效。因此，本书提出如下假设。

H9：供应链质量整合与环境绩效成正相关。

2. 供应链质量整合与企业经济绩效的关系

资源基础观和关系观认为，企业内部不同部门间或供应链联盟伙伴间共享知识或资源是企业的重要资源。每个企业利用自身拥有的独特资源形成核心竞争能力和优势，并最终获得竞争效益，从而产生可持续的竞争力。质量整合是对企业内部资源（包括有形资产和无形资产）及与企业运营相关的关系网络实施质量管理前提下的整合，不仅可以产生差异化，而且可以产生成本优势。因此，当核心企业在整个供应链管理资源时，组织资源的能力将得到改善。

就企业内部而言，通过内部质量整合可以实现部门间的高效沟通，从而实现成本降低、绩效提高。具体来说，生产部门必须与营销部门配合，了解销售预测才能生产下一年的产品，而采购部门必须了解仓库的库存水平才能订购原材料。部门间信息共享可以提高工作效率，同时跨部门团队协作相互融合能改进生产及管理系统，达成互惠互利的解决方案。可见，企业部门间合作将使彼此获得更多优势。从供应链伙伴间的合作来看，专业、准确的信息分享同样能增加彼此的沟通，降低风险。企业间的承诺和信任，将实现彼此长期合作和长期盈利，从而实现可持续的业绩。

由以上讨论可知，基于质量的整合促进了供应链之间的信息交流。当企业与供应商互动时，可以分享信息，如产品设计、库存水平和生产计划，从而形成强有力的伙伴关系，使整个供应链形成合力，一起解决问题。供应商了解库存水平或生产计划，即可以按时向企业交付材料、零部件，能促进新产品生产并更快地向客户销售。此外，通过了解企业运作，供应商将提供更好的客户服务。综合以上观点可知，学者们认为供应商质量整合将有效提升产品创新绩效、产品质量绩效及最终盈利能力。这是与供应商等供应链成员共享制造商所需材料或产品的时间等信息实现的。可见，信息共享可以改善交付准备时间、柔性供货能力，并能保证质量一致性。在客户服务方面，与客户的密切关系可以改善沟通，深入了解客户需求并快速响应；还可以提高需求信息的准确性，从而缩短设计产品和规划生产的时间，减少库存。由此可见，客户质量整合可以降低成本，产生更大价值，并及时预测客户需求变化。

与上述研究相似，认为供应链质量整合与企业绩效存在相关关系的研究较为丰富，但有正反两种结论。Koufteros 和 George 认为，供应链质量整合和经济绩效之间存在积极关系。然而，Agresti 等认为，供应链质量整合与市场绩效、客户满意度、产品及质量绩效之间成负相关。在客户质量整合方面，Homburg 和 Stock 研究认为，客户整合与客户满意度成正相关。Koufteros 等也认为客户整合与产品创新、产品质量成正相关，并最终盈利。另外，Germain 认为，供应链客户端整合与物流绩效间接相关，与财务绩效成正相关。

据此，我们发现，供应链质量整合与包括客户满意度、产品质量、物流绩效在内的运营绩效范畴，以及财务绩效均有相关关系，本书认为这种影响关系是正向的，并提出如下假设。

H10：供应链质量整合与企业的经济绩效成正相关。

3.2.5　供应链质量整合与绿色供应链管理实践的关系

由组织能力观可知，供应链质量整合属于动态能力，其实施将有助于绿色供应链管理实践。

绿色供应链管理具有明显的跨组织特性，实施过程能将环保意识及原则渗入供应链上下游所有环节，并且保证上下游各成员的共同参与、协作，这体现了供应链整合的核心理念，也包括供应链质量整合。在企业对环保越来越重视的大环境下，绿色供应链管理实践与供应链质量整合之间的联系也越来越紧密。因此，供应链质量整合也被学者认为是实施绿色供应链管理的前提和基础，并决定了实施结果的水平高低。也有学者提出绿色供应链整合的概念，并指出它对创新具有显著的正向作用。环境与质量息息相关，学者们开始对两者之间的关系进行研究，并证明这种关系是正向的，即证明引入质量管理思想将提升企业环境管理的水平并形成绩效。具体来讲，Handfield 等研究发现，在企业管理过程中，越早引入质量管理理念的企业领先优势越明显；亦有学者直接指出，质量管理对环境管理具有显著的正向作用。为了详细分析供应链成员与绿色供应链管理的关系，为量表开发及问卷设计提供理论依据，下面从不同成员企业的角度阐述它们与绿色供应链管理的关系。

1. 供应商质量整合对绿色供应链管理实践的影响

由组织能力理论可知，供应商质量整合属于动态能力，其实施将有助于绿色供应链管理实践。霍宝锋等研究表明，供应商合作、沟通、参与、认证等实践与绿色供应链管理活动、产品生产及流通流程存在相关关系。一方面，供应链管理中引入质量和环境管理理念，势必对供应商进行相关评估。良好的沟通能保证评估顺利进行，并保证供应商提供的原材料符合质量及环境要求；供应商参与新产品设计开发，有助于企业把控流程源头质量，杜绝不符合质量和环保要求的原材料进入工序，造成不利影响，实现质量环境效益双丰收；同时，对供应商的认证审核，从源头和管理体系、程序角度，为企业产品设计生产提供规则保障，可敦促供应商更好地遵守质量和环境审计程序；供应商协作可以减少核心企业物料囤积，以及废旧或残次产品的回收再利用，有助于供应链实现绿色化目标；供应商的参与合作能更好地满足客户需求，有助于企业实施客户参与绿色设计、绿色生产、包装及产品回收等实践，使质量和环境管理在供应链形成闭环。

众所周知，企业的发展与供应链各成员息息相关，特别是供应商，其稳定发展是企业可持续发展的前提。朱庆华和 Sarkis 研究认为，企业对环境保护的实践不仅需要企业自身运营实践提高环境要求，更需要供应链成员的共同合作来保证；其中，上游供应商的生产流程环保提高是所有实践的开端，也是重要一环。Geffen 和 Rothenberg 以汽车行业为研究对象，探究了企业积极吸收供应商融入企业运营的原因及动力，认为两者之间的紧密联系能有效提高环境保护绩效，主要手段及措施包括寻找替代材料、污染治理方法等。同时，供应商质量整合也有助于供应链技术及环境创新，并产生新的业绩增长点。为了让符合企业运营发展方向的合格供应商整合融入，严格的准入门槛是必需的，这样才能从源头保证获取高质量、符合环保要求的原材料及零部件，在整个供应链范围内同时解决质量和环境问题。饶鹏研究发现，企业可以通过设置门槛保证企业生产，提供符合环保要求的产品和服务，确保供应链源头的环境安全，包括企业对环境的负向影响最小化。通过环保实践实现供应链闭环，促使供应链流程中的原材料或废料再处理、再利用，实现循环节约的目的。

诸多学者从实证角度证明供应商质量整合会正向激励绿色供应链管理实践。Florida 首先证实供需网络之间的关系越紧密，越有助于推动供应链或企业流程再造、环境设计等。Carter 亦认为与供应商之间的协调合作能确保采购网络提供高质量且符合环境要求的原材料产品。Roy 研究发现，员工与供应商的参与有助于企业全面质量管理顺利实施，并可促使企业进行环保相关实践。除此之外，学者们还证实了供应商质量整合有助于企业实现绿色生产，并进一步证实了供应商物流及技术整合能有效促进企业在相关绿色供应链管理实践方面的投入与实施。而包括供应商选择在内的供应链重要实践及全面质量管理等供应链优化改进措施，将积极影响供应链企业绿色环境管理的实施。总之，与供应商保持紧密合作及供应商进行绿色整合将促进企业绿色创新。

2. 内部质量整合对绿色供应链管理实践的影响

由组织能力理论可知，内部质量整合属于组织内部动态能力，有助于推行绿色供应链管理实践。霍宝锋等研究表明，内部质量整合主张企业内部跨部门展开合作，注重团队精神，由此实现企业各部门共同参与质量管理流程、实践及其相关活动。这一点可以从两方面理解：①内部部门之间的合作可以在企业内部形成责任共担的管理氛围，有利于企业开展全面质量管理和建立环境管理体系，最终实现企业环境管理目标；团队精神能使企业在产品设计升级、生产流程再造等方面获得助力，共同在资源节约等环境措施方面努力，更快、更好地实现降低环境负向影响的目标；部门间协作也有利于减少缺陷产品出现，以及相关产品或废旧品的回收利用。②企业内部整合将促使各部门积极合作并相互有效支持，进而推动产品质量管理流程的不断升级；同时，内部整合协作将促使企业内部各部门协同提升产品及服务质量，并减少产品质量导致的环境问题，从而实现绿色供应链管理。

3. 客户质量整合对绿色供应链管理的影响

客户质量整合属于组织外部动态能力，其实施有利于成功进行绿色供应链管理。客户质量整合的核心是在供应链质量管理实践相关活动中与客户合作、与客户沟通、使客户参与。与客户合作有利于共同开展清洁生产、绿色包装及回收等绿色供应链管理实践；与客户沟通有利于企业获取准确的市场环境要求及标准，并及时通过建立 ISO 14001 等环保体系标准及措施来获得市场和客户的认可；使客户参与能帮助企业优化产品设计，从产品生命周期的角度，减少有毒有害材料的应用，从而改善环境。除此之外，学者们从实证分析的角度证明客户质量整合与绿色供应链管理之间存在正向影响。Vachon 和 Klassen 指出，与客户进行技术整合有助于环境合作等绿色供应链管理实践的实施；Vachon 和 Klassen 进一步指出，与供应商质量整合关注预防措施不同，客户质量整合基于"事后控制"，注重环境保护，并在此方面加大投资，其绩效显见，是客户乐意为之的事。与客户进行环境信息共享是客户质量整合的重要内容，通过信息沟通及共享，企业可以在提升环境管理能力的同时，创新产品设计及生产流程，以提高企业环境适应性，并能应对未来不断涌现的新问题、新需求；Wong 等则认为，客户质量整合为企业进行环境信息共享与合作提供便利，不仅推动企业加快绿色产品创新（包括设计绿色化、减少毒害材料应用及开发环境友好材料），也有助于绿色过程创新（包括使用绿色清洁技术、减少能源及材料消耗、做好回收等）。

综上所述，本书认为供应链质量整合与绿色供应链管理实践之间存在正相关关系。

具体来说，绿色供应链管理实践分为内部和外部两个维度。内部绿色供应链管理实践主要指企业内部绿色实践活动，外部绿色供应链管理实践指供应链成员之间的绿色供应链管理实践活动。但无论内外，都包含企业管理流程中的绿色采购、绿色生产、绿色物流、绿色营销等相关实践。由于内外绿色供应链管理实践具体实施环境不同，供应链质量整合对两个维度的影响作用强弱及方式也不尽相同。

首先，对内部绿色供应链管理实践来说，通过下游客户质量整合，客户信息得以共享，企业能够充分了解客户的需求，从而在适当的时间生产直接响应客户需求的产品。另外，客户对环境问题关注度不断提高，促使企业必须开发环境友好的程序，设计符合客户环境需求的产品，促进内部绿色供应链管理实践的实施，如重复使用、回收、减少危险材料或部件的使用、使用绿色包装的产品的生产。

其次，上游供应链质量整合能有效保证企业对环保型原材料的需求并及时供应，从而保证符合客户环保要求的产品的生产，从源头减少高耗能、非环保材料的投入，有效减少对环境的负效应，提升环保绩效。

以上论点经过实证研究得以证明。例如，有研究表明，供应链协调运作与绿色采购实践和企业与供应商的环境合作有积极的关系。此外，根据 Vachon 和 Klassen 的研究结果，供应链质量整合、物流整合和技术整合与绿色供应链实践正相关，也有结论支持质量整合与环境监测活动之间存在积极影响。研究中的结论表明，供应链质量整合与供应链企业内部环境监测或绿色采购等实践有正向影响关系。本书提出如下假设。

H11：供应链质量整合与内部绿色供应链管理实践成正相关。

当企业与供应链中的客户或供应商实现协调，通过共享生产计划、产品设计、需求预测等信息，彼此沟通时，可以获得更高水平的信任，增强长期合作关系，最终解决供应链质量管理等问题。此外，供应链质量整合可以减少上下游企业运营中的不确定性。供应链上游企业整合，供应商共享生产信息，如企业库存水平及生产计划等，并与生产企业展开合作，使企业更有效地接收产品所需材料。根据 Vachon 和 Klassen 的研究，物流整合能够减少企业与其供应链成员之间发生的物流活动可能带来的环境负效应。通过信息共享，企业可以减少对自身的环境监测活动，从而减少监测成本。可见，供应链质量整合能促使各成员企业间开展外部绿色供应链管理实践，降低环境负效应。以上分析表明，供应链质量整合对成员间绿色实践存在影响，即对企业外部绿色供应链管理的影响是正向的。因此，本书提出如下假设。

H12：供应链质量整合与外部绿色供应链管理实践成正相关。

3.2.6　绿色供应链管理实践与企业绩效的关系

1. 绿色供应链管理实践与企业的环境绩效

环境绩效是企业对环境责任意识的知识学习过程。绿色供应链管理实践属于组织动态能力，源自企业环境管理所形成的环境观。从绿色供应链管理实践的角度来说，环境观能够说服企业在与其他企业竞争的过程中寻求新机会，增加新的核心能力。此外，内部绿色供应链管理实践为企业提供了减少环境风险、提高信任及创新和盈利能力的机制。朱庆华和 Sarkis 还发现，企业内部环境管理能正向影响环境绩效，积极影响经济绩效并减少消极经济绩效作用。在企业内部整合环境思维是发展环境意识的关键起点，其中，高层及中层管理人员的认同与激励是实施环境管理实践的关键驱动因素。管理层有责任说服员工认识到环境问题，来自管理者的支持能促使企业形成新的竞争优势并确保绿色供应链管理实践取得成功，从而树立企业在供应链上下游的良好形象。部门内部或部门间员工分享环保想法、共同制订环保采购等生产流程计划，如重复使用、回收材料或部件、避免或减少危险材料或零部件的使用及设计环境友好型产品等，并通过减少浪费来降低制造成本，创造企业良好形象和声誉并改善业绩。因此，企业内部绿色供应链管理实践不仅对企业自身环境绩效的提升有正向影响，而且对企业满足供应链伙伴的质量和环境要求也非常重要。综上所述，本书提出如下假设。

H13a：内部绿色供应链管理实践与企业的环境绩效成正相关。

另外，关系观表明，核心企业为了提高利润必须始终与供应链网络中（供应商及客户）的联盟保持多方面的协作关系。例如，供应商和客户将与制造商共同制订生产计划，以减少产品生产过程对环境的影响。上述环境合作涉及供应链企业间共享业务流程等信息，并共同设定环境发展的目标，因此可以说明成员企业环境合作能够减少物流在整个供应链中造成的环境影响。至此，我们可以清楚地认识到，绿色供应链管理实践能够为企业带来显著的环境绩效，代表着企业的形象，是对企业的认可。环境绩效在合适的条件下也可以转化为经济绩效，为企业带来直接收益。

关于环境管理的研究，很多都涉及绿色供应链管理实践与环境绩效之间的关系。学者们对企业绩效的维度划分不尽相同，除关注运营绩效和财务绩效外，还从财务绩效和非财务绩效的角度予以分析。比较典型的结论有：Carter 等研究指出，外部环境管理是提高供应链业绩的关键因素。另外，朱庆华等实证比较了日本大型企业和中国大型企业，发现日本大型企业外部绿色供应链管理对环境绩效和财务绩效有积极的影响，而对运营绩效的积极作用不明显；中国大型企业内部和外部环境供应链管理实践只对环境绩效产生积极影响，与财务绩效和运营绩效成负相关。Giovanni 研究指出，外部环境管理与环境绩效、社会绩效之间存在积极关系，但与经济绩效没有关系。由环境管理和供应链管理相关研究可知，外部绿色供应链管理实践对企业非财务绩效产生了很大影响，即环境绩效。通过以上分析，本书针对外部绿色供应链管理实践与环境绩效之间的关系做出如下假设。

H13b：外部绿色供应链管理实践与企业的环境绩效成正相关。

2. 绿色供应链管理实践与企业的经济绩效

绿色供应链管理实践对企业经营具有重要影响，将促进供应链的有效管理。实施污染预防战略的企业对环境问题采取积极的态度，明确客户对环境的需求，并且实施行动。积极的污染预防战略源于员工经验。基于资源基础观理论，通过员工的持续学习、经验总结，为企业创造了独特的资源，成为竞争对手无法模仿的特定资产，企业由此获得竞争优势。通过内部绿色供应链管理实践的具体实施，企业由此获得的竞争优势最终实现，如绿色生产和生态型设计。另外，全面质量管理和 ISO 14001 标准的实施，促使企业改进工艺设计，减少污染。以上分析表明，内部绿色供应链管理实践与企业经济绩效可能存在积极影响关系，因此，本书提出如下假设。

H14a：内部绿色供应链管理实践与企业的经济绩效成正相关。

外部绿色供应链管理实践主要涉及供应链成员间的环境协作，许多国家已经进行了理论研究和实践尝试，如德国、英国和美国。供应链成员间的环境协作，包括采购环节核心企业与供应商之间的环保共识，即认为绿色采购是供应链企业战略中环境战略的主要因素，双方合作时考虑生态设计。关系观表明，任何企业都必须始终与其联盟保持联系。改善供应链内部组织关系，可以提高竞争优势及企业绩效。而为了有效改善上下游企业间的关系，除了要与供应商展开合作、对供应商进行环境审计等管理，也要与客户合作，共同完成生态设计、清洁生产及绿色包装等流程。研究表明，企业与供应商和客户合作，分享环境知识，如生产环保产品、环保产品设计和创新绿色包装，能减少环境负效应，最终改善环境，如减少二氧化碳、废水、固体废物的排放，提高盈利能力。总之，以上研究认为，与供应商、客户之间进行的外部绿色供应链管理实践正向影响企业绩效。另外，学者们进一步认为环境实践不仅影响财务绩效，也影响营销绩效。相关研究结果显示，外部绿色供应链管理与经济绩效成正相关。根据朱庆华和 Sarkis 的研究结论，具有高水平绿色供应链管理的企业通常具有高水平的经济绩效；Pullman 研究认为，包括资源保护、废物回收和再利用及土地管理在内的环境管理与成本绩效间接相关；朱庆华等研究发现，中国企业的绿色供应链管理与财务绩效有直接关系。Giovanni 得出结论，全球绿色供应链管理对经济绩效有积极的直接影响。因此，本书提出如下假设。

H14b：外部绿色供应链管理实践与企业的经济绩效成正相关。

3. 内外部绿色供应链管理实践之间的关系

如第 2 章所述，基于环境管理的绿色供应链管理实践研究可分为内部绿色供应链管理实践和外部绿色供应链管理实践。内部绿色供应链管理实践是指在企业内部整合环境要求，主要涉及产品设计、采购、制造、交付和逆向物流等方面。外部绿色供应链管理实践是指将环境思维纳入供应链管理，与供应商和客户等供应链成员整合。企业增加环境目标，将环境法规和标准引入企业及供应链管理中的绿色化过程，这是减少内部流程及生产对环境影响而实施的第一阶段；在此过程中，主要由高级或中级管理人员对任务、部门目标和企业目标做出说明。管理人员注重绿色供应链绩效管理和评价，这些可以激励环境管理的改进。Hervani 指出，绿色供应链管理应扎根于企业内部。Giovanni 认为，企业内部业务活动是与其他供应链伙伴整合和合作的第一步。以上结论均表明，企业实施内部绿色供应链管理实践将更容易地实现外部绿色供应链管理实践。企业内部环境管理的成功实施是基于高层和中层管理的正确认识，即管理层支持环境政策并制订环境管理方案，将环境标准纳入企业目标，由此引导员工关心企业生产流程对环境的影响。最终，环境理念的渗透将促使员工形成以环保为前提的生产和学习实践，并创造企业价值。员工对环保产品的支持，贯穿从采购到生产的全过程，直到将产品分发给客户。对环境标准的考虑会影响企业实施的所有活动，如使用绿色材料或部件、使用清洁技术、减少废物和气体排放。企业通过从内外部绿色供应链管理全过程所获得的能力，与供应链伙伴展开整合和合作。因此，要想设计并生产环境友好型产品，仅在企业内部进行绿色化改造是不行的，还应在整个供应链上进行绿色化改造，进一步改善企业环境绩效和经济绩效。

在环境管理的研究中，支持内部绿色供应链管理实践与外部绿色供应链管理实践之间相互影响关系的论点不在少数。理论研究发现，内部绿色供应链管理实践对外部绿色供应链管理实践有积极的影响。Giovanni 指出，绿色供应链应从企业对环境理念的引入开始（内部环境管理），并与供应链成员进行环境管理整合（外部环境管理）；同时关注内部环境管理与外部环境管理的企业会取得绿色供应链管理的成功。此外，饶鹏、Holt 和 Giovanni 发现，当企业在其内部及整个供应链中考虑绿色供应链管理时，可以保持竞争优势，提高经济绩效；他们还发现，企业生产流程中，每个阶段的绿色供应链管理实践之间是相互关联的。采购流程中，考虑环境标准，企业使用环保原材料，实现生态设计；生产中，使用清洁技术、工艺及回收材料，可以实现绿色产出（绿色营销、环保包装和绿色运输）。

可见，企业通过实施内外部绿色供应链管理实践，减少固体、废水、气体等废物，可实现环保目标、提升环境绩效。通过以上措施，企业将获得良好的形象及竞争优势，并最终实现经济绩效。据此，本书针对内外部绿色供应链管理实践之间的关系做出如下假设。

H15：内部绿色供应链管理实践与外部绿色供应链管理实践成正相关。

3.2.7　环境绩效与经济绩效之间的关系

当企业实施绿色供应链管理时，将更加关注其业务流程、生产和整个供应链过程对环境的影响，并关注如何在监管要求下减少对环境的负向影响。Porter 和 Van der Linde 认为，环境角度的创新压力来自政府的监管措施。因此，企业必须根据环境标准减少或消除对环境有害的因素。为了实现环保目标，依据 ISO 14031 标准，企业内部要树立减少原材料的使用并积极回收可再生资源的环保意识。从实施结果来看，部分企业确实通过产品生态设计等环保创新获得差异化竞争优势，提高了环境绩效及运营绩效。另外，企业对环境的关注会更多地反映在产品创新中，如在产品开发设计环节考虑环境要求；在提高产品性能的同时引入环保新技术，通过绿色设计、新产品引进率、成功率及差异化程度的不断提高增加竞争优势，最终提高企业的盈利能力。此外，业务流程的整合创新也为企业提高资源利用率做出了贡献，如重复使用和回收材料、部件或成品。其中，回收指新产品的废物回收和再处理，包括收集废物并加工具有相同功能的新产品，可以减少材料废物；材料的再利用不需要重新加工，只需用于具有与初始设计相同或相近功能的产品生产。这两种方法可以使原材料使用数量最小化，减少废物产生。基于上述绿色实践，企业将实现提高形象及环境声誉的目标。与此同时，企业通过减少废物和使用回收材料来控制材料成本，最终进一步提高其盈利能力。总之，企业关注环境问题，并引入环境管理战略，在生产经营过程中寻求提高能源使用效率的措施，从环境的角度改造生产过程，以实现生产资料减少、再利用、再循环的目标。此类企业将更易提高内部生产力，获得竞争优势。客户也越来越关注环境影响，更愿意购买用环保材料生产的产品，并提高对节能和减少有害物质的要求。这正与企业的环境战略不谋而合，由此可见，企业可以通过提高环境绩效来提高竞争力，并实现更有效的流程、提高生产力、降低环境成本和增加新的市场机会等目标。

从上述讨论可以看出，减少废水、废气及废物的排放等环境绩效在利润、投资回报和市场份额方面对经济绩效有影响。进一步研究表明，环境绩效对包括财务绩效和经济绩效在内的企业绩效有积极影响。Alvarez 研究表明，环境绩效与经济绩效之间存在积极关系；Moneva 和 Ortas、Giovanni 和 Green 等也得出结论，环境绩效与经济绩效成正相关。Thun 研究认为，环境绩效（包括有毒废物、再循环废物与产生的总有毒废物的比率）与经济绩效（如股价）之间存在显著的积极关系；他还指出，表现良好的企业对环境信息的披露更加积极。值得注意的是，上述研究中的经济绩效仅指运营绩效或财务绩效中的一方面，并不能代表企业绩效的全部。

还有研究表明，环境绩效与经济绩效有负向关系或没有关系。Ana 研究认为，环境绩效是有机碳的排放，与投资回报和股东回报率等所指财务绩效无关。饶鹏建议，当企业采用内外部绿色供应链管理（包括环境举措和供应商绿色管理）时，所实现的环境改善不会直接影响经济绩效；然而，饶鹏发现环境活动可以通过竞争力间接影响经济绩效。

从以上分析可见，环境绩效对经济绩效的积极影响是主流观点，但也有研究认为环境绩效对经济绩效有负效应。有关负效应的研究，主要从供应链管理未实施绿色实践的原始状态出发，审视供应链内部及总体存在对环境的不利影响。而本书从供应链质量管理与绿色供应链管理实践相结合的角度出发，综合考虑绿色实践实施之后带来的积极效果。因此，本书对环境绩效与经济绩效之间的关系做出如下假设。

H16：环境绩效与经济绩效成正相关。

3.2.8　绿色供应链管理实践的中介作用

尽管供应链质量整合对环境绩效起积极影响，却并不是提升企业环境绩效的充分条件，必须通过绿色供应链管理实践的实施，减少或避免环境负效应，提升环境绩效。因此，可以将绿色供应链管理实践看作供应链质量整合与环保绩效关系中的一种重要解释机制。大量研究表明，企业为减少环境影响，通过实施环境管理措施来提高环境绩效和经济绩效。绿色供应链管理是企业环境举措的一部分，当企业在其运营和生产过程中实施绿色供应链管理实践时，其环境或经济绩效都将有所提高。Vachon 和 Klassen 的研究结论表明，供应链成员之间的互动促进环境协作，可以提高包括成本、质量、交付、灵活性在内的生产绩效和环境绩效。可见，供应链管理系统的整合可以改善环境绩效和经济绩效，但其中的作用机理并不明确。因此，本书以绿色供应链管理实践为中介，检验供应链质量整合与环境绩效之间的关系，展开实证研究。

核心企业通过与供应商、客户及企业内部资源优化整合，提高资源利用率及高质量转化率，从而减少原材料消耗，降低企业成本，实现供应链质量整合对环境绩效的正向影响。而供应链质量整合的直接效果就是对原材料及其他资源的消耗，企业内部质量整合作用尤其明显，将直接影响内部绿色供应链管理实践，同时产品绿色设计及绿色生产等内部绿色供应链管理降低了成本，并正向影响环境绩效。可见，供应链质量整合对环境绩效有直接影响，也有通过内部绿色供应链管理作用环境绩效的间接影响。因此，本书提出如下假设。

H17：内部绿色供应链管理实践对供应链质量整合与环境绩效之间的积极关系起中介作用。

结合上述分析，供应链质量整合直接正向影响环境绩效。供应链上游企业之间的质量整合，与供应商共享生产信息，如企业库存水平及生产计划等，并与生产企业展开合作，使企业更有效地接收产品所需材料。可见，供应链质量整合会正向影响外部绿色供应链管理实践，而外部绿色供应链管理实践通过供应商、核心企业及客户之间的环境协作，正向影响环境绩效；供应链质量整合对环境绩效有直接效应，也有通过外部绿色供应链管理作用环境绩效的间接效应。因此，本书提出如下假设。

H18：外部绿色供应链管理实践对供应链质量整合与环境绩效之间的积极关系起中介作用。

从假设 H8 及 H9 的讨论可知，供应链质量整合能共享客户需求信息，及时响应客户对环保产品的要求，从产品生态设计、环保原材料应用等方面促进内部绿色供应链管理实践的实施。同时，供应商质量整合能保证企业对环保型原材料的需求并及时供应，从而保证符合客户环保要求的产品的生产，从源头减少高耗能、非环保材料的投入，有效减少对环境的负效应，提升环保绩效。可见，通过内外部绿色供应链管理实践，供应链质量整合的成果得以转化为不同维度的绩效。原材料的投入减少等将直接提升经济绩效，也可以通过环保设计降低环境负效应，提升环境绩效，再转化为经济绩效。因此，本书认为内外部绿色供应链管理实践与环境绩效组成不同的路径，先后作用，形成链式间接中介效应。因此，本书提出如下假设。

H19a：内部绿色供应链管理实践与环境绩效对供应链质量整合与经济绩效之间的积极关系起链式中介作用。

H19b：外部绿色供应链管理实践与环境绩效对供应链质量整合与经济绩效之间的积极关系起链式中介作用。

与上述讨论类似，内外部绿色供应链管理实践是存在于供应链质量整合和环境绩效之间的一个解释机制，形成链式中介并间接影响环境绩效。因此，本书提出如下假设。

H20：内部绿色供应链管理实践与外部绿色供应链管理实践对供应链质量整合与环境绩效之间的积极关系起链式中介作用。

H21：内部绿色供应链管理实践、外部绿色供应链管理实践及环境绩效对供应链质量整合与经济绩效之间的积极关系起链式中介作用。

此外，内部绿色供应链管理实践与环境绩效除有直接正向影响外，也可能通过外部绿色供应链管理实践间接影响环境绩效，因此，本书提出如下假设。

H22：外部绿色供应链管理实践对内部绿色供应链管理实践与环境绩效之间的积极关系起中介作用。

将假设 H11、H12、H10、H13a 和 H13b 结合起来看，内部绿色供应链管理实践与经济绩效之间的关系还有可能通过外部绿色供应链管理实践先影响环境绩效，再通过环境绩效作用于经济绩效，从而形成由外部绿色供应链管理实践与环境绩效组成的链式影响关系。因此，本书提出如下假设。

H23：外部绿色供应链管理实践与环境绩效对内部绿色供应链管理实践与经济绩效之间的积极关系起链式中介作用。

总结以上假设并从文献的角度分析，本书认为，供应链质量整合将通过内部绿色供应链管理实践，或外部绿色供应链管理实践，或同时将内部绿色供应链管理实践和外部绿色供应链管理实践作为中介变量，形成多重中介关系及链式中介关系，间接影响环境绩效或经济绩效。由此得出结论：供应链质量整合与环境绩效和经济绩效等企业绩效之间的积极关系可以受内外部绿色供应链管理实践中介影响。这些多重或链式的中介关系有的显著成立，有的不显著甚至不成立，有待于第 4 章实证的进一步检验。理论模型对应的关系模型如图 3-2 所示。

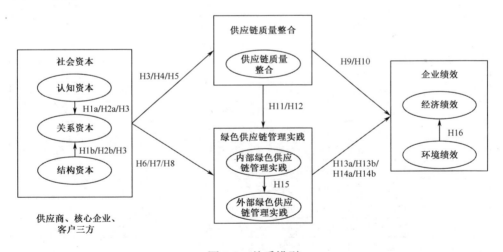

图 3-2 关系模型

3.3 本章小结

本章运用资源基础理论与组织能力观等基础理论，从企业主观意愿的角度入手，整合社会资本理论及相关理论基础模型，构建了社会资本影响供应链质量整合及企业绩效，供应链质量整合影响绿色供应链管理实践及企业绩效的理论模型，并提出了变量之间作用关系、中介效应的研究假设。其中，在社会资本影响供应链质量整合及经济绩效的模型中，自变量是社会资本，因变量是环境绩效和经济绩效共同组成的企业绩效，中介变量是供应链质量整合；供应链质量整合是其影响绿色供应链管理实践和企业绩效关系模型中的自变量，企业绩效是因变量，中介变量是绿色供应链管理实践。在清晰界定各方相互影响机理的基础上，丰富了供应链整合理论与质量管理理论、绿色管理理论，并在此基础上提出研究假设，为第 4 章打好基础。所有假设如表 3-1 所示。

表 3-1　研究假设汇总

研究假设	假设内容
H1a	供应商认知资本对供应商关系资本具有正向影响
H1b	客户认知资本对客户关系资本具有正向影响
H1c	内部认知资本对内部关系资本具有正向影响
H2a	供应商结构资本对供应商关系资本具有正向影响
H2b	客户结构资本对客户关系资本具有正向影响
H2c	内部结构资本对内部关系资本具有正向影响
H3	供应商关系资本与供应链质量整合成正相关
H4	内部关系资本对供应链质量整合具有正向影响
H5	客户关系资本与供应链质量整合成正相关
H6	供应商关系资本与绿色供应链管理实践成正相关
H7	内部关系资本与绿色供应链管理实践成正相关
H8	客户关系资本与绿色供应链管理实践成正相关
H9	供应链质量整合与环境绩效成正相关
H10	供应链质量整合与企业的经济绩效成正相关
H11	供应链质量整合与内部绿色供应链管理实践成正相关
H12	供应链质量整合与外部绿色供应链管理实践成正相关

研究假设	假设内容
H13a	内部绿色供应链管理实践与企业的环境绩效成正相关
H13b	外部绿色供应链管理实践与企业的环境绩效成正相关
H14a	内部绿色供应链管理实践与企业的经济绩效成正相关
H14b	外部绿色供应链管理实践与企业的经济绩效成正相关
H15	内部绿色供应链管理实践与外部绿色供应链管理实践成正相关
H16	环境绩效与经济绩效成正相关
H17	内部绿色供应链管理实践对供应链质量整合与环境绩效之间的积极关系起中介作用
H18	外部绿色供应链管理实践对供应链质量整合与环境绩效之间的积极关系起中介作用
H19a	内部绿色供应链管理实践与环境绩效对供应链质量整合与经济绩效之间的积极关系起链式中介作用
H19b	外部绿色供应链管理实践与环境绩效对供应链质量整合与经济绩效之间的积极关系起链式中介作用
H20	内部绿色供应链管理实践与外部绿色供应链管理实践对供应链质量整合与环境绩效之间的积极关系起链式中介作用
H21	内部绿色供应链管理实践、外部绿色供应链管理实践及环境绩效对供应链质量整合与经济绩效之间的积极关系起链式中介作用
H22	外部绿色供应链管理实践对内部绿色供应链管理实践与环境绩效之间的积极关系起中介作用
H23	外部绿色供应链管理实践与环境绩效对内部绿色供应链管理实践与经济绩效之间的积极关系起链式中介作用

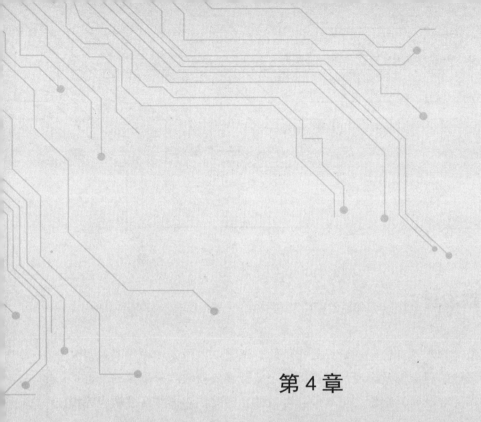

第 4 章

研究设计

4.1 问卷设计

问卷调查是管理学进行定量研究最常用的方法之一，作为一种重要的研究工具，问卷设计的科学性及合理性将直接决定能否高效获取高质量数据，也将最终影响数据处理及研究结论的可靠性与有效性。为此，本书严格遵循问卷设计程序，进行如下操作。

4.1.1 问卷设计的原则

浙江大学马庆国教授提出了问卷设计三原则：①明确问卷调查目标；②明确问卷调查对象；③确保被调查对象能正确理解问卷问题。本着问卷设计服务研究的宗旨，本书从探讨绿色供应链管理、供应链质量整合与企业环境绩效及经济绩效的关系出发，设计问卷目标为可能导致供应链质量整合的前因变量、供应链质量整合影响绿色供应链管理过程中存在的变量、上述各变量对环境绩效及经济绩效影响过程中的可能变量。与此同时，问卷涉及对象主要涵盖具有完整供应链结构的企业管理者、质量经理及供应链经理，也少量涉及普通管理者，保证了问卷调查对象的针对性和明确性。此外，问卷题项均在国内外成熟量表基础上，结合中国情况及专家意见进行适当修改，使之表达更客观、更准确、更清晰易懂，保证被调查对象能准确理解并填答。

4.1.2 问卷形成的过程

1. 初始问卷设计

为了保证问卷的信度及效度，研究中所有变量测量所使用的原始题项均源自管理科学领域重要期刊的成熟量表，通过专业领域的翻译形成初始问卷。为了确保问卷内容可靠，邀请管理研究方向的两位博士共同协助完成翻译问卷工作，将问卷先从英文翻译为中文，再反向翻译成英文，最后回译成中文并与原始问卷进行对照，共同商议存疑部分并进行修改。

2. 问卷修改

为了提高量表的效度、精简问卷内容，研究咨询管理领域的专业学者对问卷设计的科学性、题项设置的合理性、文字表述的逻辑性及适用性进行了讨论。同时，联系可能涉及的企业，邀请总经理、供应链经理及质量管理经理阅读问卷，评价题项是否能够被理解、是否存在歧义、是否易于作答等，最终确定问卷题项内容。

3. 问卷前测

为保证正式问卷的顺利发放及数据的可靠性及有效性，本书进行了小样本预测试。通过社会关系选取满足要求的企业作为预测试调研对象，运用网络工具向企业邮箱或企业相关调研人员个人邮箱发放问卷共计 70 份，回收 63 份，剔除填答缺失严重的 5 份，最终得到 58 份有效问卷，有效回收率为 82.9%。通过对预测试数据进行基本情况分析、信息度检验，剔除了供应商关系资本第一题项及供应链质量整合第 10 题项。不仅如此，依据答卷者的建议，问卷进行了主要变量的含义释义，最终形成了正式问卷。

正式问卷分为 3 个部分。第一部分为引言，表明问卷调查的目的并解释主要变量。第二部分为基本信息填答，主要填写被调查者所在企业的基本信息，包括企业年限、企业规模、所属行业及所在地区等。第三部分是测量题项，包括供应商认知资本、供应商结构资本、供应商关系资本、内部认知资本、内部结构资本、内部关系资本、客户认知资本、客户结构资本、客户关系资本、供应链质量整合、内部绿色供应链管理实践、外部绿色供应链管理实践、环境绩效及经济绩效等变量相关的题项。

4.2 变量测量

4.2.1 测量题项设计的原则与程序

科学地设计概念模型中变量的测量题项（Measurement Item），能确保实证分析结构的可靠性和有效性。本书根据 Churchill 提出的测量题项开发程序进行问卷设计。

首先，清晰界定研究中所涉及的每个变量的概念和内涵，明确变量的理论边界，以此为基础选取测量题项。

其次，针对模型中的变量，在国外高质量文献中进行检索和查询，归纳总结后选取原始英文参考量表；如果在已有文献中难以查找到所需的恰当指标，可以依据现有相关文献的讨论，归纳总结所测量变量的特征，并以此作为其测量量表。

最后，本书的研究主体是中国企业，因此在原始问卷形成的过程中除了要注意中英文翻译的问题，还应注意国别文化差异带来的测量题项表述和理解的区别。因此，在进行问卷设计时，优先选取针对中国企业研究的高水平文献所列的指标。如果缺乏指标支撑文献，则依据中国企业运营特点对目标文献的测量题项进行适度修改，使其符合中国情况。

4.2.2 变量测量方法

本研究问卷采用李克特（Likert）7 分制量表形式，由调研对象根据企业实际运营情况及个体身份对各个题项的表述与其符合程度进行打分。其中，"1"表示"完全不赞成"，"7"表示"完全赞成"，"2～6"为中间值。

1. 社会资本量表构建

我们通过对已有文献的总结回顾，并仔细分析语句及内容，逐步建立了供应商、内部及客户社会资本 3 个维度的初始测量量表。大部分量表采用已有文献中较为成熟的指标，根据研究需要做了必要修改，对于还没有完善的指标，根据其内涵进行了界定。

　　根据 Villena 的研究成果，供应商及客户的认知资本、结构资本、关系资本分别代表企业与主要供应商或客户之间在价值观、意识形态、企业文化、社交网络及信任关系等方面的现状，分别设题项 4 个、5 个、5 个。根据 Hyatt 和 Ruddy 的研究结果，并参考马岚轩、窦红宾等学者的观点，内部认知资本、结构资本及关系资本代表企业内部不同部门之间在企业价值观、文化、社交网络模式及相互信任关系等方面的情况，分别设题项 5 个、5 个、5 个。表 4-1 总结了本研究变量中社会资本的测量题项，共包含 9 个主要变量：供应商认知资本（Supplier Cognition Capital，SCC）、供应商结构资本（Supplier Structure Capital，SSC）、供应商关系资本（Supplier Relationship Capital，SRC）、内部认知资本（Internal Cognition Capital，ICC）、内部结构资本（Internal Structure Capital，ISC）、内部关系资本（Internal Relationship Capital，IRC）、客户认知资本（Customer Cognition Capital，CCC）、客户结构资本（Customer Structure Capital，CSC）、客户关系资本（Customer Relationship Capital，CRC）。

表 4-1　社会资本量表

变　量	测量题项	
供应商认知资本（SCC）	SCC01	重点供应商与本公司的企业文化和管理风格很接近
	SCC02	重点供应商与本公司的交易方式很接近
	SCC03	重点供应商与本公司的运营目标保持一致
	SCC04	重点供应商与本公司对企业发展远景期望相近
供应商结构资本（SSC）	SSC01	主要供应商与本公司员工互动频繁
	SSC02	主要供应商与本公司同级别员工（如经理与经理）经常互动
	SSC03	主要供应商与本公司不同级别员工（如经理与工程师）经常互动
	SSC04	主要供应商与本公司相同职能部门的员工（如采购与采购部门）经常互动
	SSC05	主要供应商与本公司不同职能部门的员工（如采购与营销部门）经常互动
供应商关系资本（SRC）	SRC01	主要供应商与本公司能保持多层次上的通话
	SRC02	主要供应商与本公司能在多方面彼此信任
	SRC03	主要供应商与本公司在多方面彼此尊重
	SRC04	主要供应商与本公司在多层次上建立友好关系
	SRC05	公司的目标和主要供应商在多层次上是互惠的
内部认知资本（ICC）	ICC01	本公司各部门对企业文化及管理风格都很认同
	ICC02	本公司各部门对企业战略和目标均表示认同

变　量		测量题项
内部认知资本 （ICC）	ICC03	本公司各部门对企业未来发展报有共同的愿望
	ICC04	遵从共同的行为准则已成为本公司各部门之间的默契选择
	ICC05	本公司各部门有共同话题和表达方式以保证有效沟通
内部结构资本 （ISC）	ISC01	本公司各部门员工之间互动频繁
	ISC02	本公司各部门同级别员工之间（如采购经理与物流经理）互动频繁
	ISC03	本公司各部门不同级别员工之间（如采购经理与生产工程师）互动频繁
	ISC04	本公司相同职能部门员工之间（如采购与采购部门）互动频繁
	ISC05	本公司不同职能部门员工之间（如采购与物流部门）互动频繁
内部关系资本 （IRC）	IRC01	本公司不同部门之间经常进行多种形式的互动
	IRC02	本公司不同部门之间具备多角度信任
	IRC03	本公司不同部门之间能保持多形式的彼此尊重
	IRC04	本公司不同部门彼此互助，建立了多层次的友好关系
	IRC05	本公司不同部门彼此互惠，建立了多角度的惠及机制
客户认知资本 （CCC）	CCC01	本公司和主要客户在文化水平及价值观甚至管理风格方面十分相似
	CCC02	本公司和主要客户在商业交易模式方面十分相似
	CCC03	本公司和主要客户的运营目标相同
	CCC04	本公司和主要客户有相近的未来发展愿望
客户结构资本 （CSC）	CSC01	主要客户和本公司员工互动频繁
	CSC02	主要客户和本公司同级别员工（如采购经理与物流经理）互动频繁
	CSC03	主要客户和本公司不同级别员工（如采购经理与生产工程师）互动频繁
	CSC04	主要客户和本公司相同职能部门员工（如同为采购部门）互动频繁
	CSC05	主要客户和本公司不同职能部门员工（如采购与物流部门）互动频繁
客户关系资本 （CRC）	CRC01	本公司与主要客户保持多种方式的沟通
	CSC02	本公司能与主要客户保持多角度信任
	CRC03	本公司与主要客户能在彼此接触中相互尊重
	CRC04	本公司与主要客户能在运营中建立多角度的友好关系
	CRC05	本公司与主要客户建立了多层次的互惠互利关系

2. 供应链质量整合量表

霍宝锋等给出了有关供应链质量整合的内涵界定，即供应链质量整合为组织内部功能与外部供应链伙伴之间进行战略和运营合作的程度，其目的是通过共同管理组织内部和组织之间与质量的关系、交流及流程，低成本地获得较高的质量绩效。与此同时，霍宝锋将供应链质量整合划分为供应商质量整合、内部质量整合及客户质量整合 3 个部分。供应商与客户两方面统称为外部质量整合，分别指核心企业为满足客户质量需求，与供应商、客户等伙伴合作，实现与质量流程相关的供应链协同，是由企业与主要供应商及客户形成的核心质量能力。内部质量整合主要指内部不同部门之间的质量协调活动，是企业在满足客户质量需求过程中不同部门与质量相关的流程的协同程度。

这里根据霍宝锋、Flynn、郁玉兵、Narasimhan 和 Kim 等的研究成果，通过供应商合作关系、供应商交流及是否参与质量管理流程改进等方面进行供应商质量整合测度；从不同部门间合作、质量团队建立与合作等方面对内部质量整合进行测度；从客户间合作、与客户沟通、客户是否参与质量流程改进等方面对客户质量整合进行测度，各给出 10 个题项，如表 4-2 所示。

表 4-2 供应链质量整合量表

变　量	测量题项	
供应商质量整合 （SQI）	SQI01	本公司与主要供应商一直保持良好的质量管理合作关系
	SQI02	本公司一直致力于协助主要供应商提升产品质量
	SQI03	本公司与主要供应商保持及时交流以改进质量和设计存在的问题
	SQI04	本公司主要供应商愿意提供新产品开发质量控制方面的投入
	SQI05	本公司主要供应商一直介入新产品开发的质量管理
	SQI06	本公司主要供应商一直参加有关质量提升工作
	SQI07	本公司一直致力于协助主要供应商改进流程以满足更高质量需求
	SQI08	本公司与主要供应商之间一直分享质量需求信息
	SQI09	本公司与主要供应商合作，共同解决质量安全问题
	SQI10	本公司与主要供应商通过商定的方式制定统一的质量标准
客户质量整合 （CQI）	CQI01	本公司与主要客户一直保持质量管理的合作
	CQI02	本公司一直协助主要客户提升质量管理
	CQI03	本公司与主要客户保持密切沟通，以提升设计水平，改进质量
	CQI04	本公司主要客户愿意提供新产品开发质量控制投入
	CQI05	本公司主要客户参与新产品开发过程中的质量管理
	CQI06	本公司主要客户一直参加质量提升工作
	CQI07	本公司一直协助主要客户再造流程以满足更高的质量需求
	CQI08	本公司一直与主要客户分享质量需求数据
	CQI09	本公司一直与主要客户合作解决质量安全问题
	CQI10	本公司一直与主要客户商议制定统一的质量标准

续表

变　量		测量题项
内部质量整合（IQI）	IQI01	本公司内部不同部门之间能协同质量管理工作
	IQI02	本公司内部不同部门之间能通过协商解决质量问题所引发的矛盾
	IQI03	本公司不同部门之间能协调开展质量活动
	IQI04	本公司不同部门之间能做到质量信息互通有无
	IQI05	本公司在质量问题决策方面能做到征询所有团队成员的意见和想法
	IQI06	本公司通过有针对性地组建团队解决质量问题
	IQI07	本公司能充分认识问题解决型团队有助于改善质量管理流程
	IQI08	本公司有能力实现质量运营数据实时获取
	IQI09	本公司不同部门能联合解决质量问题
	IQI10	本公司定期召开跨部门的质量专题会议

3. 企业绩效量表

本书从绿色视角着手，主要关注绩效的可持续性，因此企业绩效由环境绩效（ENP）和经济绩效（EP）组成。已有众多学者在运营管理和环境管理相关的文献中对环境绩效进行过探讨。环境绩效，即管理层关注法规、合同的遵守、公众感知及竞争优势等问题。Shi 认为环境绩效应分为环境影响减少、环境成本节约和环境相关的社会问题 3 个部分。

环境影响减少主要包括减少温室气体排放（也称减少碳足迹），如二氧化碳、甲烷、一氧化二氮、氢氟碳化物和全氟化碳、生产过程中产生的六氟化硫，以及危险废物、废水和固体废物的处置。环境成本节约是指绿色供应链管理所产生的成本节约，包括采购无害材料或部件、废物管理、闭环管理、能源替代和风险管理；具体措施包括绿色采购、环境技术投资、材料回收、节能和减少环境风险或处罚。环境相关的社会问题主要涉及健康和安全绩效。全球报告倡议（GRI）是企业这方面的指导方针。Shi 在其研究中针对环境绩效衡量还增加了社会方面的指标。根据英国 Defra 制定的 22 项环境绩效指标，我们将环境绩效分为 4 个关键要素，即空气排放、水排放、土壤排放、资源使用。朱庆华和 Sarkis 进一步将这些指标应用于研究，增加了危险材料的消耗和环境事故的频率，实证测试了环境绩效的有效性。

本书对环境绩效的定义来自 Gimenez 和 Ventura 的研究成果，他们认为环境绩效是企业在供应链伙伴之间所建立的协作关系带来的结果。如前所述，战略管理、运营管理和环境管理相关文献中有关经济绩效的研究较为常见，其重点是财务绩效和运营绩效。除此之外，还包括各种减少商业运作对环境的不利影响的措施所带来的结果。环境管理促使企业采用能够减少环境负效应的材料，从而提高资源利用率及效率，降低运营成本，正向激励财务绩效。当环境绩效提高时，企业获得营销优势，市场份额增加，收入提高并最终创造新的市场机会。因此，如果财务绩效增加，则运营绩效相应提高。

学者们通过探讨实施环境管理的结果，如材料采购成本降低、能源消耗、废物处理和废物排放费用、环境事故罚款和投资增加、运营成本、培训成本、购买环境友好型材料的成本等，发现环境保护措施会带来新的市场机会、产品价格上涨、利润率、销售和市场份额；同时实证研究进一步证实了其对经济绩效的有效性。

综上所述，本书对环境绩效进行了 7 项指标的测定：减少废气排放、减少废水排放、减少固体废物排放、减少危险/有害/有毒材料的消耗、降低环境事故频率、降低废品率、提高环境声誉。对经济绩效进行了 10 个指标的测定：及时供货的产品数量提高、库存减少、剩余材料减少、产品质量改善、生产线的效率提高、生产能力的利用率提高、通过材料再利用和再循环降低采购成本、能源消耗成本降低、废物处理成本降低及废物排放费用降低。以上项目用 Likert 7 分制量表设定，受访者根据企业实际情况进行回答。企业绩效量表如表 4-3 所示。

表 4-3 企业绩效量表

变 量		测量题项
环境绩效 （ENP）	ENP01	与同类企业相比，本公司积极采取措施实现废气减排
	ENP02	与同类企业相比，本公司积极采取措施实现废水减排
	ENP03	与同类企业相比，本公司积极采取措施实现固态废物减排
	ENP04	与同类企业相比，本公司生产运营过程中积极采取措施减少有害或有毒原料消耗
	ENP05	与同类企业相比，本公司采取多种措施降低环境事故频率
	ENP06	与同类企业相比，本公司采取多种措施降低废品率
	ENP07	与同类企业相比，本公司环境声誉显著提升
经济绩效 （EP）	EP01	实施绿色供应链管理措施，本公司及时供货的产品数量明显提高
	EP02	实施绿色供应链管理措施，本公司库存明显减少
	EP03	实施绿色供应链管理措施，本公司生产产品后剩余材料明显减少
	EP04	实施绿色供应链管理措施，本公司产品质量明显改善

变　　量		测量题项
经济绩效 （EP）	EP05	实施绿色供应链管理措施，本公司产品生产线的效率明显提高
	EP06	实施绿色供应链管理措施，本公司生产能力的利用率显著提高
	EP07	本公司通过材料再利用和再循环使采购成本显著降低
	EP08	通过实施绿色供应链管理措施，本公司能源消耗成本明显降低
	EP09	通过实施绿色供应链管理措施，本公司废物处理成本明显降低
	EP10	通过实施绿色供应链管理措施，本公司废物排放费用明显降低

4. 绿色供应链管理实践量表

绿色供应链管理实践，即"将环境思维纳入供应链管理，包括产品设计、材料采购和选择、制造过程、向客户交付最终产品及产品达到使用寿命后的报废管理"和逆向物流。在本书中，绿色供应链管理实践分为内部绿色供应链管理实践和外部绿色供应链管理实践。

首先，内部绿色供应链管理实践侧重于组织内环境思维的整合。企业需要在新产品开发过程中考虑环境问题。绿色设计或生态设计正在被普遍采用，进而减少产品和工艺对环境的影响。管理措施包括高层管理人员的支持和中层管理人员的支持，这是成功采用绿色供应链管理的关键。高层管理人员是绿色供应链管理的内部驱动因素，并能加强不同部门之间的协作机制。此外，供应链管理的环境导向旨在通过环境教育和培训提高员工对环境问题的认识。为了实现持续的环境改善，企业应提供合规声明并进行审计，以确保所有材料和产品符合法规，特别是环境法规。其次，企业还努力减少材料和能源的消耗、再利用、回收，并避免在制造过程中使用危险材料，还对多余库存或旧材料进行回收，再加工成其他产品或部件，以及出售多余的设备，以便延长材料或产品的寿命。

本研究采用 10 个题项构建内部绿色供应链管理实践量表：高中层管理人员跨职能共同实施环境管理，环境规划和审计方案，设计减少材料、能源消耗的产品，关注设计产品所用零件的再利用/再循环，避免/减少设计产品过程使用危险物，回收过剩材料/部件，销售废旧材料，销售闲置资产设备。另外，采用 7 个题项构建外部绿色供应链管理实践量表：向供应商提供包括环境要求在内的设计说明书，与供应商进行长期合作，定期对供应商内部进行环境审计，鼓励/奖励供应商获得 ISO 14001 认证，定期对二级供应商进行环境友好实践评估，与客户在生态设计方面/开展清洁生产方面进行合作。本研究采用 Likert 7 分制量表，具体如表 4-4 所示。

表 4-4　绿色供应链管理实践量表

变　量		测量题项
内部绿色供应链管理实践（IG）	IG01	高层管理人员承诺实施环境管理
	IG02	中层管理人员积极支持环境管理
	IG03	为改善环境积极进行企业内各部门合作
	IG04	严格执行环境合规和审计方案
	IG05	设计产品时具备减少材料/能源消耗举措
	IG06	设计产品时考虑材料零部件的再利用、再循环和再生
	IG07	设计产品时考虑在产品研发过程中和/或制造过程中避免或减少使用危险物
	IG08	有回收过剩库存或材料相关措施
	IG09	根据环保目标销售废旧材料
	IG10	根据需要销售闲置资产设备
外部绿色供应链管理实践（EG）	EG01	向供应商提供包括环境要求在内的设计说明书
	EG02	为实现环境目标与供应商长期合作
	EG03	定期对供应商内部进行环境审计
	EG04	鼓励或奖励供应商获得 ISO 14001 认证
	EG05	定期对二级供应商（供应商的供应商）环境友好实践进行评估
	EG06	与客户在生态设计方面进行合作
	EG07	与客户开展清洁生产方面的合作

5. 控制变量量表

本研究控制变量主要指企业信息，包括企业经营年限、企业所属行业、企业规模等可能对供应链质量整合及绿色供应链管理产生影响的属性。企业经营年限由成立年限的自然对数进行衡量，企业规模由员工数量的自然对数进行衡量，企业所属行业属于分类变量，非连续变量，因此将其转换成虚拟变量进行处理。

4.3　样本与数据收集

本书以制造企业为调查对象，数据获取以问卷调查方式进行。制造业是主要经济主体，是供应链的主导核心，其运营的质量优劣关系整个供应链乃至整个经济网络。我们认为以制造业供应链为样本开展研究具有重要的现实意义。本书主要以中国华北、华东、华中及西北等地区的制造企业为主，集中在能源与电子制造业，这也正是我国亟待进行改革升级的两大行业。我们通过发放问卷来获取数据，进行后续研究。

对调研对象进行抽样一般选用两种方式，即随机抽样和方便抽样。随机抽样是一种抽样概率机会均等的抽样方式，也就是总体的每一个采样点有相等的机会被抽中；方便抽样是在调查过程中由调查员依据方便的原则，自行确定入抽样本的单位。由于管理学研究的特殊性，一般很难做到概率完全均等地抽样，因此，大部分管理学研究会采用方便抽样。本研究的抽样原则是，调查有明确被调研意愿的企业以获取数据。如果方便抽样的样本量属于大样本，可视其为随机抽样。另外，样本还应满足"无明显独特性"要求，剔除可能导致结论偏差的因素。因此，本研究选取企业年限、企业规模、企业所属行业等作为控制变量，采用统计方法削弱或消除其对研究结果的影响。

问卷调查对象主要为制造企业管理者、供应链经理及质量经理等与研究主题相关的部门管理人员，行业是目前经济运行中亟待改革与发展的热门行业，但不仅限于此，应最大限度地保证样本代表普遍的，符合普适性原则。

2018 年 12 月至 2019 年 2 月，本研究通过微信转发及电子邮件投送两种方式发放问卷。

（1）通过微信转发的方式共发放问卷 300 份（去除预测试样本），回收问卷 261 份，回收率为 87%，有效问卷 256 份，有效问卷率为 85%。

（2）利用电子邮件投送方式发放问卷 200 份，回收问卷 162 份，回收率为 81%，有效问卷 148 份，有效回收率为 74%。

通过以上两种方式共发放问卷 500 份，回收问卷 423 份，回收率为 84.6%，有效问卷 404 份，有效回收率为 80.8%。问卷发放及回收情况如表 4-5 所示。由此，正式调研有效样本量为 404，满足大样本要求，根据样本数可判定该调研属于随机抽样，满足统计分析数据的要求。

表 4-5　问卷发放及回收情况

发放方式	发放数量/份	回收数量/份	回收率	有效数量/份	有效回收率
微信转发	300	261	87%	256	85%
电子邮件投送	200	162	81%	148	74%
合计	500	423	84.6%	404	80.8%

4.3.1　样本基本情况分析

对 404 份有效问卷进行基本描述分析，结果如表 4-6 所示。

表 4-6　描述性统计分析

变量名称	标签内容	频率/份	百分比	有效百分比	累计百分比
教育程度	高中及以下	24	5.9%	5.9%	5.9%
	大专	145	35.9%	35.9%	41.8%
	本科	199	49.3%	49.3%	91.1%
	硕士及以上	36	8.9%	8.9%	100%
职位	高层管理人员	60	14.9%	14.9%	14.9%
	中层管理人员	96	23.8%	23.8%	38.6%
	基层管理人员	138	34.2%	34.2%	72.8%
	其他	110	27.2%	27.2%	100%
工作时间	3 年及以下	69	17.1%	17.1%	17.3%
	4～6 年	114	28.2%	28.2%	45.5%
	7～12 年	123	30.4%	30.4%	76%
	12 年以上	97	24%	24%	100%
企业运营时间	5 年及以下	45	11.1%	11.1%	11.6%
	6～10 年	69	17.1%	17.1%	28.7%
	11～20 年	114	28.2%	28.2%	56.9%
	20 年以上	174	43.1%	43.1%	100%
企业性质	国有企业	145	35.9%	35.9%	36.1%
	集体企业	8	2%	2%	38.1%
	私企（中国大陆）	226	55.9%	55.9%	94.1%
	合资企业	14	3.5%	3.5%	97.5%
	外资企业	5	1.2%	1.2%	98.8%
	其他	5	1.2%	1.2%	100%

变量名称	标签内容	频率/份	百分比	有效百分比	累计百分比
企业规模	<50 人	52	12.9%	12.9%	12.9%
	50～99 人	69	17.1%	17.1%	30%
	100～199 人	47	11.6%	11.6%	41.6%
	200～499 人	64	15.8%	15.8%	57.4%
	500～999 人	33	8.2%	8.2%	65.6%
	1000～4999 人	63	15.6%	15.6%	81.2%
	5000 人及以上	76	18.8%	18.8%	100%
所属行业	食品、饮料、酒精与香烟	7	1.7%	1.7%	1.7%
	化学制剂与石油加工	7	1.7%	1.7%	3.5%
	木材与家具	4	1%	1%	4.5%
	建筑材料	11	2.7%	2.7%	7.2%
	金属、机械与工程	94	23.3%	23.3%	30.4%
	电子产品与电器	145	35.9%	35.9%	66.3%
	纺织品与服饰	8	2%	2%	68.3%
	其他	126	31.2%	31.2%	100%
	总计	402	99.5%	99.5%	—
企业资产	<500 万元	37	9.2%	9.2%	9.2%
	500 万～1000 万元	39	9.7%	9.7%	18.8%
	1000 万～2000 万元	36	8.9%	8.9%	27.7%
	2000 万～5000 万元	48	11.9%	11.9%	39.6%
	5000 万元～1 亿元	52	12.9%	12.9%	52.5%
	1 亿元以上	192	47.5%	47.5%	100%
	总计	404	100.1%	100.1%	—
上年度企业收入	<500 万元	38	9.4%	9.4%	9.4%
	500 万～1000 万元	32	7.9%	7.9%	17.3%
	1000 万～2000 万元	28	6.9%	6.9%	24.3%
	2000 万～5000 万元	37	9.2%	9.2%	33.4%
	5000 万元～1 亿元	52	12.9%	12.9%	46.3%
	1 亿元以上	217	53.7%	53.7%	100%
	总计	404	100%	100%	—

由表 4-6 可知，就企业运营时间来看，71.3%的调研对象经营年限在 10 年以上，43.1%的调研对象经营年限超过 20 年。企业规模方面，本研究从企业员

工人数考量，58.4%的调研对象员工人数在 200 人以上，34.4%的调研对象员工人数超过 1000 人。所属行业中，59.2%的调研对象集中在金属、机械与工程及电子产品与电器行业。企业资产方面，调研对象中，5000 万元以上所占比例达 60.4%。

同时，统计分析变量各测量题项的平均值、标准差、偏度及峰度，如表 4-7 所示。

表 4-7　各测量变量基本统计量

变量名称	测量变量	最小值（M）	最大值（X）	平均值（E）	标准差	偏度	峰度
供应商认知资本（SCC）	SCC01	1.00	7.00	5.498	1.500	−0.848	0.230
	SCC02	1.00	7.00	5.621	1.383	−0.858	0.297
	SCC03	1.00	7.00	5.728	1.344	−0.979	0.686
	SCC04	1.00	7.00	5.745	1.307	−0.912	0.450
供应商结构资本（SSC）	SSC01	1.00	7.00	5.693	1.373	−0.913	0.338
	SSC02	1.00	7.00	5.708	1.329	−0.932	0.548
	SSC03	1.00	7.00	5.602	1.397	−0.860	0.336
	SSC04	1.00	7.00	5.636	1.355	−0.859	0.358
	SSC05	1.00	7.00	5.540	1.413	−0.850	0.337
供应商关系资本（SRC）	SRC01	1.00	7.00	5.079	1.412	−0.343	−0.491
	SRC02	1.00	7.00	5.750	1.256	−0.878	0.341
	SRC03	1.00	7.00	5.844	1.203	−0.918	0.369
	SRC04	1.00	7.00	5.849	1.187	−0.922	0.456
	SRC05	1.00	7.00	4.374	1.670	0.066	−1.203
内部认知资本（ICC）	ICC01	1.00	7.00	5.282	1.297	−0.310	−0.582
	ICC02	1.00	7.00	5.896	1.185	−0.914	0.189
	ICC03	1.00	7.00	5.953	1.151	−0.967	0.431
	ICC04	1.00	7.00	5.911	1.171	−0.869	0.054
	ICC05	1.00	7.00	5.931	1.166	−0.893	0.122
内部结构资本（ISC）	ISC01	1.00	7.00	5.918	1.145	−0.926	0.360
	ISC02	1.00	7.00	5.906	1.164	−0.906	0.305
	ISC03	1.00	7.00	5.896	1.164	−0.908	0.242
	ISC04	1.00	7.00	5.896	1.174	−0.925	0.266
	ISC05	1.00	7.00	5.785	1.218	−0.839	0.129

续表

变量名称	测量变量	最小值（M）	最大值（X）	平均值（E）	标准差	偏度	峰度
内部关系资本（IRC）	IRC01	1.00	7.00	5.805	1.232	−0.887	0.353
	IRC02	1.00	7.00	5.745	1.286	−0.929	0.440
	IRC03	1.00	7.00	5.755	1.259	−0.939	0.642
	IRC04	1.00	7.00	5.753	1.271	−0.925	0.604
	IRC05	1.00	7.00	5.735	1.273	−0.901	0.434
客户认知资本（CCC）	CCC01	1.00	7.00	5.661	1.328	−0.893	0.507
	CCC02	1.00	7.00	5.688	1.319	−0.931	0.589
	CCC03	1.00	7.00	5.792	1.225	−0.876	0.295
	CCC04	1.00	7.00	5.842	1.195	−0.935	0.467
客户结构资本（CSC）	CSC01	1.00	7.00	5.824	1.217	−0.923	0.488
	CSC02	1.00	7.00	5.849	1.149	−0.876	0.435
	CSC03	1.00	7.00	5.765	1.213	−0.724	−0.155
	CSC04	1.00	7.00	5.812	1.197	−0.940	0.691
	CSC05	1.00	7.00	5.745	1.263	−0.944	0.672
客户关系资本（CRC）	CRC01	1.00	7.00	5.923	1.128	−0.985	0.637
	CRC02	1.00	7.00	5.814	1.159	−0.758	−0.028
	CRC03	1.00	7.00	5.911	1.130	−0.860	0.243
	CRC04	1.00	7.00	5.913	1.134	−0.897	0.350
	CRC05	1.00	7.00	5.864	1.180	−0.926	0.426
供应链质量整合（SQI、CQI、IQI）	SQI01	1.00	7.00	5.181	1.545	−0.573	−0.706
	SQI02	1.00	7.00	5.265	1.507	−0.650	−0.458
	SQI03	1.00	7.00	6.000	1.085	−0.962	0.593
	SQI04	1.00	7.00	4.960	1.317	−0.202	−0.440
	SQI05	1.00	7.00	5.238	1.319	−0.425	−0.283
	SQI06	1.00	7.00	5.193	1.579	−0.944	0.381
	SQI07	1.00	7.00	5.869	1.166	−0.894	0.551
	SQI08	1.00	7.00	5.901	1.140	−0.955	0.815
	SQI09	1.00	7.00	4.904	1.711	−0.755	−0.194
	SQI10	1.00	7.00	5.369	1.342	−0.745	0.385
	CQI01	1.00	7.00	5.386	1.197	−0.326	−0.519
	CQI02	1.00	7.00	5.421	1.198	−0.343	−0.381
	CQI03	1.00	7.00	5.374	1.233	−0.358	−0.566
	CQI04	1.00	7.00	5.530	1.217	−0.560	−0.028
	CQI05	1.00	7.00	5.483	1.137	−0.609	0.477

续表

变量名称	测量变量	最小值（M）	最大值（X）	平均值（E）	标准差	偏度	峰度
供应链质量整合（SQI、CQI、IQI）	CQI06	1.00	7.00	5.394	1.134	-0.406	-0.052
	CQI07	1.00	7.00	5.468	1.192	-0.489	-0.019
	CQI08	1.00	7.00	5.955	1.115	-0.991	0.752
	CQI09	1.00	7.00	5.257	1.144	-0.197	-0.326
	CQI10	1.00	7.00	5.948	1.120	-0.940	0.475
	IQI01	1.00	7.00	5.302	1.184	-0.503	0.249
	IQI02	1.00	7.00	5.406	1.228	-0.578	0.200
	IQI03	1.00	7.00	5.413	1.187	-0.495	-0.005
	IQI04	1.00	7.00	5.606	1.225	-0.696	0.050
	IQI05	1.00	7.00	5.572	1.209	-0.749	0.535
	IQI06	1.00	7.00	5.404	1.180	-0.368	-0.275
	IQI07	1.00	7.00	5.604	1.196	-0.763	0.626
	IQI08	1.00	7.00	5.938	1.113	-0.908	0.430
	IQI09	1.00	7.00	5.718	1.151	-0.738	0.358
	IQI10	3.00	7.00	5.569	1.287	-0.218	-1.532
内部绿色供应链管理实践（IG）	IG01	1.00	7.00	5.668	1.142	-0.570	-0.240
	IG02	1.00	7.00	5.713	1.119	-0.804	0.457
	IG03	1.00	7.00	5.698	1.111	-0.692	0.140
	IG04	1.00	7.00	5.720	1.207	-0.767	-0.022
	IG06	1.00	7.00	5.718	1.181	-0.875	0.595
	IG07	1.00	7.00	5.795	1.195	-0.894	0.340
	IG08	1.00	7.00	5.760	1.174	-0.818	0.277
	IG09	1.00	7.00	5.577	1.249	-0.901	1.011
	IG10	1.00	7.00	5.480	1.292	-0.913	1.053
外部绿色供应链管理实践（EG）	EG01	1.00	7.00	5.911	1.178	-0.990	0.504
	EG02	1.00	7.00	5.748	1.183	-0.991	0.904
	EG03	1.00	7.00	5.522	1.211	-0.899	0.926
	EG04	1.00	7.00	5.569	1.186	-0.919	1.075
	EG05	1.00	7.00	5.663	1.256	-0.920	0.727
	EG06	1.00	7.00	5.084	1.135	-0.913	1.489
	EG08	1.00	7.00	5.550	1.316	-0.840	0.448
环境绩效（ENP）	ENP01	1.00	7.00	5.812	1.212	-0.921	0.563
	ENP02	1.00	7.00	5.852	1.195	-0.896	0.257
	ENP03	1.00	7.00	5.869	1.198	-0.930	0.235

变量名称	测量变量	最小值（M）	最大值（X）	平均值（E）	标准差	偏度	峰度
环境绩效 （ENP）	ENP04	1.00	7.00	5.723	1.207	-0.765	0.040
	ENP05	1.00	7.00	5.748	1.183	-0.720	-0.127
	ENP06	1.00	7.00	5.735	1.173	-0.687	-0.139
	ENP07	1.00	7.00	5.725	1.162	-0.736	0.085
经济绩效 （EP）	EP01	1.00	7.00	5.646	1.239	-0.924	0.949
	EP02	1.00	7.00	5.651	1.240	-0.827	0.388
	EP03	1.00	7.00	5.646	1.231	-0.898	0.774
	EP04	1.00	7.00	5.661	1.223	-0.852	0.526
	EP05	1.00	7.00	5.683	1.258	-0.904	0.771
	EP06	1.00	7.00	5.785	1.206	-0.893	0.486
	EP07	1.00	7.00	5.849	1.206	-0.954	0.627
	EP08	1.00	7.00	5.842	1.216	-0.934	0.468
	EP09	1.00	7.00	5.817	1.208	-0.908	0.465
	EP10	1.00	7.00	5.844	1.188	-0.863	0.100

各研究变量题项的偏度绝对值小于 1，峰度绝对值小于 1，满足统计分析对样本数据所要求的偏度绝对值小于 3、峰度绝对值小于 10 的基本标准。这进一步说明样本数据基本服从正态分布，可以对其进行相关统计分析。

4.3.2　偏差分析

1. 独立样本 t 检验

由于问卷数据通过微信转发及电子邮件投送两种方式收集，为检验两组数据是否具有差异性，验证能否将两组数据合并进行分析，本研究选择独立样本 t 检验对数据进行偏差分析。

t 检验分析结果如表 4-8 所示。

表 4-8　t 检验分析结果

题项	检验假设	列文方差相等性检验		平均值相等性的 t 检验			描述性统计		
		F	显著性	t	Sig.（双尾）	平均值差	组别	样本个数	平均值（E）
SCC01	已假设方差齐性	0.644	0.423	1.076	0.282	0.167	微信组	256	5.559
	未假设方差齐性	—	—	1.069	0.286	0.167	电子邮件组	148	5.392
SCC02	已假设方差齐性	2.424	0.12	0.369	0.712	0.053	微信组	256	5.641
	未假设方差齐性	—	—	0.358	0.721	0.053	电子邮件组	148	5.588
SCC03	已假设方差齐性	1.256	0.263	0.438	0.662	0.061	微信组	256	5.750
	未假设方差齐性	—	—	0.43	0.668	0.061	电子邮件组	148	5.689
SCC04	已假设方差齐性	1.982	0.16	0.89	0.374	0.120	微信组	256	5.789
	未假设方差齐性	—	—	0.866	0.387	0.120	电子邮件组	148	5.669
SSC01	已假设方差齐性	5.753	0.17	1.55	0.122	0.219	微信组	256	5.773
	未假设方差齐性	—	—	1.489	0.138	0.219	电子邮件组	148	5.554
SSC02	已假设方差齐性	0.45	0.503	0.215	0.83	0.030	微信组	256	5.719
	未假设方差齐性	—	—	0.21	0.834	0.030	电子邮件组	148	5.689
SSC03	已假设方差齐性	0.023	0.881	0.001	0.999	0.000	微信组	256	5.602
	未假设方差齐性	—	—	0.001	0.999	0.000	电子邮件组	148	5.601
SSC04	已假设方差齐性	8.144	0.5	1.002	0.317	0.140	微信组	256	5.688
	未假设方差齐性	—	—	0.943	0.347	0.140	电子邮件组	148	5.547
SSC05	已假设方差齐性	1.655	0.199	1.013	0.312	0.148	微信组	256	5.594
	未假设方差齐性	—	—	0.983	0.326	0.148	电子邮件组	148	5.446
SRC02	已假设方差齐性	0.131	0.718	0	1	0.000	微信组	256	5.750
	未假设方差齐性	—	—	0	1	0.000	电子邮件组	148	5.750
SRC03	已假设方差齐性	0.064	0.8	0.079	0.937	0.010	微信组	256	5.848
	未假设方差齐性	—	—	0.078	0.938	0.010	电子邮件组	148	5.838
SRC04	已假设方差齐性	0.214	0.644	−0.378	0.706	−0.046	微信组	256	5.832
	未假设方差齐性	—	—	−0.375	0.708	−0.046	电子邮件组	148	5.878
SRC05	已假设方差齐性	0.019	0.89	−0.266	0.791	−0.035	微信组	256	5.816
	未假设方差齐性	—	—	−0.265	0.791	−0.035	电子邮件组	148	5.851
ICC01	已假设方差齐性	3.954	0.47	0.94	0.348	0.115	微信组	256	5.953
	未假设方差齐性	—	—	0.906	0.365	0.115	电子邮件组	148	5.838
ICC02	已假设方差齐性	0.536	0.464	−0.144	0.885	−0.018	微信组	256	5.895
	未假设方差齐性	—	—	−0.142	0.887	−0.018	电子邮件组	148	5.912

题项	检验假设	列文方差相等性检验		平均值相等性的 t 检验			描述性统计		
		F	显著性	t	Sig.（双尾）	平均值差	组别	样本个数	平均值（E）
ICC03	已假设方差齐性	1.608	0.205	−0.444	0.657	−0.053	微信组	256	5.934
	未假设方差齐性	—	—	−0.433	0.665	−0.053	电子邮件组	148	5.987
ICC04	已假设方差齐性	0.009	0.923	−0.898	0.37	−0.109	微信组	256	5.871
	未假设方差齐性	—	—	−0.89	0.374	−0.109	电子邮件组	148	5.980
ICC05	已假设方差齐性	3.429	0.065	−0.111	0.912	−0.013	微信组	256	5.926
	未假设方差齐性	—	—	−0.108	0.914	−0.013	电子邮件组	148	5.939
ISC01	已假设方差齐性	5.447	0.12	0.533	0.595	0.063	微信组	256	5.941
	未假设方差齐性	—	—	0.508	0.612	0.063	电子邮件组	148	5.878
ISC02	已假设方差齐性	3.714	0.055	0.627	0.531	0.075	微信组	256	5.934
	未假设方差齐性	—	—	0.601	0.548	0.075	电子邮件组	148	5.858
ISC03	已假设方差齐性	0.526	0.469	0.232	0.817	0.028	微信组	256	5.906
	未假设方差齐性	—	—	0.226	0.821	0.028	电子邮件组	148	5.878
ISC04	已假设方差齐性	2.279	0.132	0.669	0.504	0.081	微信组	256	5.926
	未假设方差齐性	—	—	0.648	0.518	0.081	电子邮件组	148	5.845
ISC05	已假设方差齐性	1.132	0.288	0.011	0.991	0.001	微信组	256	5.785
	未假设方差齐性	—	—	0.011	0.991	0.001	电子邮件组	148	5.784
IRC01	已假设方差齐性	0.131	0.717	−0.246	0.806	−0.031	微信组	256	5.793
	未假设方差齐性	—	—	−0.244	0.807	−0.031	电子邮件组	148	5.824
IRC02	已假设方差齐性	1.835	0.176	0.744	0.458	0.099	微信组	256	5.781
	未假设方差齐性	—	—	0.723	0.47	0.099	电子邮件组	148	5.682
IRC03	已假设方差齐性	2.572	0.11	−0.186	0.853	−0.024	微信组	256	5.746
	未假设方差齐性	—	—	−0.178	0.859	−0.024	电子邮件组	148	5.770
IRC04	已假设方差齐性	0.012	0.913	−0.295	0.768	−0.039	微信组	256	5.738
	未假设方差齐性	—	—	−0.294	0.769	−0.039	电子邮件组	148	5.777
IRC05	已假设方差齐性	0.014	0.905	−0.421	0.674	−0.055	微信组	256	5.715
	未假设方差齐性	—	—	−0.421	0.674	−0.055	电子邮件组	148	5.770
CCC01	已假设方差齐性	6.627	0.21	1.543	0.124	0.211	微信组	256	5.738
	未假设方差齐性	—	—	1.474	0.142	0.211	电子邮件组	148	5.527
CCC02	已假设方差齐性	8.156	0.005	1.636	0.103	0.222	微信组	256	5.770
	未假设方差齐性	—	—	1.555	0.121	0.222	电子邮件组	148	5.547

续表

题项	检验假设	列文方差相等性检验		平均值相等性的 *t* 检验			描述性统计		
		F	显著性	*t*	Sig.（双尾）	平均值差	组别	样本个数	平均值（*E*）
CCC03	已假设方差齐性	0.68	0.41	0.693	0.489	0.088	微信组	256	5.824
	未假设方差齐性	—	—	0.678	0.498	0.088	电子邮件组	148	5.737
CCC04	已假设方差齐性	1.056	0.305	1.171	0.242	0.145	微信组	256	5.895
	未假设方差齐性	—	—	1.146	0.253	0.145	电子邮件组	148	5.750
CSC01	已假设方差齐性	2.238	0.135	0.848	0.397	0.107	微信组	256	5.863
	未假设方差齐性	—	—	0.821	0.412	0.107	电子邮件组	148	5.757
CSC02	已假设方差齐性	0.989	0.321	0.777	0.437	0.092	微信组	256	5.883
	未假设方差齐性	—	—	0.766	0.445	0.092	电子邮件组	148	5.791
CSC03	已假设方差齐性	0.11	0.74	−0.068	0.946	−0.009	微信组	256	5.762
	未假设方差齐性	—	—	−0.068	0.946	−0.009	电子邮件组	148	5.770
CSC04	已假设方差齐性	5.028	0.25	1.222	0.222	0.151	微信组	256	5.867
	未假设方差齐性	—	—	1.167	0.244	0.151	电子邮件组	148	5.716
CSC05	已假设方差齐性	3.285	0.071	0.839	0.402	0.109	微信组	256	5.785
	未假设方差齐性	—	—	0.811	0.418	0.109	电子邮件组	148	5.676
CRC01	已假设方差齐性	0.007	0.935	0.15	0.881	0.018	微信组	256	5.930
	未假设方差齐性	—	—	0.149	0.882	0.018	电子邮件组	148	5.912
CRC02	已假设方差齐性	0.041	0.839	−0.755	0.451	−0.090	微信组	256	5.781
	未假设方差齐性	—	—	−0.742	0.459	−0.090	电子邮件组	148	5.872
CRC03	已假设方差齐性	0.584	0.445	−0.017	0.986	−0.002	微信组	256	5.910
	未假设方差齐性	—	—	−0.017	0.987	−0.002	电子邮件组	148	5.912
CRC04	已假设方差齐性	0.705	0.402	0.289	0.773	0.034	微信组	256	5.926
	未假设方差齐性	—	—	0.283	0.778	0.034	电子邮件组	148	5.892
CRC05	已假设方差齐性	0.078	0.78	0.074	0.941	0.009	微信组	256	5.867
	未假设方差齐性	—	—	0.073	0.942	0.009	电子邮件组	148	5.858
SQI01	已假设方差齐性	0.632	0.427	0.41	0.682	0.047	微信组	256	6.020
	未假设方差齐性	—	—	0.401	0.688	0.047	电子邮件组	148	5.973
SQI02	已假设方差齐性	1.553	0.213	0.254	0.8	0.030	微信组	256	5.949
	未假设方差齐性	—	—	0.245	0.806	0.030	电子邮件组	148	5.919
SQI03	已假设方差齐性	1.96	0.162	−0.086	0.932	−0.010	微信组	256	6.004
	未假设方差齐性	—	—	−0.083	0.934	−0.010	电子邮件组	148	6.014

续表

题项	检验假设	列文方差相等性检验		平均值相等性的 t 检验			描述性统计		
		F	显著性	t	Sig.（双尾）	平均值差	组别	样本个数	平均值（E）
SQI04	已假设方差齐性	0.838	0.361	0.041	0.967	0.005	微信组	256	5.863
	未假设方差齐性	—	—	0.04	0.968	0.005	电子邮件组	148	5.858
SQI05	已假设方差齐性	2.995	0.084	0.848	0.397	0.106	微信组	256	5.910
	未假设方差齐性	—	—	0.823	0.411	0.106	电子邮件组	148	5.804
SQI06	已假设方差齐性	0.967	0.326	0.254	0.8	0.033	微信组	256	5.891
	未假设方差齐性	—	—	0.247	0.805	0.033	电子邮件组	148	5.858
SQI07	已假设方差齐性	0.989	0.321	−0.214	0.831	−0.026	微信组	256	5.859
	未假设方差齐性	—	—	−0.208	0.835	−0.026	电子邮件组	148	5.885
SQI08	已假设方差齐性	0.11	0.74	−0.33	0.741	−0.039	微信组	256	5.887
	未假设方差齐性	—	—	−0.325	0.745	−0.039	电子邮件组	148	5.926
SQI09	已假设方差齐性	0.805	0.37	0.087	0.931	0.010	微信组	256	5.977
	未假设方差齐性	—	—	0.085	0.932	0.010	电子邮件组	148	5.966
SQI10	已假设方差齐性	2.715	0.1	0.347	0.729	0.043	微信组	256	5.895
	未假设方差齐性	—	—	0.336	0.737	0.043	电子邮件组	148	5.851
CQI01	已假设方差齐性	7.686	0.006	1.003	0.317	0.113	微信组	256	6.059
	未假设方差齐性	—	—	0.949	0.343	0.113	电子邮件组	148	5.946
CQI02	已假设方差齐性	3.559	0.06	0.903	0.367	0.102	微信组	256	6.082
	未假设方差齐性	—	—	0.866	0.387	0.102	电子邮件组	148	5.980
CQI03	已假设方差齐性	1.931	0.165	−0.168	0.867	−0.020	微信组	256	5.953
	未假设方差齐性	—	—	−0.164	0.87	−0.020	电子邮件组	148	5.973
CQI04	已假设方差齐性	5.771	0.017	0.559	0.577	0.068	微信组	256	5.953
	未假设方差齐性	—	—	0.541	0.589	0.068	电子邮件组	148	5.885
CQI05	已假设方差齐性	12.735	0.32	1.498	0.135	0.180	微信组	256	5.996
	未假设方差齐性	—	—	1.41	0.16	0.180	电子邮件组	147	5.816
CQI06	已假设方差齐性	11.408	0.061	1.065	0.288	0.127	微信组	256	5.992
	未假设方差齐性	—	—	1.008	0.315	0.127	电子邮件组	148	5.865
CQI07	已假设方差齐性	8.892	0.003	1.045	0.297	0.127	微信组	256	5.965
	未假设方差齐性	—	—	0.996	0.32	0.127	电子邮件组	148	5.838
CQI08	已假设方差齐性	1.712	0.192	0.223	0.824	0.026	微信组	256	5.965
	未假设方差齐性	—	—	0.216	0.829	0.026	电子邮件组	148	5.939

续表

题项	检验假设	列文方差相等性检验		平均值相等性的 t 检验			描述性统计		
		F	显著性	t	Sig.（双尾）	平均值差	组别	样本个数	平均值（E）
CQI09	已假设方差齐性	4.207	0.412	0.842	0.4	0.098	微信组	256	6.023
	未假设方差齐性	—	—	0.806	0.421	0.098	电子邮件组	148	5.926
CQI10	已假设方差齐性	5.17	0.241	1.042	0.298	0.121	微信组	256	5.992
	未假设方差齐性	—	—	0.997	0.319	0.121	电子邮件组	148	5.872
IQI01	已假设方差齐性	0.363	0.547	0.056	0.956	0.006	微信组	256	5.973
	未假设方差齐性	—	—	0.054	0.957	0.006	电子邮件组	148	5.966
IQI02	已假设方差齐性	0.949	0.331	0.183	0.855	0.021	微信组	256	5.981
	未假设方差齐性	—	—	0.179	0.858	0.021	电子邮件组	148	5.960
IQI03	已假设方差齐性	0.76	0.384	0.17	0.865	0.019	微信组	256	5.992
	未假设方差齐性	—	—	0.165	0.869	0.019	电子邮件组	148	5.973
IQI04	已假设方差齐性	0.023	0.879	−0.13	0.897	−0.015	微信组	256	5.938
	未假设方差齐性	—	—	−0.127	0.899	−0.015	电子邮件组	148	5.953
IQI05	已假设方差齐性	0.455	0.500	0.024	0.981	0.003	微信组	256	5.922
	未假设方差齐性	—	—	0.024	0.981	0.003	电子邮件组	148	5.919
IQI06	已假设方差齐性	0.872	0.351	0.386	0.7	0.046	微信组	256	5.965
	未假设方差齐性	—	—	0.38	0.704	0.046	电子邮件组	148	5.919
IQI07	已假设方差齐性	3.736	0.054	0.455	0.65	0.053	微信组	256	5.992
	未假设方差齐性	—	—	0.439	0.661	0.053	电子邮件组	148	5.939
IQI08	已假设方差齐性	1.883	0.171	0.634	0.526	0.073	微信组	256	5.965
	未假设方差齐性	—	—	0.616	0.538	0.073	电子邮件组	148	5.892
IQI09	已假设方差齐性	6.416	0.112	0.913	0.362	0.106	微信组	256	5.984
	未假设方差齐性	—	—	0.876	0.382	0.106	电子邮件组	148	5.878
IG01	已假设方差齐性	1.973	0.161	0.552	0.581	0.063	微信组	256	6.063
	未假设方差齐性	—	—	0.534	0.594	0.063	电子邮件组	148	6.000
IG02	已假设方差齐性	5.971	0.015	1.105	0.27	0.130	微信组	256	6.063
	未假设方差齐性	—	—	1.059	0.291	0.130	电子邮件组	148	5.932
IG03	已假设方差齐性	3.28	0.071	0.52	0.603	0.059	微信组	256	6.039
	未假设方差齐性	—	—	0.499	0.618	0.059	电子邮件组	148	5.980
IG04	已假设方差齐性	2.206	0.138	0.865	0.388	0.103	微信组	256	6.035
	未假设方差齐性	—	—	0.839	0.402	0.103	电子邮件组	148	5.932

题项	检验假设	列文方差相等性检验		平均值相等性的 t 检验			描述性统计		
		F	显著性	t	Sig.（双尾）	平均值差	组别	样本个数	平均值（E）
IG06	已假设方差齐性	11.935	0.401	1.271	0.205	0.154	微信组	256	6.012
	未假设方差齐性	—	—	1.208	0.228	0.154	电子邮件组	148	5.858
IG07	已假设方差齐性	5.203	0.323	1.097	0.273	0.130	微信组	256	6.090
	未假设方差齐性	—	—	1.051	0.294	0.130	电子邮件组	148	5.960
IG08	已假设方差齐性	8.174	0.104	0.773	0.44	0.093	微信组	256	6.012
	未假设方差齐性	—	—	0.734	0.463	0.093	电子邮件组	148	5.919
IG09	已假设方差齐性	0.927	0.336	−0.024	0.981	−0.003	微信组	256	5.902
	未假设方差齐性	—	—	−0.023	0.981	−0.003	电子邮件组	148	5.905
IG10	已假设方差齐性	3.193	0.075	0.249	0.803	0.035	微信组	256	5.832
	未假设方差齐性	—	—	0.241	0.81	0.035	电子邮件组	148	5.797
EG01	已假设方差齐性	0.048	0.826	−0.63	0.529	−0.077	微信组	256	5.883
	未假设方差齐性	—	—	−0.626	0.532	−0.077	电子邮件组	148	5.960
EG02	已假设方差齐性	0.001	0.979	−0.613	0.54	−0.076	微信组	256	5.910
	未假设方差齐性	—	—	−0.613	0.54	−0.076	电子邮件组	148	5.987
EG03	已假设方差齐性	0.563	0.454	−0.393	0.694	−0.053	微信组	256	5.785
	未假设方差齐性	—	—	−0.387	0.699	−0.053	电子邮件组	148	5.838
EG04	已假设方差齐性	2.207	0.138	0.468	0.64	0.060	微信组	256	5.945
	未假设方差齐性	—	—	0.459	0.647	0.060	电子邮件组	148	5.885
EG05	已假设方差齐性	1.017	0.314	0.269	0.788	0.035	微信组	256	5.813
	未假设方差齐性	—	—	0.266	0.79	0.035	电子邮件组	148	5.777
EG06	已假设方差齐性	2.273	0.132	0.327	0.744	0.044	微信组	256	5.828
	未假设方差齐性	—	—	0.32	0.749	0.044	电子邮件组	148	5.784
EG08	已假设方差齐性	3.056	0.081	0.04	0.968	0.005	微信组	256	5.863
	未假设方差齐性	—	—	0.039	0.969	0.005	电子邮件组	148	5.858
ENP01	已假设方差齐性	4.026	0.045	−0.045	0.964	−0.005	微信组	256	6.035
	未假设方差齐性	—	—	−0.044	0.965	−0.005	电子邮件组	148	6.041
ENP02	已假设方差齐性	2.338	0.127	0.581	0.562	0.069	微信组	256	6.063
	未假设方差齐性	—	—	0.566	0.572	0.069	电子邮件组	148	5.993
ENP03	已假设方差齐性	3.154	0.077	0.274	0.784	0.033	微信组	256	6.020
	未假设方差齐性	—	—	0.268	0.789	0.033	电子邮件组	148	5.987

续表

题项	检验假设	列文方差相等性检验		平均值相等性的 t 检验			描述性统计		
		F	显著性	t	Sig.（双尾）	平均值差	组别	样本个数	平均值（E）
ENP04	已假设方差齐性	0.192	0.662	−0.165	0.869	−0.020	微信组	256	6.055
	未假设方差齐性	—	—	−0.163	0.871	−0.020	电子邮件组	148	6.074
ENP05	已假设方差齐性	2.1	0.148	0.171	0.864	0.020	微信组	256	6.074
	未假设方差齐性	—	—	0.166	0.868	0.020	电子邮件组	148	6.054
ENP06	已假设方差齐性	1.099	0.295	0.235	0.814	0.028	微信组	256	6.055
	未假设方差齐性	—	—	0.229	0.819	0.028	电子邮件组	148	6.027
ENP07	已假设方差齐性	3.402	0.066	0.458	0.647	0.055	微信组	256	6.055
	未假设方差齐性	—	—	0.442	0.659	0.055	电子邮件组	148	6.000
EP01	已假设方差齐性	9.12	0.303	0.492	0.623	0.061	微信组	256	5.953
	未假设方差齐性	—	—	0.466	0.642	0.061	电子邮件组	148	5.892
EP02	已假设方差齐性	5.657	0.018	0.694	0.488	0.088	微信组	256	5.926
	未假设方差齐性	—	—	0.664	0.507	0.088	电子邮件组	148	5.838
EP03	已假设方差齐性	8.755	0.413	0.515	0.607	0.064	微信组	256	5.949
	未假设方差齐性	—	—	0.492	0.623	0.064	电子邮件组	148	5.885
EP04	已假设方差齐性	8.016	0.065	0.712	0.477	0.088	微信组	256	5.953
	未假设方差齐性	—	—	0.677	0.499	0.088	电子邮件组	148	5.865
EP05	已假设方差齐性	2.947	0.087	0.378	0.706	0.049	微信组	256	5.914
	未假设方差齐性	—	—	0.363	0.717	0.049	电子邮件组	148	5.865
EP06	已假设方差齐性	7.644	0.076	0.316	0.752	0.040	微信组	256	5.918
	未假设方差齐性	—	—	0.302	0.763	0.040	电子邮件组	148	5.878
EP07	已假设方差齐性	6.41	0.062	0.263	0.792	0.033	微信组	256	5.918
	未假设方差齐性	—	—	0.252	0.802	0.033	电子邮件组	148	5.885
EP08	已假设方差齐性	5.397	0.021	0.752	0.453	0.095	微信组	256	5.926
	未假设方差齐性	—	—	0.724	0.47	0.095	电子邮件组	148	5.831
EP09	已假设方差齐性	2.124	0.146	0.596	0.552	0.074	微信组	256	5.926
	未假设方差齐性	—	—	0.581	0.561	0.074	电子邮件组	148	5.851
EP10	已假设方差齐性	4.134	0.043	0.963	0.336	0.118	微信组	256	5.949
	未假设方差齐性	—	—	0.923	0.357	0.118	电子邮件组	148	5.831

由表 4.8 中可知，各题项列文方差相等性检验显著性水平均大于 0.05，表明接受假设方差相等的检验条件；t 检验显著性水平也均大于 0.05，表明微信组

和电子邮件组两组数据平均值无显著差异，可以合并分析。

2. 同源偏差检验

同源偏差（Common Mathod Variance）又称共同方法偏差，是指同样的数据来源或评分者、测量环境、项目语境及项目本身特征所造成的预测变量与效标变量之间人为的共变。这种人为的共变对研究结果产生严重的混淆并对结论有潜在的误导，是一种系统误差。同源偏差检验方法包括哈曼单因素分析法和双因子模型法，本研究采用哈曼单因素分析法。

所谓哈曼单因素分析法，是指使用探索性因子分析（EFA）方法检验 CMV 问题（也称哈曼单因子检验方法），即在对所有量表项进行探索性因子分析时，如果只得出一个因子或者第一个因子的解释力（方差解释率）特别大，通常以 40% 为界，此时可判定存在同源偏差，反之则说明不存在同源偏差。结果显示，在进行探索性因子分析时，所得主成分总解释方差为 83.14%，第一主成分所占载荷量为 31.35%，低于 40%，表明同源偏差并不严重。

4.4　信效度检验

4.4.1　信度检验

信度（Reliability）即可靠性，是指采取同样的方法对同一对象重复进行测量时，其所得结果相一致的程度，即测量数据的可靠程度。信度分析是指检验量表在度量相关变量时是否具有稳定性和一致性。常用的检验指标有稳定性、等值性和内部一致性。其中，内部一致性是衡量某一题项与测量同一变量的其他题项之间相关水平的一种重要的验证性测量。本书采用目前较为常用的克隆巴赫系数（Cronbach's Alpha）进行信度系数检验，计算各个变量所设若干题项的相关系数和提出一个项目后其余项目间的相关系数，以及各构念的信度和整个量表的信度。

4.4.2　效度检验

效度（Validity）即有效性，是指测量工具或手段能够准确测出所需考察内容的程度，测量结果与要考察的内容越吻合，则效度越高；反之，则效度越低。效度分为内容效度和结构效度。本研究主要通过内容效度和结构效度检验数据。

内容效度是指测量题项对变量的表达程度，即能否涵盖变量的全部概念和含义。若测量题项包含变量的全部概念和含义，则表明该变量题项具有内容效度。若变量题项有遗漏或存在无关题项，则内容效度降低，表明测量题项存在低效度。

内容效度并不能通过定量分析获得，但可依据定性分析评价。为保证内容效度，严格按原则编制设计测量量表。首先，确定内容主体，查阅高质量文献，收集整理相关经典测量量表，并依据研究设计变量的内涵选择或修改形成与本研究相对应的测量题项；其次，就编制完成的初始问卷与专家进行交流，修改完善其中存在问题的题项；最后，就修改完善的问卷与企业管理人员进行交流，通过获得的针对测量题项的反馈信息再次修改完善。本研究通过上述步骤完成了量表及问卷的编制，从而确保了问卷中的测量题项完全表达变量，保证了问卷具有良好的内容效度。

结构效度分为收敛效度和区分效度。结构效度通常会使用探索性因子分析这种方法，或者使用验证性因子分析（CFA）这种方法实现。进行探索分析时，若发现题项与研究变量的对应关系与预期不一样，可以考虑删除个别题项及因子载荷系数较低（通常小于 0.4）的题项。多次进行探索性因子分析后，最终发现题项与研究变量的对应关系与预期基本一致。这说明余下的题项（有可能删除题项）与研究变量的对应关系表现一致，进而说明研究变量有效。本研究通过验证性因子分析进行效度检验，结果中，如果题项标准化因子载荷系数小于 0.4，平均方差萃取量（AVE 值）小于 0.5，则应删除相关题项。经此检验，本研究删除 SRC01 及 IQI10 题项，再次进行因子分析后标准化因子载荷量大于 0.4，AVE 值大于 0.5，且表现显著（$p < 0.005$），表明各变量具有较好的收敛效度。具体分析结果如表 4-9 所示。

区分效度也称区别效度，通常通过比较变量间相关系数与 AVE 平方根的大小来判断。当 AVE 值大于变量间相关系数时，表示变量具有较好的区分效度。具体结果如表 4-9 所示，由表中数据可知，变量具有较好的区分效度。

表4-9 构面信度、收敛效度与区分效度分析

构面	描述性统计量 平均值	描述性统计量 标准差	信度 克隆巴赫系数	收敛效度 AVE	区分效度（Fenell and Larcker） SCC	SSC	SRC	ICC	ISC	IRC	CCC	CSC	CRC	SCQI	IG	EG	ENP	EP
SCC	5.648	1.249	0.923	0.815	**0.903**	0.821**	0.766**	0.730**	0.721**	0.707**	0.726**	0.684**	0.710**	0.719**	0.620**	0.637**	0.598**	0.643**
SSC	5.636	1.269	0.957	0.854	0.821**	**0.924**	0.843**	0.753**	0.784**	0.769**	0.776**	0.764**	0.757**	0.781**	0.670**	0.719**	0.664**	0.720**
SRC	5.818	1.174	0.922	0.791	0.766**	0.843**	**0.889**	0.839**	0.849**	0.813**	0.785**	0.807**	0.836**	0.839**	0.699**	0.722**	0.719**	0.716**
ICC	5.921	1.097	0.965	0.877	0.730**	0.753**	0.839**	**0.936**	0.886**	0.829**	0.794**	0.794**	0.826**	0.844**	0.756**	0.721**	0.743**	0.744**
ISC	5.880	1.100	0.966	0.880	0.721**	0.784**	0.849**	0.886**	**0.938**	0.893**	0.816**	0.856**	0.858**	0.862**	0.766**	0.732**	0.764**	0.761**
IRC	5.758	1.177	0.961	0.867	0.707**	0.769**	0.813**	0.829**	0.893**	**0.931**	0.820**	0.844**	0.852**	0.850**	0.776**	0.756**	0.741**	0.782**
CCC	5.746	1.175	0.945	0.861	0.726**	0.776**	0.785**	0.794**	0.816**	0.820**	**0.928**	0.871**	0.858**	0.840**	0.735**	0.747**	0.725**	0.777**
CSC	5.799	1.146	0.972	0.811	0.684**	0.764**	0.807**	0.794**	0.856**	0.844**	0.871**	**0.901**	0.904**	0.848**	0.749**	0.768**	0.757**	0.775**
CRC	5.885	1.080	0.969	0.889	0.710**	0.757**	0.836**	0.826**	0.858**	0.852**	0.858**	0.904**	**0.943**	0.910**	0.803**	0.799**	0.800**	0.826**
SCQI	5.945	1.026	0.991	0.806	0.719**	0.781**	0.839**	0.844**	0.862**	0.850**	0.840**	0.848**	0.910**	**0.898**	0.876**	0.840**	0.847**	0.863**
IG	5.974	1.059	0.970	0.816	0.620**	0.670**	0.699**	0.756**	0.766**	0.776**	0.735**	0.749**	0.803**	0.876**	**0.903**	0.876**	0.877**	0.867**
EG	5.864	1.180	0.979	0.890	0.637**	0.719**	0.722**	0.721**	0.732**	0.756**	0.747**	0.768**	0.799**	0.840**	0.876**	**0.943**	0.841**	0.860**
ENP	6.041	1.098	0.984	0.911	0.598**	0.664**	0.719**	0.743**	0.764**	0.741**	0.725**	0.757**	0.800**	0.847**	0.877**	0.841**	**0.954**	0.881**
EP	5.907	1.156	0.989	0.909	0.643**	0.720**	0.716**	0.744**	0.761**	0.782**	0.777**	0.775**	0.826**	0.863**	0.867**	0.860**	0.881**	**0.953**

注：**$p<0.01$（双尾），相关性显著。
区分效度对角线粗体字为AVE平方根值。

4.4.3 信效度分析结果

信度分析主要针对每个题项分别进行，效度检验主要在构面间进行。

（1）验证性因子分析结果如表 4-10 所示。

表 4-10 验证性因子分析

题项	提取	KMO 取样适切性量数	Bartlett 球形度检验	标准化因子载荷系数 平方题目信度（SMC）	CR	AVE
SCC01	0.877	0.812	1305.862	0.769	0.946	0.815
SCC02	0.914		（p=0.000）	0.835		
SCC03	0.917			0.841		
SCC04	0.903			0.815		
SSC04	0.933	0.905	2182.804	0.870	0.967	0.854
SSC02	0.924		（p=0.000）	0.854		
SSC03	0.924			0.854		
SSC01	0.922			0.850		
SSC05	0.917			0.841		
SRC04	0.964	0.875	2274.379	0.929	0.949	0.791
SRC03	0.950		（p=0.000）	0.903		
SRC02	0.941			0.885		
SRC05	0.930			0.865		
SRC01	0.609			0.371		
ICC03	0.950	0.875	2541.735	0.903	0.973	0.877
ICC02	0.944		（p=0.000）	0.891		
ICC04	0.932			0.869		
ICC05	0.929			0.863		
ICC01	0.927			0.859		
ISC03	0.947	0.885	2613.927	0.897	0.973	0.880
ISC04	0.943		（p=0.000）	0.889		
ISC01	0.937			0.878		
ISC02	0.937			0.878		
ISC05	0.926			0.857		
IRC02	0.948	0.898	2366.076	0.899	0.970	0.867
IRC04	0.937		（p=0.000）	0.878		

续表

题项	提取	KMO 取样适切性量数	Bartlett 球形度检验	标准化因子载荷系数平方题目信度（SMC）	CR	AVE
IRC05	0.929			0.863		
IRC01	0.929			0.863		
IRC03	0.911			0.830		
CCC03	0.941	0.798	1707.065	0.885	0.961	0.861
CCC04	0.929		（p=0.000）	0.863		
CCC02	0.924			0.854		
CCC01	0.917			0.841		
CSC01	0.907	0.898	2832.271	0.823	0.955	0.811
CSC02	0.908		（p=0.000）	0.824		
CSC03	0.905			0.819		
CSC04	0.909			0.826		
CSC05	0.872			0.760		
CRC03	0.965			0.931	0.976	0.889
CRC04	0.955	0.920	2657.379	0.912		
CRC01	0.938		（p=0.000）	0.880		
CRC02	0.934			0.872		
CRC05	0.922			0.850		
CQI04	0.940	0.977	20497.236	0.884		0.806
CQI08	0.920		（p=0.000）	0.847		
CQI10	0.919			0.844		
SQI07	0.917			0.841		
IQI04	0.914			0.835		
CQI02	0.914			0.835		
CQI09	0.912			0.832		
IQI02	0.910			0.828		
IQI03	0.910			0.828		
IQI01	0.908			0.824		
SQI09	0.907			0.822		
CQI07	0.906			0.820		
SQI03	0.901			0.812		
SQI08	0.900			0.810		

题项	提取	KMO 取样适切性量数	Bartlett 球形度检验	标准化因子载荷系数 平方题目信度（SMC）	CR	AVE
IQI08	0.900			0.809		
IQI07	0.899			0.808		
SQI02	0.899			0.808		
IQI06	0.898			0.807		
SQI04	0.895			0.801		
CQI01	0.894			0.799		
SQI05	0.887			0.787		
SQI10	0.886			0.784		
CQI05	0.884			0.781		
SQI01	0.883			0.779		
CQI06	0.876			0.768		
SQI06	0.874			0.764		
IQI09	0.874			0.764		
IQI05	0.866			0.750		
CQI03	0.839			0.705		
IQI10	0.536			0.320		
IG03	0.939	0.939	5021.112	0.882	0.976	0.816
IG07	0.929		（p=0.000）	0.863		
IG02	0.929			0.863		
IG04	0.916			0.839		
IG08	0.910			0.828		
IG01	0.907			0.823		
IG06	0.903			0.815		
IG09	0.853			0.728		
IG10	0.839			0.704		
EG06	0.956	0.945	4355.670	0.914	0.983	0.890
EG08	0.955		（p=0.000）	0.912		
EG05	0.947			0.897		
EG04	0.939			0.882		
EG01	0.938			0.880		
EG03	0.936			0.876		

题项	提取	KMO 取样适切性量数	Bartlett 球形度检验	标准化因子载荷系数 平方题目信度（SMC）	CR	AVE
EG02	0.933			0.870		
ENP02	0.967	0.938	5015.227	0.935	0.986	0.911
ENP01	0.961		（p=0.000）	0.924		
ENP03	0.958			0.918		
ENP04	0.957			0.916		
ENP06	0.952			0.906		
ENP05	0.947			0.897		
ENP07	0.939			0.882		
EP04	0.968	0.965	7781.276	0.937	0.990	0.909
EP06	0.963		（p=0.000）	0.927		
EP08	0.960			0.922		
EP05	0.959			0.920		
EP03	0.958			0.918		
EP09	0.956			0.914		
EP02	0.952			0.906		
EP07	0.947			0.897		
EP10	0.938			0.880		
EP01	0.931			0.867		

由验证性因子分析结果可知，SRC01 及 IQI10 的因子载荷量小于 0.4，表明该题项不满足对变量的解释能力，故应删除。其余变量所设计题项因子载荷量均大于 0.4，AVE 值大于 0.6，符合收敛效度要求，表明具有较好的收敛效度。之后的信效度分析均以删除 SRC01 及 IQI10 题项后的量表进行。

（2）供应商认知资本信度分析如表 4-11 所示。

表 4-11　供应商认知资本信度分析

题项	SCC01	SCC02	SCC03	SCC04	校正后项目与 总分相关性	克隆巴赫系数
SCC01	1.000	0.795	0.702	0.676	0.785	0.923
SCC02	0.795	1.000	0.763	0.742	0.846	
SCC03	0.702	0.763	1.000	0.842	0.842	
SCC04	0.676	0.742	0.842	1.000	0.821	

　　由信度分析可知，SCC01、SCC02、SCC03、SCC04、SCC05 之间的相关系数均大于 0.3，修正相关系数大于 0.5，克隆巴赫系数大于 0.7，说明数据具有良好的信度。

　　（3）供应商结构资本信度分析如表 4-12 所示。

表 4-12　供应商结构资本信度分析

题项	SSC01	SSC02	SSC03	SSC04	SSC05	校正后项目与总分相关性	克隆巴赫系数
SSC01	1.000	0.843	0.801	0.803	0.812	0.876	0.957
SSC02	0.843	1.000	0.823	0.822	0.783	0.880	
SSC03	0.801	0.823	1.000	0.842	0.804	0.880	
SSC04	0.803	0.822	0.842	1.000	0.841	0.893	
SSC05	0.812	0.783	0.804	0.841	1.000	0.870	

　　由信度分析可知，SSC01、SSC02、SSC03、SSC04、SSC05 之间的相关系数均大于 0.3，修正相关系数大于 0.5，克隆巴赫系数大于 0.7，说明数据具有良好的信度。

　　（4）供应商关系资本信度分析如表 4-13 所示。

表 4-13　供应商关系资本信度分析

题项	SRC02	SRC03	SRC04	SRC05	校正后项目与总分相关性	克隆巴赫系数
SRC02	1.000	0.891	0.885	0.833	0.901	0.967
SRC03	0.891	1.000	0.929	0.856	0.932	
SRC04	0.885	0.929	1.000	0.899	0.950	
SRC05	0.833	0.856	0.899	1.000	0.892	

　　通过信度分析可知，变量 SRC01 与其他变量间的相关系数大于 0.3，克隆巴赫系数为 0.967，大于 0.7，但修正相关系数小于 0.5（修正相关系数=0.498），因此该变量的信度不满足统计分析要求，故删除该题项重新进行信度分析，结果如表 4-13 所示。所有变量题项之间的相关系数均大于 0.3，修正相关系数大于 0.5，克隆巴赫系数大于 0.7，符合统计分析要求，说明 SRC02、SRC03、SRC04 及 SRC05 数据通过信度检验，数据具有信度。

（5）内部认知资本信度分析如表 4-14 所示。

表 4-14　内部认知资本信度分析

题项	ICC01	ICC02	ICC03	ICC04	ICC05	校正后项目与总分相关性	克隆巴赫系数
ICC01	1.000	0.866	0.832	0.791	0.852	0.885	0.965
ICC02	0.866	1.000	0.900	0.844	0.809	0.911	
ICC03	0.832	0.900	1.000	0.877	0.837	0.920	
ICC04	0.791	0.844	0.877	1.000	0.853	0.893	
ICC05	0.852	0.809	0.837	0.853	1.000	0.889	

由信度分析可知，ICC01、ICC02、ICC03、ICC04、ICC05 之间的相关系数均大于 0.3，修正相关系数大于 0.5，克隆巴赫系数大于 0.7，说明数据具有良好的信度。

（6）内部结构资本信度分析如表 4-15 所示。

表 4-15　内部结构资本信度分析

题项	ISC01	ISC02	ISC03	ISC04	ISC05	校正后项目与总分相关性	克隆巴赫系数
ISC01	1.000	0.919	0.843	0.830	0.804	0.901	0.966
ISC02	0.919	1.000	0.841	0.833	0.799	0.899	
ISC03	0.843	0.841	1.000	0.886	0.868	0.915	
ISC04	0.830	0.833	0.886	1.000	0.871	0.910	
ISC05	0.804	0.799	0.868	0.871	1.000	0.884	

由信度分析可知，ISC01、ISC02、ISC03、ISC04、ISC05 之间的相关系数均大于 0.3，修正相关系数大于 0.5，克隆巴赫系数大于 0.7，说明数据具有良好的信度。

（7）内部关系资本信度分析如表 4-16 所示。

表 4-16　内部关系资本信度分析

题项	IRC01	IRC02	IRC03	IRC04	IRC05	校正后项目与总分相关性	克隆巴赫系数
IRC01	1.000	0.883	0.795	0.826	0.817	0.887	0.961
IRC02	0.883	1.000	0.842	0.857	0.827	0.916	

题项	IRC01	IRC02	IRC03	IRC04	IRC05	校正后项目与总分相关性	克隆巴赫系数
IRC03	0.795	0.842	1.000	0.802	0.807	0.863	
IRC04	0.826	0.857	0.802	1.000	0.874	0.900	
IRC05	0.817	0.827	0.807	0.874	1.000	0.888	

由信度分析可知，IRC01、IRC02、IRC03、IRC04、IRC05 之间的相关系数均大于 0.3，修正相关系数大于 0.5，克隆巴赫系数大于 0.7，说明数据具有良好的信度。

（8）客户认知资本信度分析如表 4-17 所示。

表 4-17　客户认知资本信度分析

题项	CCC01	CCC02	CCC03	CCC04	校正后项目与总分相关性	克隆巴赫系数
CCC01	1.000	0.861	0.788	0.759	0.856	0.945
CCC02	0.861	1.000	0.793	0.779	0.867	
CCC03	0.788	0.793	1.000	0.908	0.888	
CCC04	0.759	0.779	0.908	1.000	0.868	

由信度分析可知，CCC01、CCC02、CCC03、CCC04、CCC05 之间的相关系数均大于 0.3，修正相关系数大于 0.5，克隆巴赫系数大于 0.7，说明数据具有良好的信度。

（9）客户结构资本信度分析如表 4-18 所示。

表 4-18　客户结构资本信度分析

题项	CSC01	CSC02	CSC03	CSC04	CSC05	校正后项目与总分相关性	克隆巴赫系数
CSC01	1.000	0.911	0.890	0.880	0.835	0.923	0.972
CSC02	0.911	1.000	0.886	0.885	0.835	0.925	
CSC03	0.890	0.886	1.000	0.867	0.870	0.923	
CSC04	0.880	0.885	0.867	1.000	0.892	0.927	
CSC05	0.835	0.835	0.870	0.892	1.000	0.897	

由信度分析可知，CSC01、CSC02、CSC03、CSC04、CSC05 之间的相关系

数均大于 0.3，修正相关系数大于 0.5，克隆巴赫系数大于 0.7，说明数据具有良好的信度。

（10）客户关系资本信度分析如表 4-19 所示。

表 4-19　客户关系资本信度分析

题项	CRC01	CRC02	CRC03	CRC04	CRC05	校正后项目与总分相关性	克隆巴赫系数
CRC01	1.000	0.830	0.894	0.874	0.825	0.903	0.969
CRC02	0.830	1.000	0.876	0.870	0.829	0.897	
CRC03	0.894	0.876	1.000	0.918	0.858	0.943	
CRC04	0.874	0.870	0.918	1.000	0.839	0.928	
CRC05	0.825	0.829	0.858	0.839	1.000	0.879	

由信度分析可知，CRC01、CRC02、CRC03、CRC04、CRC05 之间的相关系数均大于 0.3，修正相关系数大于 0.5，克隆巴赫系数大于 0.7，说明数据具有良好的信度。

（11）内部绿色供应链管理实践信度分析如表 4-20 所示。

表 4-20　内部绿色供应链管理实践信度分析

题项	IG01	IG02	IG03	IG04	IG06	IG07	IG08	IG09	IG10	校正后项目与总分相关性	克隆巴赫系数
IG01	1	0.93	0.89	0.851	0.763	0.78	0.772	0.712	0.654	0.875	0.970
IG02	0.93	1	0.931	0.878	0.792	0.824	0.777	0.724	0.677	0.902	
IG03	0.89	0.931	1	0.888	0.81	0.841	0.812	0.734	0.708	0.916	
IG04	0.851	0.878	0.888	1	0.779	0.845	0.779	0.703	0.703	0.887	
IG06	0.763	0.792	0.81	0.779	1	0.851	0.828	0.746	0.768	0.877	
IG07	0.78	0.824	0.841	0.845	0.851	1	0.877	0.756	0.773	0.909	
IG08	0.772	0.777	0.812	0.779	0.828	0.877	1	0.782	0.769	0.887	
IG09	0.712	0.724	0.734	0.703	0.746	0.756	0.782	1	0.799	0.821	
IG10	0.654	0.677	0.708	0.703	0.768	0.773	0.769	0.799	1	0.804	

由信度分析可知，IG 各题项之间的相关系数均大于 0.3，修正相关系数大于 0.5，克隆巴赫系数大于 0.7，说明数据具有良好的信度。

（12）外部绿色供应链管理实践信度分析如表 4-21 所示。

表 4-21 外部绿色供应链管理实践信度分析

题项	EG01	EG02	EG03	EG04	EG05	EG06	EG08	校正后项目与总分相关性	克隆巴赫系数
EG01	1.000	0.900	0.863	0.848	0.861	0.858	0.864	0.915	0.979
EG02	0.900	1.000	0.846	0.862	0.837	0.849	0.865	0.907	
EG03	0.863	0.846	1.000	0.848	0.864	0.884	0.874	0.912	
EG04	0.848	0.862	0.848	1.000	0.883	0.883	0.873	0.916	
EG05	0.861	0.837	0.864	0.883	1.000	0.908	0.898	0.927	
EG06	0.858	0.849	0.884	0.883	0.908	1.000	0.926	0.939	
EG08	0.864	0.865	0.874	0.873	0.898	0.926	1.000	0.938	

由信度分析可知，EG 各题项之间的相关系数均大于 0.3，修正相关系数大于 0.5，克隆巴赫系数大于 0.7，说明数据具有良好的信度。

（13）环境绩效信度分析如表 4-22 所示。

表 4-22 环境绩效信度分析

题项	ENP01	ENP02	ENP03	ENP04	ENP05	ENP06	ENP07	校正后项目与总分相关性	克隆巴赫系数
ENP01	1.000	0.950	0.932	0.916	0.876	0.876	0.868	0.946	0.984
ENP02	0.950	1.000	0.925	0.922	0.891	0.899	0.872	0.954	
ENP03	0.932	0.925	1.000	0.929	0.869	0.877	0.867	0.942	
ENP04	0.916	0.922	0.929	1.000	0.877	0.891	0.854	0.940	
ENP05	0.876	0.891	0.869	0.877	1.000	0.907	0.907	0.928	
ENP06	0.876	0.899	0.877	0.891	0.907	1.000	0.909	0.934	
ENP07	0.868	0.872	0.867	0.854	0.907	0.909	1.000	0.918	

由信度分析可知，ENP 各题项之间的相关系数均大于 0.3，修正相关系数大于 0.5，克隆巴赫系数大于 0.7，说明数据具有良好的信度。

（14）经济绩效信度分析如表 4-23 所示。

表 4-23　经济绩效信度分析

题项	EP01	EP02	EP03	EP04	EP05	EP06	EP07	EP08	EP09	EP10	校正后项目与总分相关性	克隆巴赫系数
EP01	1.000	0.894	0.897	0.890	0.897	0.860	0.852	0.870	0.870	0.853	0.916	0.989
EP02	0.894	1.000	0.921	0.934	0.908	0.908	0.879	0.881	0.885	0.867	0.941	
EP03	0.897	0.921	1.000	0.933	0.916	0.908	0.887	0.906	0.895	0.872	0.948	
EP04	0.890	0.934	0.933	1.000	0.931	0.943	0.897	0.912	0.903	0.882	0.960	
EP05	0.897	0.908	0.916	0.931	1.000	0.932	0.898	0.896	0.904	0.862	0.949	
EP06	0.860	0.908	0.908	0.943	0.932	1.000	0.908	0.912	0.909	0.898	0.954	
EP07	0.852	0.879	0.887	0.897	0.898	0.908	1.000	0.926	0.904	0.877	0.934	
EP08	0.870	0.881	0.906	0.912	0.896	0.912	0.926	1.000	0.927	0.918	0.950	
EP09	0.870	0.885	0.895	0.903	0.904	0.909	0.904	0.927	1.000	0.918	0.945	
EP10	0.853	0.867	0.872	0.882	0.862	0.898	0.877	0.918	0.918	1.000	0.924	

由信度分析可知，EP 各题项之间的相关系数均大于 0.3，修正相关系数大于 0.5，克隆巴赫系数大于 0.7，说明数据具有良好的信度。

（15）供应链质量整合信度分析。

供应链质量整合信度分析结果如表 4-24 所示。通过信度分析可知，变量 SRC1 与其他变量之间的相关系数大于 0.3，克隆巴赫系数大于 0.7（克隆巴赫系数=0.967），但修正相关系数小于 0.5（修正相关系数=0.498），因此该变量的信度不满足统计分析要求，故删除该题项重新进行信度分析，结果如表 4-24 所示。所有变量题项之间的相关系数均大于 0.3，修正相关系数大于 0.5，克隆巴赫系数大于 0.7，符合统计分析要求，说明 SRC02、SRC03、SRC04 及 SRC05 数据通过信度检验，数据具有信度。

（16）构面信度、收敛效度与区分效度分析。

构面信度、收敛效度及区分效度分析如表 4-9 所示，题项区分效度表如表 4-25 所示。本研究包括 14 个构面，平均值最大为 6.041，最小为 5.636；标准差最大为 1.269，最小为 1.026；各构面信度（α）从 0.989 到 0.923，均大于 Hell 所建议的 0.7，说明各构面具有良好的内部一致性；收敛效度 AVE 从 0.911 到 0.791，均大于 Fenell 和 Larcker 所建议的 0.5，说明各构面具有良好的收敛效度；

表 4-24　供应链质量整合信度分析

题项	SQI03	SQI04	SQI05	SQI06	SQI07	SQI08	SQI09	SQI10	CQI01	CQI02	CQI03	CQI04	CQI05	CQI06	CQI07	CQI08	CQI09	IQI01	IQI02	IQI03	IQI04	IQI05	IQI06	IQI07	IQI08	IQI09	校正后项目与总分相关性	克隆巴赫系数
SQI01	0.824	0.761	0.779	0.722	0.801	0.788	0.768	0.750	0.843	0.820	0.749	0.799	0.777	0.767	0.840	0.806	0.777	0.789	0.794	0.807	0.741	0.758	0.748	0.774	0.755		0.873	0.991
SQI02	0.885	0.854	0.811	0.792	0.844	0.812	0.824	0.785	0.787	0.814	0.749	0.829	0.786	0.772	0.831	0.785	0.811	0.774	0.775	0.789	0.745	0.795	0.792	0.789	0.752		0.892	
SQI03	1.000	0.828	0.777	0.769	0.823	0.841	0.811	0.806	0.839	0.777	0.774	0.830	0.775	0.776	0.855	0.798	0.805	0.808	0.805	0.743	0.775	0.776	0.787	0.753			0.894	
SQI04	0.828	1.000	0.859	0.869	0.862	0.817	0.824	0.790	0.783	0.790	0.740	0.872	0.790	0.799	0.803	0.769	0.754	0.763	0.801	0.738	0.774	0.782	0.783	0.751			0.889	
SQI05	0.777	0.859	1.000	0.884	0.878	0.806	0.816	0.806	0.780	0.766	0.686	0.854	0.821	0.780	0.804	0.793	0.754	0.767	0.730	0.753	0.755	0.750	0.749				0.880	
SQI06	0.769	0.869	0.884	1.000	0.845	0.831	0.844	0.815	0.743	0.769	0.684	0.836	0.754	0.760	0.796	0.795	0.744	0.720	0.757	0.740	0.751	0.700					0.867	
SQI07	0.823	0.862	0.878	0.845	1.000	0.867	0.875	0.850	0.807	0.786	0.702	0.862	0.814	0.795	0.812	0.785	0.812	0.767	0.793	0.812	0.810	0.803					0.912	
SQI08	0.841	0.817	0.806	0.831	0.867	1.000	0.856	0.874	0.811	0.800	0.707	0.841	0.750	0.749	0.831	0.821	0.794	0.785	0.782	0.781	0.783	0.749					0.894	
SQI09	0.848	0.824	0.816	0.844	0.875	0.856	1.000	0.890	0.797	0.814	0.761	0.840	0.739	0.746	0.814	0.812	0.826	0.804	0.792	0.804	0.772	0.764	0.774	0.758			0.901	
SQI10	0.811	0.790	0.806	0.815	0.850	0.874	0.890	1.000	0.793	0.803	0.728	0.833	0.727	0.729	0.795	0.805	0.780	0.780	0.776	0.776	0.804	0.751	0.782	0.761	0.744		0.878	
CQI01	0.806	0.783	0.780	0.743	0.807	0.811	0.800	0.793	1.000	0.882	0.792	0.835	0.821	0.803	0.798	0.816	0.753	0.753	0.751	0.770	0.789	0.751	0.758	0.768	0.776	0.765	0.886	
CQI02	0.839	0.790	0.766	0.769	0.786	0.800	0.814	0.803	0.882	1.000	0.852	0.872	0.828	0.804	0.834	0.877	0.804	0.795	0.815	0.824	0.760	0.795	0.780	0.806	0.756		0.907	
CQI03	0.777	0.740	0.783	0.684	0.702	0.707	0.761	0.728	0.792	0.852	1.000	0.805	0.746	0.757	0.803	0.785	0.785	0.745	0.742	0.752	0.709	0.719	0.719	0.745	0.731	0.702	0.828	
CQI04	0.830	0.872	0.854	0.836	0.862	0.841	0.840	0.833	0.835	0.872	0.805	1.000	0.878	0.861	0.865	0.868	0.822	0.790	0.830	0.827	0.790	0.810	0.820	0.806	0.796	0.737	0.937	
CQI05	0.774	0.790	0.821	0.754	0.814	0.750	0.739	0.727	0.821	0.828	0.746	0.878	1.000	0.918	0.858	0.862	0.737	0.733	0.750	0.733	0.709	0.719	0.745	0.766	0.733		0.876	
CQI06	0.774	0.799	0.780	0.760	0.795	0.749	0.746	0.729	0.803	0.798	0.757	0.861	0.918	1.000	0.878	0.852	0.725	0.724	0.739	0.733	0.700	0.716	0.753	0.716			0.868	
CQI07	0.787	0.783	0.803	0.787	0.845	0.796	0.845	0.769	0.798	0.830	0.745	0.894	0.880	0.874	0.863	1.000	0.872	0.794	0.795	0.774	0.813	0.732	0.782	0.787	0.818	0.769	0.899	
CQI08	0.855	0.803	0.804	0.796	0.812	0.831	0.814	0.795	0.840	0.871	0.803	0.865	0.858	0.878	0.911	1.000	0.911	0.791	0.805	0.813	0.733	0.775	0.778	0.789	0.734		0.914	
CQI09	0.805	0.769	0.793	0.795	0.785	0.821	0.812	0.780	0.834	0.877	0.785	0.868	0.862	0.852	1.000	0.911	1.000	0.830	0.802	0.790	0.735	0.771	0.772	0.797	0.735		0.905	
CQI10	0.796	0.799	0.825	0.806	0.809	0.796	0.824	0.805	0.816	0.849	0.795	0.883	0.859	0.866	0.905	0.891	0.825	0.815	0.795	0.735	0.781	0.790	0.787	0.776			0.912	
IQI01	0.798	0.763	0.767	0.744	0.812	0.794	0.826	0.780	0.753	0.804	0.745	0.822	0.737	0.725	0.791	0.830	0.830	10.000	0.911	0.904	0.865	0.822	0.861	0.859	0.842	0.844	0.899	

续表

题项	SQI03	SQI04	SQI05	SQI06	SQI07	SQI08	SQI09	SQI10	CQI01	CQI02	CQI03	CQI04	CQI05	CQI06	CQI07	CQI08	CQI09	IQI01	IQI02	IQI03	IQI04	IQI05	IQI06	IQI07	IQI08	IQI09	校正后项目与总分相关性	克隆巴赫系数
IQI02	0.779	0.795	0.784	0.769	0.824	0.802	0.817	0.789	0.791	0.795	0.725	0.841	0.746	0.724	0.777	0.804		0.911	1.000	0.889	0.893	0.814	0.865	0.867	0.858	0.844	0.902	
IQI03	0.805	0.754	0.746	0.732	0.803	0.793	0.804	0.776	0.770	0.815	0.742	0.830	0.750	0.739	0.805	0.802		0.904	0.889	1.000	0.912	0.847	0.873	0.879	0.864	0.860	0.902	
IQI04	0.808	0.801	0.754	0.767	0.800	0.822	0.794	0.804	0.789	0.824	0.752	0.827	0.733	0.733	0.813	0.790		0.865	0.893	0.912	1.000	0.860	0.881	0.871	0.873	0.844	0.906	
IQI05	0.743	0.738	0.730	0.720	0.767	0.764	0.772	0.751	0.751	0.760	0.681	0.790	0.709	0.700	0.733	0.735		0.822	0.814	0.847	0.860	1.000	0.883	0.871	0.821	0.820	0.855	
IQI06	0.775	0.774	0.753	0.757	0.793	0.782	0.804	0.782	0.758	0.795	0.719	0.810	0.719	0.716	0.775	0.771		0.861	0.865	0.873	0.881	0.883	1.000	0.897	0.865	0.832	0.889	
IQI07	0.776	0.782	0.755	0.740	0.812	0.781	0.792	0.764	0.768	0.780	0.719	0.820	0.745	0.745	0.778	0.772		0.859	0.867	0.879	0.871	0.871	0.897	1.000	0.848	0.852	0.890	
IQI08	0.787	0.783	0.750	0.751	0.810	0.783	0.774	0.761	0.776	0.806	0.731	0.806	0.766	0.753	0.789	0.797		0.842	0.858	0.864	0.873	0.821	0.865	0.848	1.000	0.856	0.891	
IQI09	0.753	0.751	0.749	0.700	0.803	0.749	0.758	0.744	0.765	0.756	0.702	0.796	0.733	0.716	0.734	0.735		0.844	0.844	0.860	0.844	0.820	0.832	0.852	0.856	1.000	0.864	

表4-25 题项区分效度

题项	CCC	CRC	CSC	EG	ENP	EP	ICC	IG	IRC	ISC	SCC	SCQI	SRC	SSC
SSC01	0.709	0.694	0.689	0.68	0.608	0.669	0.693	0.618	0.706	0.709	0.772	0.713	0.768	0.922
SSC02	0.731	0.706	0.706	0.637	0.632	0.638	0.72	0.623	0.707	0.741	0.773	0.722	0.815	0.925
SSC03	0.694	0.684	0.689	0.662	0.589	0.645	0.661	0.621	0.706	0.689	0.763	0.703	0.754	0.924
SSC04	0.736	0.728	0.718	0.679	0.636	0.705	0.736	0.632	0.727	0.762	0.757	0.745	0.792	0.933
SSC05	0.71	0.714	0.699	0.662	0.607	0.67	0.68	0.609	0.711	0.724	0.731	0.723	0.772	0.917
SRC02	0.769	0.763	0.788	0.678	0.677	0.685	0.792	0.664	0.78	0.808	0.761	0.791	0.947	0.847
SRC03	0.741	0.783	0.809	0.706	0.701	0.701	0.826	0.694	0.798	0.825	0.73	0.81	0.963	0.8
SRC04	0.743	0.778	0.814	0.716	0.707	0.703	0.813	0.685	0.787	0.813	0.745	0.81	0.972	0.811
SRC05	0.748	0.761	0.783	0.662	0.662	0.647	0.776	0.643	0.743	0.798	0.694	0.791	0.937	0.763

续表

题项	CCC	CRC	CSC	EG	ENP	EP	ICC	IG	IRC	ISC	SCC	SCQI	SRC	SSC
SCC01	0.643	0.614	0.631	0.598	0.523	0.594	0.638	0.549	0.637	0.646	0.877	0.634	0.734	0.655
SCC02	0.633	0.612	0.623	0.552	0.513	0.539	0.668	0.534	0.641	0.653	0.913	0.63	0.731	0.704
SCC03	0.657	0.621	0.667	0.593	0.557	0.61	0.681	0.591	0.644	0.655	0.917	0.682	0.747	0.699
SCC04	0.689	0.621	0.644	0.554	0.57	0.579	0.655	0.571	0.629	0.648	0.904	0.649	0.754	0.715
ISC01	0.781	0.788	0.814	0.709	0.734	0.747	0.832	0.733	0.807	0.935	0.658	0.813	0.723	0.778
ISC02	0.769	0.803	0.816	0.684	0.716	0.733	0.833	0.728	0.808	0.934	0.675	0.812	0.719	0.782
ISC03	0.766	0.808	0.81	0.699	0.722	0.712	0.839	0.731	0.784	0.948	0.691	0.817	0.758	0.822
ISC04	0.774	0.806	0.797	0.655	0.717	0.676	0.822	0.718	0.84	0.943	0.672	0.808	0.729	0.805
ISC05	0.744	0.812	0.789	0.689	0.694	0.701	0.793	0.702	0.874	0.928	0.68	0.797	0.748	0.794
IRC01	0.75	0.802	0.815	0.736	0.727	0.754	0.812	0.751	0.931	0.888	0.675	0.82	0.755	0.775
IRC02	0.762	0.778	0.795	0.693	0.685	0.733	0.792	0.73	0.948	0.852	0.673	0.803	0.737	0.776
IRC03	0.749	0.719	0.758	0.657	0.652	0.688	0.749	0.698	0.91	0.782	0.666	0.768	0.681	0.729
IRC04	0.779	0.809	0.803	0.717	0.705	0.732	0.765	0.725	0.936	0.829	0.637	0.793	0.693	0.762
IRC05	0.78	0.82	0.796	0.722	0.684	0.732	0.749	0.717	0.928	0.808	0.636	0.778	0.713	0.746
ICC01	0.756	0.757	0.796	0.707	0.704	0.714	0.93	0.74	0.816	0.847	0.728	0.817	0.754	0.812
ICC02	0.723	0.725	0.76	0.645	0.67	0.68	0.943	0.696	0.766	0.806	0.68	0.784	0.698	0.768
ICC03	0.743	0.744	0.761	0.638	0.691	0.667	0.947	0.697	0.731	0.804	0.673	0.77	0.692	0.779
ICC04	0.712	0.711	0.744	0.651	0.69	0.669	0.93	0.688	0.744	0.805	0.646	0.757	0.654	0.766
ICC05	0.794	0.786	0.81	0.74	0.725	0.755	0.932	0.741	0.825	0.846	0.693	0.83	0.734	0.802
CSC01	0.801	0.787	0.953	0.705	0.715	0.723	0.768	0.704	0.793	0.819	0.64	0.804	0.694	0.756
CSC02	0.829	0.834	0.953	0.707	0.717	0.713	0.77	0.703	0.79	0.828	0.641	0.81	0.707	0.778
CSC03	0.831	0.767	0.952	0.755	0.746	0.766	0.769	0.747	0.849	0.832	0.644	0.819	0.726	0.769

续表

题项	CCC	CRC	CSC	EG	ENP	EP	ICC	IG	IRC	ISC	SCC	SCQI	SRC	SSC
CSC04	0.805	0.848	0.953	0.731	0.713	0.718	0.752	0.712	0.798	0.813	0.673	0.803	0.741	0.783
CSC05	0.811	0.828	0.933	0.743	0.698	0.754	0.718	0.693	0.776	0.773	0.645	0.789	0.753	0.745
CRC01	0.845	0.941	0.801	0.784	0.777	0.782	0.776	0.766	0.796	0.818	0.664	0.85	0.714	0.789
CRC02	0.769	0.933	0.811	0.737	0.737	0.771	0.754	0.748	0.776	0.773	0.644	0.849	0.693	0.759
CRC03	0.838	0.965	0.822	0.771	0.778	0.805	0.803	0.788	0.833	0.831	0.696	0.823	0.741	0.807
CRC04	0.843	0.955	0.823	0.761	0.77	0.798	0.811	0.775	0.828	0.836	0.687	0.834	0.728	0.809
CRC05	0.759	0.921	0.834	0.72	0.714	0.739	0.759	0.724	0.787	0.787	0.658	0.831	0.695	0.776
CCC01	0.915	0.772	0.775	0.687	0.648	0.735	0.696	0.665	0.752	0.721	0.678	0.76	0.711	0.684
CCC02	0.924	0.811	0.79	0.702	0.64	0.725	0.727	0.664	0.744	0.742	0.685	0.78	0.778	0.732
CCC03	0.942	0.822	0.812	0.692	0.694	0.704	0.763	0.705	0.782	0.776	0.657	0.791	0.686	0.752
CCC04	0.931	0.829	0.817	0.69	0.712	0.72	0.772	0.7	0.767	0.792	0.676	0.789	0.703	0.747
SQI01	0.787	0.824	0.845	0.746	0.738	0.741	0.784	0.763	0.773	0.809	0.7	0.881	0.722	0.796
SQI02	0.768	0.75	0.815	0.746	0.757	0.776	0.777	0.777	0.782	0.785	0.66	0.899	0.715	0.774
SQI03	0.749	0.763	0.826	0.725	0.793	0.78	0.761	0.797	0.756	0.764	0.639	0.901	0.669	0.74
SQI04	0.78	0.74	0.786	0.749	0.731	0.775	0.718	0.773	0.757	0.731	0.627	0.895	0.716	0.739
SQI05	0.739	0.714	0.784	0.741	0.687	0.769	0.701	0.741	0.752	0.716	0.659	0.886	0.742	0.745
SQI06	0.711	0.685	0.762	0.702	0.693	0.735	0.697	0.728	0.701	0.683	0.627	0.874	0.697	0.727
SQI07	0.778	0.765	0.828	0.818	0.756	0.808	0.754	0.798	0.79	0.754	0.679	0.916	0.742	0.767
SQI08	0.735	0.751	0.803	0.766	0.755	0.769	0.749	0.777	0.754	0.749	0.67	0.9	0.707	0.764
SQI09	0.735	0.746	0.835	0.762	0.787	0.789	0.778	0.805	0.774	0.758	0.663	0.907	0.704	0.763
SQI10	0.692	0.728	0.792	0.753	0.742	0.756	0.732	0.774	0.752	0.734	0.634	0.885	0.673	0.758

续表

题项	CCC	CRC	CSC	EG	ENP	EP	ICC	IG	IRC	ISC	SCC	SCQI	SRC	SSC
IQI01	0.744	0.754	0.832	0.75	0.783	0.781	0.802	0.819	0.82	0.821	0.636	0.907	0.684	0.743
IQI02	0.748	0.757	0.821	0.774	0.786	0.803	0.785	0.836	0.802	0.79	0.637	0.91	0.698	0.732
IQI03	0.754	0.791	0.838	0.759	0.788	0.793	0.807	0.822	0.817	0.828	0.641	0.907	0.682	0.754
IQI04	0.755	0.803	0.841	0.756	0.778	0.771	0.801	0.817	0.808	0.818	0.654	0.914	0.695	0.762
IQI05	0.72	0.781	0.807	0.804	0.766	0.785	0.744	0.808	0.811	0.776	0.629	0.867	0.677	0.732
IQI06	0.761	0.772	0.828	0.794	0.797	0.821	0.795	0.831	0.806	0.791	0.631	0.898	0.669	0.73
IQI07	0.738	0.74	0.817	0.794	0.796	0.814	0.783	0.832	0.791	0.783	0.636	0.899	0.67	0.735
IQI08	0.781	0.772	0.823	0.778	0.771	0.791	0.786	0.814	0.783	0.796	0.632	0.9	0.678	0.727
IQI09	0.731	0.754	0.803	0.786	0.752	0.787	0.786	0.815	0.812	0.794	0.625	0.874	0.68	0.738
CQI01	0.733	0.775	0.805	0.74	0.762	0.733	0.744	0.768	0.719	0.777	0.65	0.894	0.705	0.773
CQI02	0.772	0.788	0.84	0.708	0.789	0.745	0.792	0.785	0.747	0.815	0.649	0.912	0.694	0.787
CQI03	0.689	0.712	0.766	0.655	0.715	0.686	0.711	0.722	0.68	0.736	0.568	0.859	0.621	0.701
CQI04	0.778	0.766	0.834	0.777	0.765	0.811	0.772	0.817	0.78	0.788	0.673	0.94	0.75	0.77
CQI05	0.795	0.758	0.798	0.743	0.733	0.764	0.72	0.753	0.715	0.759	0.644	0.883	0.736	0.738
CQI06	0.787	0.745	0.79	0.738	0.745	0.763	0.698	0.76	0.69	0.741	0.623	0.875	0.719	0.738
CQI07	0.792	0.774	0.826	0.779	0.772	0.824	0.753	0.786	0.734	0.768	0.643	0.905	0.719	0.736
CQI08	0.78	0.802	0.846	0.726	0.779	0.755	0.769	0.768	0.739	0.788	0.666	0.919	0.715	0.793
CQI09	0.768	0.769	0.83	0.733	0.785	0.753	0.763	0.793	0.729	0.793	0.647	0.911	0.709	0.774
CQI10	0.775	0.788	0.847	0.77	0.773	0.775	0.761	0.798	0.765	0.791	0.663	0.817	0.727	0.778
IG01	0.714	0.717	0.784	0.829	0.807	0.836	0.737	0.909	0.748	0.749	0.595	0.836	0.65	0.678
IG02	0.698	0.704	0.764	0.838	0.815	0.829	0.741	0.931	0.731	0.751	0.605	0.844	0.66	0.679
IG03	0.691	0.706	0.78	0.845	0.835	0.818	0.744	0.94	0.737	0.743	0.615	0.841	0.647	0.696

续表

题项	CCC	CRC	CSC	EG	ENP	EP	ICC	IG	IRC	ISC	SCC	SCQI	SRC	SSC
IG04	0.672	0.666	0.729	0.808	0.826	0.789	0.714	0.917	0.704	0.713	0.564	0.807	0.617	0.664
IG06	0.649	0.657	0.692	0.791	0.773	0.794	0.67	0.902	0.691	0.661	0.544	0.764	0.597	0.611
IG07	0.668	0.687	0.748	0.773	0.845	0.792	0.702	0.929	0.712	0.705	0.536	0.809	0.571	0.643
IG08	0.657	0.709	0.727	0.784	0.813	0.795	0.685	0.909	0.701	0.691	0.545	0.78	0.591	0.622
IG09	0.611	0.627	0.68	0.75	0.723	0.733	0.61	0.851	0.666	0.638	0.52	0.734	0.544	0.574
IG10	0.625	0.62	0.641	0.714	0.7	0.678	0.574	0.854	0.629	0.591	0.522	0.704	0.575	0.537
EG01	0.685	0.732	0.769	0.939	0.798	0.806	0.703	0.839	0.721	0.712	0.606	0.79	0.684	0.706
EG02	0.704	0.736	0.779	0.934	0.834	0.833	0.713	0.836	0.751	0.729	0.595	0.827	0.676	0.711
EG03	0.713	0.735	0.758	0.936	0.784	0.84	0.682	0.81	0.721	0.697	0.585	0.786	0.671	0.676
EG04	0.684	0.698	0.735	0.939	0.794	0.806	0.667	0.842	0.69	0.658	0.583	0.784	0.633	0.635
EG05	0.686	0.697	0.733	0.946	0.765	0.787	0.656	0.811	0.699	0.665	0.604	0.773	0.678	0.675
EG06	0.703	0.723	0.745	0.955	0.775	0.795	0.661	0.802	0.698	0.672	0.592	0.783	0.688	0.658
EG08	0.751	0.743	0.766	0.954	0.806	0.814	0.698	0.829	0.72	0.702	0.634	0.809	0.714	0.711
ENP01	0.698	0.747	0.758	0.802	0.96	0.82	0.708	0.831	0.696	0.725	0.572	0.791	0.63	0.677
ENP02	0.703	0.75	0.78	0.814	0.967	0.841	0.718	0.84	0.715	0.746	0.581	0.803	0.647	0.693
ENP03	0.698	0.725	0.738	0.796	0.957	0.827	0.686	0.826	0.688	0.714	0.548	0.786	0.61	0.67
ENP04	0.705	0.737	0.757	0.793	0.956	0.834	0.701	0.823	0.704	0.72	0.566	0.794	0.623	0.684
ENP05	0.669	0.702	0.768	0.814	0.948	0.843	0.729	0.85	0.721	0.739	0.581	0.799	0.641	0.699
ENP06	0.722	0.713	0.796	0.789	0.953	0.836	0.722	0.836	0.731	0.735	0.59	0.824	0.652	0.693
ENP07	0.659	0.683	0.758	0.818	0.94	0.846	0.708	0.848	0.704	0.723	0.565	0.843	0.64	0.689
EP01	0.748	0.713	0.782	0.816	0.849	0.932	0.71	0.815	0.74	0.718	0.629	0.816	0.701	0.678
EP02	0.763	0.751	0.792	0.827	0.842	0.952	0.731	0.821	0.749	0.735	0.617	0.826	0.697	0.687

续表

题项	CCC	CRC	CSC	EG	ENP	EP	ICC	IG	IRC	ISC	SCC	SCQI	SRC	SSC
EP03	0.748	0.746	0.789	0.825	0.848	0.958	0.73	0.839	0.75	0.74	0.622	0.831	0.695	0.688
EP04	0.748	0.744	0.793	0.832	0.848	0.968	0.719	0.848	0.752	0.733	0.624	0.829	0.694	0.681
EP05	0.736	0.721	0.77	0.824	0.817	0.959	0.696	0.811	0.751	0.718	0.619	0.802	0.695	0.665
EP06	0.746	0.758	0.802	0.828	0.836	0.963	0.72	0.837	0.765	0.729	0.621	0.826	0.7	0.702
EP07	0.733	0.74	0.784	0.795	0.822	0.947	0.696	0.807	0.726	0.711	0.594	0.807	0.668	0.68
EP08	0.723	0.733	0.787	0.815	0.833	0.96	0.702	0.833	0.742	0.72	0.607	0.822	0.671	0.684
EP09	0.733	0.736	0.794	0.825	0.841	0.956	0.705	0.842	0.751	0.718	0.602	0.834	0.674	0.679
EP10	0.725	0.741	0.787	0.82	0.844	0.939	0.701	0.845	0.734	0.728	0.597	0.823	0.669	0.689

另外，Fenell 和 Larcker 建议区分效度对角线 AVE 平方根值应大于相关构面之相关系数，从表中数据可知，AVE 平方根值均大于各构面相关系数，说明具有良好的区分效度。本研究中所有变量设计题项交叉负荷量如表 4-25 所示，表中突出部分均大于其周边负荷量，说明变量设计题项具有较好的区分效度。

综上所述，各构面及变量设计题项均具有良好的信度、收敛效度及区分效度。

4.5　本章小结

本章明确了理论模型及研究假设的整个研究过程，包括问卷设计、数据收集、偏度分析及信效度检验。其中，问卷设计和数据收集主要包括问卷设计的原则和过程、变量测量题项、样本选择与数据收集、样本基本情况分析。偏差分析表明，数据通过了独立样本 t 检验及同源偏差检验。信效度检验表明，各变量具有较好的信度、内容效度及较好的收敛效度和区分效度。综上所述，问卷收集的数据具有可靠性及有效性，满足后续实证检验要求，可以进行进一步实证检验分析。

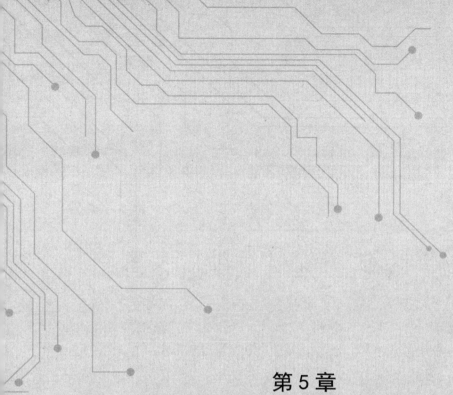

第 5 章

实证检验分析

从第 4 章的研究结果可知，问卷收集数据具有良好的信效度及区分效度，并且使用独立样本 *t* 检验及共同方法偏差分析符合进行实证分析的要求，可进行进一步数据处理和分析。基于第 3 章理论模型构建、提出研究假设及研究设计基础，本章着手进行实证分析检验。在使用 SPSS 22.0 进行基本描述性统计及构面相关系数分析的基础上，使用 Smart PLS 3.3 对路径系数、主效应、间接效应进行分析，验证假设显著性，并检验变量主效应及中介效应，同时，运用偏最小二乘法（PLS-SEM）验证模型拟合度。

偏最小二乘法是一种数学优化技术，它可以通过最小化误差的平方和找到一组数据的最佳函数匹配。用最简的方法求得一些绝对不可知的真值，而令误差平方和为最小。偏最小二乘法主要进行多元线性回归分析、典型相关分析及主成分分析，这种方法对数据正态分布要求略低，能够在样本数有限的情况下构建模型，最终结果将更充分地解释自变量。

PLS 路径建模方法由 Wold（1992 年）开发，PLS 算法本质上是权重向量的回归序列。收敛时得到的权重向量满足定点方程。

阶段 1：潜在变量分数的迭代估计由一个 4 步迭代过程组成，该过程重复执行直到收敛（或达到最大迭代次数）。

（1）潜在变量分数的外部近似。

（2）内部权重的估计。

（3）潜在变量分数的内部近似。

（4）外部权重的估计。

阶段 2：外部权重/加载和路径系数的估计。

阶段 3：位置参数的估计。Hair 和 Henseler 详细解释了在 Smart PLS 3.3 中实现的基本 PLS 算法是如何运行的。

本书采用 PLS 的理由主要有以下两点：

（1）在大多数的营销研究里，数据倾向于非常态分配，而 PLS 并不需要任何常态性的假设，并且它处理非常态分配处理得相当好。

（2）PLS 能解决多变量共线性问题，有效处理调节数据及缺失值，并且具良好的预测及解释能力。

本书探讨了两个中介变量，如果以 CBSEM 进行分析，则必须将两个测量题项的个别测量题项进行两两相乘，形成交叉项后放入模型之中，并与企业绩效的个别测量题项进行两两相乘，形成交叉项后放入模型之中，这样一来不但有可能产生共线性问题，并且模型可能会由于过于复杂而不易形成收敛，更何况 PLS 执行调节效应的程序相较于 CBSEM 更为便利，因此，最终选取 PLS 进行实证分析。根据 Chin 的建议，为求各变量估计的稳定性，检验程序采用 Bootstrap Re-sampling，迭代次数为 5000 次。

同时，本书采用 Chin 建议的 PLS 的分析与估计程序，将分析过程分为两个阶段：第一个阶段先针对衡量模式进行信度与效度分析，第二个阶段则针对结构模式进行路径系数检验和模型预测能力估计。采用这样的分析程序是为了检验衡量变量是否具有信度和效度，即先确认各衡量指标对研究变量解释的适当性，进而对各研究变量之间的关系进行检验，指出各研究变量之间的关系，以检验本书架构的各项假设。

鉴于本书模型可能存在多重中介等复杂模型假设，因此选用偏最小二乘法进行分析将更加直观得出自变量与因变量之间的多重关系。计算时，首先，选择偏最小二乘法进行一般性计算，设置路径加权计算，指定迭代次数为 5000 次，结束准则为 $7(10^{-7})$。其次，选择 Bootstrapping 算法检测结构模型统计显著性，设置子样本为 5000，采用并行处理方法，选择纠偏加速（BCa）Bootstrap（默认值），指定双尾检测并将显著性水平设置为 0.05。最后，选择 Blindfolding 算法计算 Q^2，预测模型相关性，检验模型误差。Blindfolding 算法是一种样本重抽样的技术方法。通过计算 Stone-Geisser 的 Q^2 值评价 PLS 路径模型交叉验证的相关性。通常，$Q^2>0$，模型误差小。

5.1 基本 PLS 分析

5.1.1 路径分析结果

第 4 章运用 SPSS 22.0 进行了变量描述性统计分析，结果显示各变量之间相关性能够初步验证本书研究假设。本章在进行模型适配度、直接效应和间接效应检验之前，再次对模型变量进行路径分析。结果显示，除内部绿色供应链管理实践与经济绩效之间不显著外，其他变量之间对应相关关系皆表现为显著或非常显著，并且相关性表现为显著的 $t > 1.96$，表明研究假设得到验证。结构模型路径分析如表 5-1 所示。

表 5-1 结构模型路径分析

研究假设		路径系数	标准差（STDEV）	t 统计量 （|O/STDEV|）	P 值	是否接受假设
H1a	SCC→SRC	0.421	0.050	8.341	0.000	接受
H1b	CCC→CRC	0.357	0.073	4.892	0.000	接受
H1c	ICC→IRC	0.175	0.078	2.238	0.025	接受
H2a	SSC→SRC	0.521	0.054	9.737	0.000	接受
H2b	CSC→CRC	0.598	0.074	8.035	0.000	接受
H2c	ISC→IRC	0.739	0.083	8.881	0.000	接受
H3	SRC→SCQI	0.204	0.053	3.826	0.000	接受
H4	IRC→SCQI	0.382	0.069	5.514	0.000	接受
H5	CRC→SCQI	0.370	0.076	4.897	0.000	接受
H6	SRC→EG	0.264	0.086	3.079	0.002	接受
H7	IRC→EG	0.241	0.084	2.862	0.004	接受
H8	CRC→EG	0.880	0.020	44.883	0.000	接受
H9	SCQI→ENP	0.303	0.110	2.760	0.006	接受
H10	SCQI→EP	0.177	0.060	2.955	0.003	接受
H11	SCQI→IG	0.160	0.073	2.198	0.028	接受

研究假设		路径系数	标准差（STDEV）	t 统计量（|O/STDEV|）	P 值	是否接受假设
H12	SCQI→EG	0.032	0.079	4.413	0.048	接受
H13a	IG→ENP	0.449	0.112	4.002	0.000	接受
H13b	EG→ENP	0.226	0.086	2.623	0.009	接受
H14a	IG→EP	0.133	0.095	1.407	0.159	不接受
H14b	EG→EP	0.240	0.116	2.079	0.038	接受
H15	IG→EG	0.612	0.107	5.727	0.000	接受
H16	ENP→EP	0.357	0.093	3.844	0.000	接受

另外，通过检定 R^2 可知，供应商认知资本、供应商结构资本对供应商关系资本的解释程度达到 0.786，客户认知资本、客户结构资本对客户关系资本的解释程度达到 0.853，内部认知资本、内部结构资本对内部关系资本的解释程度达到 0.807，供应商关系资本、内部关系资本、客户关系资本对供应链质量整合的解释程度达到 0.799，供应链质量整合、内部绿色供应链管理实践、外部绿色供应链管理实践对环境绩效的解释程度达到 0.809，供应链质量整合、内部绿色供应链管理实践、外部绿色供应链管理实践对经济绩效的解释程度达到 0.846，均超过 0.75，说明各变量具有较高的解释能力。置信区间如表 5-2 所示。

表 5-2　置信区间

研究假设		初始样本（O）	样本均值（M）	2.5%	97.5%	R^2	调整后 R^2
H1a	SCC→SRC	0.421	0.425	0.332	0.529	0.786	0.785
H2a	SSC→SRC	0.521	0.518	0.406	0.617		
H1b	CCC→CRC	0.357	0.360	0.225	0.507	0.853	0.852
H2c	CSC→CRC	0.598	0.595	0.442	0.729		
H1c	ICC→IRC	0.175	0.174	0.033	0.341	0.807	0.806
H2b	ISC→IRC	0.739	0.740	0.561	0.887		
H3	SRC→SCQI	0.204	0.202	0.095	0.310	0.799	0.797
H4	IRC→SCQI	0.382	0.380	0.238	0.509		
H5	CRC→SCQI	0.370	0.374	0.225	0.522		
H9	SCQI→ENP	0.264	0.266	0.108	0.442	0.809	0.808

续表

	研究假设	初始样本（O）	样本均值（M）	2.5%	97.5%	R^2	调整后 R^2
H13a	IG→ENP	0.449	0.449	0.230	0.666	0.809	0.808
H13b	EG→ENP	0.226	0.224	0.061	0.400		
H10	SCQI→EP	0.241	0.240	0.074	0.405	0.846	0.844
H14a	IG→EP	0.133	0.134	0.045	0.328		
H14b	EG→EP	0.240	0.238	0.019	0.461		
H16	ENP→EP	0.357	0.359	0.178	0.540		
H11	SCQI→IG	0.880	0.880	0.838	0.914	0.774	0.774
H6	SRC→IG	0.177	0.180	0.096	0.261		
H7	IRC→IG	0.160	0.164	0.031	0.312		
H8	CRC→IG	0.032	0.029	0.019	0.286		
H12	SCQI→EG	0.303	0.301	0.086	0.516	0.792	0.791
H6	SRC→EG	0.095	0.093	0.018	0.199		
H7	IRC→EG	0.013	0.009	0.133	0.155		
H8	CRC→EG	0.137	0.140	0.019	0.286		
H15	IG→EG	0.612	0.614	0.402	0.820		

5.1.2　模型适配分析

根据 Henseler 等的研究结论，本书选择普遍认可的模型适配度检验指标 SRMR 及 RMS_Theta 进行模型适配度分析，结果显示，SRMR=0.064（＜0.08），RMS_Theta=0.114（＜0.12），可知本书构建的 PLS-SEM 模型具有可接受的适配度。模型适配度如表 5-3 所示。

表5-3　模型适配度

相关指标	饱和的模型	估计模型
SRMR	0.031	0.064
d_G	10.473	12.316
卡方值	19323.532	20029.542
NFI	0.773	0.764
RMS-Theta	0.114	

5.1.3　f^2 检定

f^2 是检定外生变量对内生变量的影响力的结构模型效度评估指标（Cohen，1988 年）。其值为 0.02~0.15 时，表示影响力为弱；其值为 0.15~0.35 时，表示影响力为中；其值大于 0.35 时，表示影响力为强。本书的结构模型效度评估指标 f^2 如表 5-4 所示。

表 5-4　f^2

题项	CRC	EG	ENP	EP	IG	IRC	SCQI	SRC
SCC								0.340
SSC								0.521
ICC						0.034		
ISC						0.599		
CCC	0.133							
CSC	0.624							
SRC		0.011			0.036		0.065	
IRC		0.023			0.027		0.071	
CRC		0.013			0.001		0.509	
SCQI		0.003	0.075	0.114	0.486			
IG		0.407	0.169	0.016				
EG			0.056	0.119				
ENP				0.211				

由表 5-4 可知：

（1）社会资本各维度。

供应商结构资本和供应商认知资本对供应商关系资本的影响力均属于较强影响，但前者对供应商关系资本的影响力强于后者。

内部认知资本对内部关系资本的影响力为弱，而内部结构资本对内部关系资本的影响力为强。

客户认知资本对客户关系资本的影响力为弱，而客户结构资本对客户关系资本的影响力为强。

（2）供应链质量整合。

供应商关系资本、内部关系资本和客户关系资本三者对供应链质量整合的影响力中，内部关系资本最强，客户关系资本次之，供应商关系资本最弱。

供应链质量整合对内部绿色供应链管理实践的影响力最强，对外部绿色供应链管理实践、环境绩效和经济绩效的影响力均较弱。

（3）绿色供应链管理实践。

内部绿色供应链管理实践对外部绿色供应链管理实践的影响力最强，对环境绩效及经济绩效的影响力较弱。外部绿色供应链管理实践对经济绩效的影响力强于对环境绩效的影响力。

5.2　Bootstrapping 算法主效应检验

本书在进行主效应检验时，使用 Bootstrapping 算法。Bootstrapping 算法是指利用有限的样本资料经过多次重复抽样，重新建立足以代表母体样本分布的新样本，通过具有估计值特性的样本数据来描述特性，该算法不断地在真实数据中抽样，以替代先前生成的样本。Bootstrapping 算法的优点在于，使用数据的真实分布，无须对分布特性做严格的假定，就能进行推断分析。

运用 Bootstrapping 算法进行主效应检验时，统计效率最高的是使用偏差校正后的置信区间，即偏差校正的非参百分位数 Bootstrapping 算法。当 Bootstrapping 算法采用第 2.5 百分位数和第 97.5 百分位数估计 95%的中介效应置信区间时，即表示变量之间的中介效应在 5%水平下显著。Bootstrapping 算法命令设置中对于样本量的要求没有统一的标准，一般越多越好，可设定为 1000 或 5000，学者陈瑞等认为设为 5000 较为妥当。本书利用偏差校正的非参百分位数 Bootstrapping 算法时设置样本量为 5000，置信区间为 95%。按照温忠麟等提出的中介检验流程，利用 Smart PLS 3.3 对本书提出的假设进行实证检验。

5.2.1　直接效应检验

使用 Bootstrapping 算法分析可知，供应链质量整合→外部绿色供应链管理实践、供应链质量整合→环境绩效、供应链质量整合→经济绩效均有直接显著正向影响关系；内部绿色供应链管理实践→环境绩效均有直接显著正向影响关系；内部绿色供应链管理实践→经济绩效影响不显著；外部绿色供应链管理实践→经济绩效有直接显著正向影响关系。直接效应如表 5-5 所示。

表 5-5　直接效应表

相关路径	初始样本（O）	样本均值（M）	标准差（STDEV）	t 统计量（|O/STDEV|）	P 值	95%置信区间	
						BootLLCI	BootULCI
EG→EP	0.24	0.081	0.041	1.985	0.047	0.017	0.174
IG→ENP	0.449	0.139	0.061	2.268	0.023	0.032	0.268
IG→EP	0.133	0.358	0.077	4.628	0.159	0.217	0.515
SCQI→EG	0.302	0.541	0.096	5.611	0	0.351	0.725
SCQI→ENP	0.264	0.585	0.076	7.645	0	0.429	0.725
SCQI→EP	0.241	0.623	0.078	8.015	0	0.476	0.78

同时，可得各变量总效应表，如表 5-6 所示。

表 5-6　总效应表

相关路径	初始样本（O）	标准差（STDEV）	t 统计量（|O/STDEV|）	P 值	95%置信区间	
					BootLLCI	BootULCI
SCC→SRC	0.421	0.051	8.326	0	0.329	0.527
SSC→SRC	0.521	0.053	9.743	0	0.409	0.619
CCC→CRC	0.357	0.073	4.894	0	0.225	0.509
CSC→CRC	0.598	0.074	8.053	0	0.445	0.734
ICC→IRC	0.175	0.078	2.236	0.025	0.036	0.343
ISC→IRC	0.739	0.083	8.879	0	0.559	0.885
CRC→SCQI	0.37	0.075	4.949	0	0.232	0.524
IRC→SCQI	0.382	0.071	5.407	0	0.234	0.51
SRC→SCQI	0.204	0.053	3.836	0	0.098	0.305
SCQI→EG	0.841	0.028	30.575	0	0.782	0.89
SCQI→ENP	0.849	0.023	37.613	0	0.8	0.889

续表

相关路径	初始样本（O）	标准差（STDEV）	t 统计量（|O/STDEV|）	P 值	95%置信区间	
					BootLLCI	BootULCI
SCQI→EP	0.864	0.02	43.975	0	0.823	0.899
SCQI→IG	0.88	0.019	45.502	0	0.84	0.914
EG→ENP	0.226	0.086	2.636	0.008	0.061	0.398
EG→EP	0.321	0.114	2.811	0.005	0.086	0.533
ENP→EP	0.357	0.093	3.827	0	0.183	0.546
IG→EG	0.612	0.107	5.704	0	0.401	0.815
IG→ENP	0.587	0.099	5.922	0	0.389	0.776
IG→EP	0.49	0.089	5.535	0.159	0.322	0.664

5.2.2 间接效应检验

间接效应如表 5-7 所示。

表 5-7 间接效应表

相关路径	初始样本（O）	标准差（STDEV）	t 统计量（|O/STDEV|）	P 值	95%置信区间	
					BootLLCI	BootULCI
SCQI→IG→EG	0.539	0.096	5.611	0.000	0.351	0.725
SCQI→IG→ENP→EP	0.141	0.052	2.729	0.006	0.057	0.259
SCQI→ENP→EP	0.094	0.039	2.419	0.016	0.03	0.177
SCQI→IG→EP	0.117	0.084	1.391	0.164	−0.04	0.295
SCQI→IG→EG→ENP	0.122	0.053	2.287	0.022	0.028	0.234
SCQI→EG→ENP	0.068	0.034	1.984	0.047	0.012	0.145
SCQI→IG→ENP	0.395	0.102	3.873	0	0.206	0.596
SCQI→IG→EG→EP	0.13	0.069	2.352	0.002	0.004	0.275
SCQI→EG→EP	0.073	0.044	1.638	0.101	0.001	0.172
SCQI→IG→EG→ENP→EP	0.043	0.023	2.069	0.039	0.009	0.099
SCQI→EG→ENP→EP	0.024	0.016	1.518	0.129	0.003	0.065
IG→EG→ENP	0.138	0.061	2.268	0.023	0.032	0.268
IG→EG→EP	0.147	0.078	2.396	0.017	0.004	0.308

相关路径	初始样本（O）	标准差（STDEV）	t 统计量（|O/STDEV|）	P 值	95%置信区间	
					BootLLCI	BootULCI
IG→EG→ENP→EP	0.049	0.026	1.990	0.047	0.01	0.114
EG→ENP→EP	0.081	0.041	1.985	0.047	0.017	0.174
IG→ENP→EP	0.16	0.058	2.737	0.006	0.065	0.291

供应链质量整合→内部绿色供应链管理实践→外部绿色供应链管理实践存在显著正向间接效应。

供应链质量整合→内部绿色供应链管理实践→环境绩效→经济绩效存在显著正向间接效应。

供应链质量整合→环境绩效→经济绩效存在显著正向间接效应。

供应链质量整合→内部绿色供应链管理实践→经济绩效在95%置信区间上下限间存在 0，因此拒绝显著间接效应存在。

供应链质量整合→内部绿色供应链管理实践→外部绿色供应链管理实践→环境绩效存在显著正向间接效应。

供应链质量整合→外部绿色供应链管理实践→环境绩效存在显著正向间接效应。

供应链质量整合→内部绿色供应链管理实践→环境绩效存在显著正向间接效应。

供应链质量整合→内部绿色供应链管理实践→外部绿色供应链管理实践→经济绩效拒绝显著间接效应存在。

供应链质量整合→外部绿色供应链管理实践→经济绩效拒绝显著间接效应。

供应链质量整合→内部绿色供应链管理实践→外部绿色供应链管理实践→环境绩效→经济绩效拒绝显著间接效应。

供应链质量整合→外部绿色供应链管理实践→环境绩效→经济绩效拒绝显著间接效应。

内部绿色供应链管理实践→外部绿色供应链管理实践→环境绩效存在显著正向间接效应。

内部绿色供应链管理实践→外部绿色供应链管理实践→经济绩效拒绝显著

间接效应。

内部绿色供应链管理实践→外部绿色供应链管理实践→环境绩效→经济绩效拒绝显著间接效应。

外部绿色供应链管理实践→环境绩效→经济绩效存在显著正向间接效应。

内部绿色供应链管理实践→环境绩效→经济绩效存在显著正向间接效应。

5.2.3　中介效应检验

根据偏最小二乘法、Bootstrapping 估计，中介效应存在的条件是：间接效应显著的同时，直接效应亦显著，则为部分中介效应；若间接效应存在而直接效应不存在，则为完全中介效应。若检定直接效应与间接效应显著，则查看 95% 置信区间是否存在 0，如果存在 0 则不显著，如果不存在 0 则显著。

根据表 5-5 可知，供应链质量整合→外部绿色供应链管理实践直接效应显著存在。同时，由表 5-7 可知：

供应链质量整合→环境绩效直接效应显著存在，供应链质量整合→内部绿色供应链管理实践→环境绩效间接效应显著存在。因此说明中介假设成立，内部绿色供应链管理实践在供应链质量整合与环境绩效之间起部分中介传导作用，作用为中度。

供应链质量整合→环境绩效直接效应显著存在，供应链质量整合→外部绿色供应链管理实践→环境绩效间接效应显著存在。因此说明中介假设成立，外部绿色供应链管理实践在供应链质量整合与环境绩效之间起部分中介传导作用，作用为低度。

供应链质量整合→经济绩效直接效应显著存在，供应链质量整合→内部绿色供应链管理实践→环境绩效→经济绩效间接效应显著存在。因此说明供应链质量整合与经济绩效之间存在链式中介效应，内部绿色供应链管理实践、环境绩效在供应链质量整合与经济绩效之间起链式中介传导作用，作用为低度。

供应链质量整合→外部绿色供应链管理实践直接效应显著存在，供应链质量整合→内部绿色供应链管理实践→外部绿色供应链管理实践间接效应显著存在。因此说明中介假设成立，内部绿色供应链管理实践在供应链质量整合与外部绿色供应链管理实践之间起部分中介传导作用，作用为中度。

供应链质量整合→环境绩效直接效应显著存在，供应链质量整合→内部绿色供应链管理实践→外部绿色供应链管理实践→环境绩效间接效应显著存在。因此说明供应链质量整合与环境绩效之间存在链式中介效应，内部绿色供应链管理实践、外部绿色供应链管理实践在供应链质量整合与环境绩效之间起链式中介传导作用，作用为低度。

供应链质量整合→经济绩效直接效应显著存在，供应链质量整合→内部绿色供应链管理实践→外部绿色供应链管理实践→环境绩效→经济绩效间接效应显著存在。因此说明供应链质量整合与经济绩效之间存在链式中介效应，内外部绿色供应链管理实践和环境绩效在供应链质量整合与经济绩效之间起链式中介传导作用，作用为低度。

内部绿色供应链管理实践→环境绩效直接效应显著存在，内部绿色供应链管理实践→外部绿色供应链管理实践→环境绩效间接效应显著存在。因此说明中介假设成立，外部绿色供应链管理实践在内部绿色供应链管理实践与环境绩效之间起部分中介传导作用，作用为低度。

内部绿色供应链管理实践→经济绩效直接效应不显著存在，内部绿色供应链管理实践→环境绩效→经济绩效之间接效应显著存在。因此说明中介假设成立，环境绩效在内部绿色供应链管理实践与经济绩效之间起完全中介传导作用，作用为低度。中介效应如表 5-8 所示。

表 5-8　中介效应表

假设	中介效应	初始样本（O）	95%置信区间		是否支持中介假设
			BootLLCI	BootULCI	
H17	SCQI→IG→ENP	0.395	0.206	0.596	支持
H18	SCQI→EG→ENP	0.068	0.012	0.145	支持
H19a	SCQI→IG→ENP→EP	0.141	0.057	0.259	支持
H19b	SCQI→EG→ENP→EP	0.024	0.003	0.065	不支持
H20	SCQI→IG→EG→ENP	0.122	2.287	0.022	支持
H21	SCQI→IG→EG→ENP→EP	0.039	0.009	0.099	支持
H22	IG→EG→ENP	0.138	0.032	0.268	支持
H23	IG→EG→ENP→EP	0.049	0.01	0.114	支持

5.3 控制变量

通常来说，企业规模不同所拥有的资源也不相同，规模大的企业比规模小的企业拥有更多资源，并且前者获取外部资源的能力和渠道也较多，可以很好地与自身资源互补。同时，前者获得的关注度及曝光度较高，因此更加注重社会热点话题（如绿色环境问题），在这些方面的相关实践更成熟、水平更高，环境绩效和经济绩效会更容易显现。此外，行业性质不同，对绿色供应链管理实践及环境绩效的关注度也会不同，一般来说，国有企业或有外资注入的企业更重视环保，其相关实践也较早。

出于以上考虑，本书将企业规模和行业性质作为控制变量，检定其对各变量是否存在影响。企业规模通过企业固定资产进行测度。运用 Smart PLS 3.3 的 Blindfolding 算法进行计算，结果如表 5-9 所示。

表 5-9　控制变量检定表

相关路径	初始样本（O）	样本均值（M）	标准差（STDEV）	t 统计量（|O/STDEV|）	P 值
企业固定资产→EG	−0.026	−0.026	0.021	1.231	0.218
企业固定资产→IG	−0.005	−0.005	0.025	0.206	0.837
企业固定资产→SCQI	−0.017	−0.019	0.023	0.732	0.464
行业性质→EG	0.027	0.027	0.026	1.055	0.291
行业性质→IG	−0.024	−0.024	0.027	0.892	0.372
行业性质→SCQI	−0.011	−0.013	0.023	0.474	0.636

由表中结果可见，企业固定资产对供应链质量整合的影响不显著（$P>0.05$），企业固定资产对外部绿色供应链管理实践的影响不显著（$P>0.05$），企业固定资产对内部供应链管理的影响不显著（$P>0.05$）；行业性质对外部绿色供应链管理实践的影响不显著（$P>0.05$），行业性质对内部绿色供应链管理实践的影响不显著（$P>0.05$），行业性质对供应链质量整合的影响不显著（$P>0.05$）。因此说明，企业规模及行业性质不同对供应链质量整合、外部绿色供应链管理实践和内部绿色供应链管理实践的影响不大，企业对于供应链质量整合、内外部

绿色供应链管理实践及环境绩效的关注及实践均采取了积极的态度。

本书的理论模型拟合结果如图 5-1 所示。

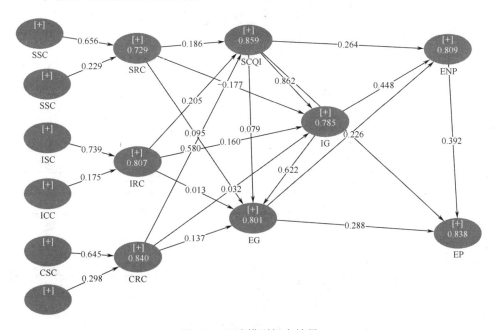

图 5-1　理论模型拟合结果

5.4　本章小结

本章在第 4 章的基础上，对结构模型进行拟合验证，采用偏最小二乘法，运用 Smart PLS 3.3 输入数据，对模型假设进行检验。结果表明，23 条假设中，除假设 H14a 内部绿色供应链管理实践与企业的经济绩效成正相关不被接受外，其余假设均证明显著。通过计算 SRMR=0.064（<0.08），RMS_Theta=0.114（<0.12），可知本书构建的 PLS-SEM 模型具有可接受的适配度。同时，f^2 值均大于 0，说明各内生变量对外生变量均有影响，但影响力强弱不同，由此预测了结构模型可以拟合成功。之后，验证了主效应、直接效应、间接效应，结果表明，内外部绿色供应链管理实践、环境绩效在供应链质量整合与经济绩效之间存在多重

及链式中介效应。将企业规模及行业性质作为控制变量，通过检定二者对内外部绿色供应链管理实践是否存在影响，说明不同规模企业、不同性质企业对绿色供应链管理实践的认知及实践态度是否不同。结果显示，企业规模及行业性质对内外部绿色供应链管理实践影响均不显著。

研究假设检验结果汇总如表 5-10 所示。

表 5-10　研究假设检验结果汇总

研究假设	假设内容	结果
H1a	供应商认知资本对供应商关系资本具有正向影响	支持
H1b	客户认知资本对客户关系资本具有正向影响	支持
H1c	内部认知资本对内部关系资本具有正向影响	支持
H2a	供应商结构资本对供应商关系资本具有正向影响	支持
H2b	客户结构资本对客户关系资本具有正向影响	支持
H2c	内部结构资本对内部关系资本具有正向影响	支持
H3	供应链关系资本与供应链质量整合成正相关	支持
H4	内部关系资本对供应链质量整合具有正向影响	支持
H5	客户关系资本与供应链质量整合成正相关	支持
H6	供应商关系资本与绿色供应链管理实践成正相关	支持
H7	内部关系资本与绿色供应链管理实践成正相关	支持
H8	客户关系资本与绿色供应链管理实践成正相关	支持
H9	供应链质量整合与环境绩效成正相关	支持
H10	供应链质量整合与企业的经济绩效成正相关	支持
H11	供应链质量整合与内部绿色供应链管理实践成正相关	支持
H12	供应链质量整合与外部绿色供应链管理实践成正相关	支持
H13a	内部绿色供应链管理实践与企业的环境绩效成正相关	支持
H13b	外部绿色供应链管理实践与企业的环境绩效成正相关	支持
H14a	内部绿色供应链管理实践与企业的经济绩效成正相关	不支持
H14b	外部绿色供应链管理实践与企业的经济绩效成正相关	支持
H15	内部绿色供应链管理实践与外部绿色供应链管理实践成正相关	支持
H16	环境绩效与经济绩效成正相关	支持
H17	内部绿色供应链管理实践对供应链质量整合与环境绩效之间的积极关系起中介作用	支持

研究假设	假设内容	结果
H18	外部绿色供应链管理实践对供应链质量整合与环境绩效之间的积极关系起中介作用	支持
H19a	内部绿色供应链管理实践与环境绩效对供应链质量整合与经济绩效之间的积极关系起链式中介作用	支持
H19b	外部绿色供应链管理实践与环境绩效对供应链质量整合与经济绩效之间的积极关系起链式中介作用	支持
H20	内部绿色供应链管理实践与外部绿色供应链管理实践对供应链质量整合与环境绩效之间的积极关系起链式中介作用	支持
H21	内部绿色供应链管理实践、外部绿色供应链管理实践及环境绩效对供应链质量整合与经济绩效之间的积极关系起链式中介作用	支持
H22	外部绿色供应链管理实践对内部绿色供应链管理实践与环境绩效之间的积极关系起中介作用	支持
H23	外部绿色供应链管理实践与环境绩效对内部绿色供应链管理实践与经济绩效之间的积极关系起链式中介作用	支持

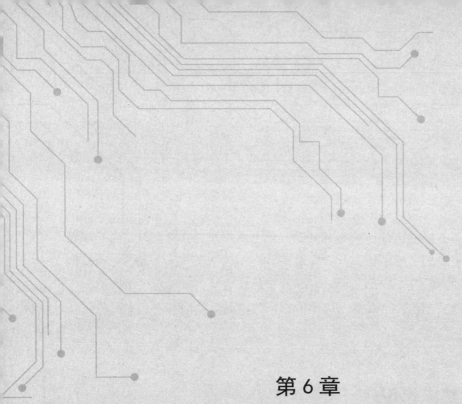

第 6 章

结果讨论及管理启示

本章针对第 5 章的实证结果展开讨论，得出供应链质量整合影响内外部绿色供应链管理实践的主要结论，分析假设 H14a 不成立（内部绿色供应链管理实践对企业的经济绩效影响不显著）的原因，并从企业及供应链两个不同层面，阐述获得的管理启示，为企业提供决策依据，推动循环经济和制造业绿色化转型的发展。

6.1　实证结果讨论

质量是绿色制造和构建绿色供应链的前提和基础，供应链企业的质量整合与绿色供应链管理实践存在诸多共通点，如都强调标准的基础性作用，都需要全流程的参与合作。有研究提出，供应链质量管理对企业环境绩效有积极影响，但结论并未说明两者的影响路径及解释机制。

此外，社会资本是供应链质量整合的重要前因，但社会资本各维度与供应链质量整合的关系并不清晰，因此，本书以绿色视角下供应链社会资本与质量整合的关系为研究对象，分析在考虑环境目标时，两者之间关系的影响。同时，已有研究表明，企业共识、组织认同等对绿色供应链管理实践均有积极影响，说明社会资本可能存在驱动绿色供应链管理实践的作用，因此，本书提出两者之间关系的假设，并进行实证验证。

综上所述，本书构建了"社会资本—供应链质量整合（绿色供应链管理实践）—企业可持续绩效"的理论模型，对供应链质量整合的前因——社会资本进行透彻分析，不仅从供应商、企业内部、客户三方视角分析了社会资本三维度的相互作用，并从所得分析进一步探讨供应商（内部、客户）关系资本对供应链质量整合（绿色供应链管理实践）的影响，还提出了供应链质量整合影响内外部绿色供应链管理实践，以及环境绩效和经济绩效的研究假设。通过问卷调查，对回收的 404 份有效问卷进行信效度检验、描述性统计及 t 统计检验，说明测量模型的有效性。在此基础上，运用偏最小二乘法（PLS-SEM）、Bootstrapping 算法及 Blindfolding 算法等检验相关假设，路径分析结果如表 6-1 所示。

表 6-1　路径分析结果

研究假设		路径系数	标准差（STDEV）	t 统计量（|O/STDEV|）	P 值	是否接受假设
H1a	SCC→SRC	0.421	0.050	8.341	0.000	接受
H1b	CCC→CRC	0.357	0.073	4.892	0.000	接受
H1c	ICC→IRC	0.175	0.078	2.238	0.025	接受
H2a	SSC→SRC	0.521	0.054	9.737	0.000	接受
H2b	CSC→CRC	0.598	0.074	8.035	0.000	接受
H2c	ISC→IRC	0.739	0.083	8.881	0.000	接受
H3	SRC→SCQI	0.204	0.053	3.826	0.000	接受
H4	IRC→SCQI	0.382	0.069	5.514	0.000	接受
H5	CRC→SCQI	0.370	0.076	4.897	0.000	接受
H6	SRC→EG	0.264	0.086	3.079	0.002	接受
H7	IRC→EG	0.241	0.084	2.862	0.004	接受
H8	CRC→EG	0.880	0.020	44.883	0.000	接受
H9	SCQI→ENP	0.303	0.110	2.760	0.006	接受
H10	SCQI→EP	0.177	0.060	2.955	0.003	接受
H11	SCQI→IG	0.160	0.073	2.198	0.028	接受
H12	SCQI→EG	0.032	0.079	4.413	0.048	接受
H13a	IG→ENP	0.449	0.112	4.002	0.000	接受
H13b	EG→ENP	0.226	0.086	2.623	0.009	接受
H14a	IG→EP	0.133	0.095	1.407	0.159	不接受
H14b	EG→EP	0.240	0.116	2.079	0.038	接受
H15	IG→EG	0.612	0.107	5.727	0.000	接受
H16	ENP→EP	0.357	0.093	3.844	0.000	接受

　　由表 6-1 可知，在基本路径关系中，23 个假设获得支持，由此厘清了社会资本内部结构及关系特征，探明了社会资本与供应链质量整合、绿色供应链管

理实践、企业绩效之间的作用机理。

中介效应结果如表 6-2 所示。

表 6-2　中介效应结果

假设	中介效应	初始样本（O）	95%置信区间		是否支持中介假设
			BootLLCI	BootULCI	
H17	SCQI→IG→ENP	0.395	0.206	0.596	支持
H18	SCQI→EG→ENP	0.068	0.012	0.145	支持
H19a	SCQI→IG→ENP→EP	0.141	0.057	0.259	支持
H19b	SCQI→EG→ENP→EP	0.024	0.003	0.065	不支持
H20	SCQI→IG→EG→ENP	0.122	2.287	0.022	支持
H21	SCQI→IG→EG→ENP→EP	0.039	0.009	0.099	支持
H22	IG→EG→ENP	0.138	0.032	0.268	支持
H23	IG→EG→ENP→EP	0.049	0.01	0.114	支持

6.1.1　社会资本与供应链质量整合、绿色供应链管理实践的关系

1. 社会资本内部关系的结果讨论

社会资本是上下游企业间、企业内部部门间关系的总和，以及供应链企业获取这种关系资源的能力。社会资本分为供应商（内部、客户）认知资本、供应商（内部、客户）结构资本和供应商（内部、客户）关系资本等 9 个维度，可用于解释供应商—核心企业—客户的社会关系网络结构及特征。供应商及客户社会资本的三维度定义为外部互动（结构维度）、理性信任（关系维度）和共识语言（认知维度）；内部社会资本的三维度定义为内部互动（结构维度）、感性信任（关系维度）和共同愿景（认知维度）。本书先从供应商、内部、客户的认知资本、结构资本和关系资本的内部机理入手，探讨供应商社会资本、内部社会资本和客户社会资本三维度对供应链质量整合的影响程度差异。

已有研究表明，学者们对社会资本的 3 个维度进行了不同程度的研究，并获得了积极成果。Nahapiet 和 Ghoshal 研究指出，认知资本在企业组织优势中起到积极的促进作用，企业间共同的价值观和意识形态会为企业形成良好的关

系资本奠定了基础；Zaheer 等进一步对企业间信任关系的形成进行剖析，认为共同的价值观及理想信念将高效促成信任关系的形成；郁玉兵在此基础之上研究发现，结构资本能保障企业间信息流动的通畅，由此进一步巩固企业间的良好关系资本；供应链内部关系资源与外部资源具有一定的关系。

本书认为，首先，供应链成员间具有共同的目标、愿景等认知资本，更容易形成稳定的信任关系，因此本书提出假设，（供应商、客户、内部）认知资本正向影响（供应商、客户、内部）关系资本（H1a、H1b、H1c）；同样，企业间稳定的网络结构有利于互动、交流，进而形成信任关系，因此本书提出（供应商、客户、内部）结构资本正向影响（供应商、客户、内部）关系资本（H2a、H2b、H2c）。其次，通过样本调查问卷的方法对以上假设进行实证检验。

结果表明，（供应商、客户、内部）认知资本对（供应商、客户、内部）关系资本具有显著正向影响（H1a 为 $\rho=0.421$，$P<0.001$；H1b 为 $\rho=0.357$，$P<0.001$；H1c 为 $\rho=0.175$，$P<0.05$）[1]，故而 H1a、H1b、H1c 得到支持；（供应商、客户、内部）结构资本对（供应商、客户、内部）关系资本具有显著正向影响（H2a 为 $\rho=0.521$，$P<0.001$；H2b 为 $\rho=0.598$，$P<0.001$；H2c 为 $\rho=0.739$，$P<0.001$），故而 H2a、H2b、H2c 得到支持。不仅如此，还进一步表明，无论是供应商、企业客户还是内部，其结构资本对关系资本的正向影响更显著（H1a＞H2a；H1b＞H2b；H1c＞H2c）。

实践案例也进一步证实了上述研究结果，华为作为中国知名企业，通过长期积累，在企业内部构建了基于信任、合作、共识、规范的认知资本，不仅在企业快速发展阶段的管理过程中有效促进了各部门之间的沟通，协调内部员工的思想、行为，使员工行为目标趋于一致，而且在应对危机过程中认知资本也起到了重要的支撑和疏导作用。受美国连续制裁的影响，华为的制造供应链接连受到沉重打击，甚至研发流程也遭到重创，但由于华为长期重视横向联系的构建，在危机来临时，华为及时启动多元化的供应策略以预防断供危机，保障了供应链的连续性和安全性。通过本土替代供应商实现安全过渡，自从危机出现后，华为主动与本土供应商共同研发合作，横向联系也在不断强化。在不到 1 个月的时间，华为与清华大学、华中科技大学、重庆邮电大学等高校签署合

---

[1] ρ 为路径系数；P 为显著性系数。

作协议，通过产学研合作加快科技成果转化步伐。华为还与中国邮政、华夏光电、俄罗斯最大的移动运营商 MTS 等展开了新的合作，不断扩增合作者的基数。这些横向联系形成的结构资本，在危机管理过程中使华为迅速获得了经营所需的替代性资源、技术、信息、知识，在一定程度上弥补了供应链损失。

由此可见，制造业核心企业在构建供应链网络、选择上游供应商及下游客户的过程中，供应商、客户与企业的外部互动及企业内部部门间的互动极其重要，这一点证实了 Nahapiet 等的观点。本书更进一步证实：供应商的认知资本尤其重要，是保障制造供应链稳定的基础。另外，结果显示，认知资本对关系资本有积极影响，这也与郁玉兵等的观点相符。本书与此前研究的差异之处在于，本书证明了稳定的客户网络更重要，也就是说稳定的客户需求将对供应商及企业关系资本的构建有决定性影响，这也与供求关系相符。由此，本书从理论的角度，揭示了供应链社会资本的内部作用机理，为供应链核心企业高效决策提供了依据。

2. 社会资本对供应链质量整合影响的结果讨论

根据资源基础理论，企业运作所需关键资源不仅存在于企业内部，也广泛存在于企业之间。良好的企业社会资本不仅能够为企业打通、获取关键资源的道路；也能保证企业更好地参与供应链成员间的协作，取得市场竞争优势；还能够促进供应链企业尽快达成合作，为供应链质量整合的实现提供支持。

就供应商社会资本而言，根据企业能力理论和资源基础观，供应商关系资本是促进供应链质量整合能力建设的关键资源，它可以通过有效应对企业间关系中的交易风险来促进供应链质量整合的实施，可以提高企业质量管理的能力。同时，在多个层次上与供应商互动，建立友好互惠的关系，可以促进制造商和供应商在质量管理领域密切合作，有利于信息整合，实现质量整合实践。另外，制造商和供应商之间的相互信任和尊重，能增加供应商参与制造商质量改进工作和质量管理活动的意愿，并提供必要的投入。同时，鼓励制造商主动参与供应商提高产品质量的实践，可以更好地满足自身的质量要求。因此，本书认为供应商关系资本正向影响供应链质量整合。

就内部社会资本而言，内部关系资本有助于建立内部质量整合能力。例如，企业营销和物流的关系融洽可以促进整个企业的整合。内部合作的价值观会积极影响各层级质量管理实践的实施。这表明企业内部关系资本与内部跨职能整合之间存在显著的正相关关系。当然，供应链管理的成功实施不仅需要整合企业的内部职能，而且必须与外部供应链伙伴有效联系起来。随着内部整合的形成，企业需要更积极地与其他企业合作，展开供应链管理。但企业内部的员工认同关系仍被认为是实现卓越供应链管理的关键。由此，本书认为（供应商、客户、内部）关系资本与供应链质量整合关系密切，将正向影响供应链质量整合，并提出假设 H3、H4、H5。

实证研究结果证明：（供应商、客户、内部）关系资本对供应链质量整合具有显著的正向影响（H3 为 $\rho=0.204$，$P<0.001$；H4 为 $\rho=0.382$，$P<0.001$；H5 为 $\rho=0.370$，$P<0.001$），假设 H3、H4、H5 得到支持。结果再一次证明了 Yu 等学者提出的关系资本正向影响供应链质量整合的结论，并在此基础上，进一步分析得出：内部关系资本对供应链质量整合的正向影响最为显著，结构资本次之，认知资本的影响作用最小（H4>H5>H3）。说明核心企业内部员工及部门间的良好关系，将对供应链质量整合产生最重要的促进作用。因此，供应链核心企业应首先重视理顺企业内部关系资源，获取良好的关系资本。从路径系数来看，本书的研究结果还表明，供应商及客户关系资本的影响作用也较显著，这也符合供求关系现状。

3. 社会资本与绿色供应链管理实践关系的结果讨论

已有研究表明，关系资本对企业间的交换、传播、合作及绩效有积极影响，供应链成员彼此信任、真诚承诺及共同愿景，有助于企业的绿色供应链管理实践。具体而言，与供应商建立良好的关系将激励绿色供应链管理实践。不仅可以促使供应商执行绿色采购的相关标准和要求，确保制造商的绿色生产，也有利于制造商更好地根据环保标准实现绿色设计，并有利于材料的循环利用或回收。另外，通过与供应商建立良好的关系，制造商能够及时响应客户对产品的环保需求，并获取相应原材料，从而满足客户的环保要求，提升顾客满意度。Carter 等研究指出，企业绿色采购的开展，需要企业内部加强协调。吴英隆研究表明，绿色采购、绿色设计及与客户进行绿色合作，都需要企业内部之间及企业与供应链伙伴之间的协同。因此，内部关系资本不仅是企业绿色生产的润滑剂，也可以促进绿色采购及与客户进行绿色合作。与供应商关系资本相似，客户关系资本对绿色供应链管理实践有积极的促进作用。随着环保意识的普遍提高，客户会优先选择环保产品。因此，企业的绿色供应链管理实践是满足客户对绿色环保产品追求的必然选择。与客户建立良好的关系能促使客户积极参与绿色设计、绿色生产、绿色包装及回收等绿色供应链管理实践；同时，帮助企业及时收集客户对产品新的环保需求，也能使客户更好地理解产品的环保标准及企业执行情况；在特定情况下，客户甚至可以直接参与企业的绿色采购。可见，客户关系资本与内外部绿色供应链管理实践都有积极影响。由此，本书认为（供应商、客户、内部）关系资本对内外部绿色供应链管理实践有正向积极影响，并提出假设 H6 和 H7 和 H8。

结果证明，（供应商、客户、内部）关系资本对绿色供应链管理实践具有显著积极的作用（H6 为 $\rho=0.264$，$P<0.001$；H7 为 $\rho=0.241$，$P<0.001$；H8 为 $\rho=0.880$，$P<0.001$），因此假设均得到支持。进一步分析可知，（供应商、客户、内部）关系资本对内部绿色供应链管理实践的影响更显著，说明供应链关系资本将对核心企业内部绿色设计、绿色生产等实践产生更大影响。该实证结果在验证 Carter 等观点的基础上，从核心企业视角梳理了社会资本与内外部绿色供应链管理实践之间的关系，完善了相关研究成果。

4. 供应链质量整合对企业可持续性绩效的影响的结果讨论

本书在已有研究的基础上，将企业绩效的可持续性纳入考量，将其分为环境绩效和经济绩效两个维度，构建结构模型，展开实证分析。资源基础观和关系观认为，企业拥有资源可以保持竞争优势、提高企业业绩。企业竞争优势所对应的资源和能力具有稀缺性、高价值性及难以复制等属性。价值较高的资源和能力能减少企业对环境的负效应。Dyer 和 Singh 研究显示，关系资源可以为供应链伙伴企业提供特殊资产的共享，使企业能生产出差异化的产品或服务，最终为企业乃至整个供应链创造最大的利润，实现竞争优势的提升。因此，整合企业与上下游伙伴间特定的资源或能力，可实现低成本下的产品、技术及服务创新。基于以上观点，本书认为，供应链质量整合可以减少企业环境成本，并降低环境风险可能造成的处罚等负效应，从而提高企业的环境绩效，并提出供应链质量整合正向影响企业的环境绩效（H9）及供应链质量整合正向影响企业的经济绩效（H10）的假设。实证分析结果证明，供应链质量整合对环境绩效和经济绩效均具有显著的正向影响（H9 为 $\rho=0.303$，$P<0.05$；H10 为 $\rho=0.177$，$P<0.05$），假设 H9 和 H10 得到支持。

理论得到数据支持，从相关案例也能得到验证。例如，广州本田通过对产品信息进行整合、存档，运用追溯系统，使其质量管理实现可追溯性。每辆车的生产记录和关键零部件的信息都实现数字化整合，形成了"出生档案"，并将长期保存。追溯系统使存在质量隐患时进行信息倒追找到源头成为可能，企业可以迅速通过系统追溯问题产品的档案，通过遍布全国的售后服务网络及时通知车主并采取相应的补救措施，使车主及时获得企业所提供的服务保障。同时，面对下游客户反馈的质量问题，企业可及时通过追溯系统了解、分析并及时采取相应的措施改进。高质量的服务保证对环境绩效产生较小的伤害甚至零伤害，并由此获得良好的口碑及品牌效应，赢得稳定的客户及市场。

实证检验的结果证实了 Koufteros 等的观点，即认为供应链质量整合正向影响企业经济绩效，并进一步讨论了供应链质量整合与环境绩效的关系，验证了正向影响的研究假设，说明环境与经济共赢具有可行性，为企业决策提供了有力依据。

6.1.2　供应链质量整合、绿色供应链管理实践与企业绩效的关系

1. 供应链质量整合对绿色供应链管理实践的影响的结果讨论

供应链质量整合是一种动态能力，其实施将有助于绿色供应链管理实践。绿色供应链管理实践具有显著的跨组织特性，实施过程中能将环保意识及原则渗入供应链上下游所有环节，并且保证上下游各环节共同参与、协作，这体现了供应链质量整合的核心理念。同时，在企业对环保越来越重视的背景下，绿色供应链管理与供应链质量整合之间的联系也越来越紧密。因此，供应链质量整合也被学者认为是实施绿色供应链的前提和基础，并决定了实施结果的水平；也有学者进而提出绿色供应链整合的概念，并指出其对创新具有显著正向作用。由于环境管理与质量管理息息相关，学者们开始对两者之间的关系进行研究，并着力于证明这种关系是正向的，即证明质量管理的思想引入将提升企业环境管理的水平并形成绩效。具体来讲，在企业管理过程中，越早引入质量管理理

念的企业，领先优势越明显；也有学者直接指出质量管理对环境管理的显著正向作用。

本书将绿色供应链管理划分为内部绿色供应链管理和外部绿色供应链管理。供应链质量整合对两个维度的影响力及影响方式不尽相同。当企业与供应链中的客户或供应商协调时，可以通过共享信息，如生产计划、产品设计、需求预测等，与其展开沟通。这样彼此可以获得更高水平的信任，保证长期合作关系，最终解决供应链质量管理等问题。此外，供应链质量整合可以减少上下游企业运营中的不确定性。供应链核心企业与供应商共享生产信息，如企业库存水平及生产计划等，使企业更有效地接收生产所需材料。此外，根据 Vachon 和 Klassen 的研究，物流整合能够减少企业与供应链成员之间的物流活动可能带来的环境负效应。通过信息共享，企业可以减少对自身的环境监测活动，从而减少监测成本。

通过与下游客户质量整合，客户信息得以共享，使核心企业充分了解客户的需求，从而能够在适当的时间，生产直接响应客户需求的产品。另外，客户越来越关注环境问题，企业应开发环境友好的程序，设计符合客户环境需求的产品，如重复使用、回收、减少危险材料或部件的使用、使用绿色包装的产品的生产。鉴于上述原因，本书提出：供应链质量整合正向影响内外部绿色供应链管理实践的假设（H11 和 H12）。结果表明，供应链质量整合对内外部绿色供应链管理实践具有显著正向影响（H11 为 $\rho=0.160$，$P<0.001$；H12 为 $\rho=0.032$，$P<0.05$），假设 H11 和 H12 获得支持。从实证结果看，供应链质量整合对内部绿色供应链管理实践的影响明显大于外部绿色供应链管理实践，说明供应链质量整合对核心企业的绿色设计、绿色生产等实践作用更显著，这一点是此前研究较少涉及的部分。因此，从企业实践的角度来看，本书实证研究的成果有较大的借鉴价值。

2. 绿色供应链管理实践对企业可持续绩效的影响的结果讨论

绿色供应链管理表明，环境观能够说服企业在与其他企业竞争过程中寻求新机会，并增加其核心能力。此外，内部管理为企业提供了减少风险、提高信任及创新和盈利能力的机制。因此，在企业内部整合环境思维是发展环境意识的关键起点。关系观认为，企业为了提高利润必须始终与同一网络（供应商及客户）中的联盟保持环境目标等的协作关系。通过持续学习及经验总结实现污染预防，为企业创造了独特的资源，这些资源可以通过内部绿色供应链管理实践来提供，如绿色生产和生态设计。这是竞争对手无法模仿的特定资产，企业由此获得竞争优势并转化为经济绩效。本书将绿色供应链管理实践划分为内部及外部两个维度，并进一步提出：内部绿色供应链管理实践正向影响企业的环境绩效（H13a）、外部绿色供应链管理实践正向影响企业的环境绩效（H13b）、内部绿色供应链管理实践正向影响企业的经济绩效（H14a）、外部绿色供应链管理实践正向影响企业的经济绩效（H14b）4 个假设，并运用收集到的样本数据进行实证检验。结果表明，内外部绿色供应链管理实践对企业的环境绩效有显著的正向影响（H13a 为 $\rho=0.449$，$P<0.001$；H13b 为 $\rho=0.226$，$P<0.05$），假设 H13a 和 H13b 获得支持，通过比较可知，内部绿色供应链管理实践对企业的环境绩效的影响更显著（H13a＞H13b）；外部绿色供应链管理实践对企业的经济绩效有显著的正向影响（H14b 为 $\rho=0.240$，$P<0.05$），而内部绿色供应链管理实践对企业的经济绩效的影响并不显著（H14a 为 $\rho=0.133$，$P>0.05$），假设 H14b 获得支持而 H14a 假设未获得支持。

在内外部绿色供应链管理实践对环境影响方面，本书结果与此前研究基本一致。以往研究认为，内部绿色供应链管理实践在核心企业内部表现为高级管理人员和中层管理人员的参与。例如，朱庆华和 Sarkis 发现，中国制造业企业的内部绿色供应链管理实践包括高层管理人员对绿色供应链管理的承诺、中层管理人员对绿色供应链管理的支持、环境改善的跨职能合作、全面质量环境管理、环境合规和审计、ISO 14001 认证和环境管理体系；而外部绿色供应链管理实践包括：鼓励或奖励供应商 ISO 14001 认证、评估二级供应商的环境实践；与客户的外部绿色供应链管理实践包括与客户合作进行生态设计、清洁生产和绿色包装。然而，这一结果与其他研究不尽相同。例如，Giovanni 发现外部环境管理活动包括指导供应商采用企业自己的环境方案，根据环境标准选择供应商，共同实现环境目标，发展对环境绩效责任的相互理解，共同努力以减少供应链的环境影响，以及开展联合工作计划预测和解决与环境有关的问题。但不同的是，本书进一步发现，外部绿色供应链管理实践实施范围比 Giovanni 提出的范围更广，增加了从客户角度衡量绿色供应链管理实践，这是 Giovanni 没有考虑的。

H14a 不被支持的原因在于内部绿色供应链管理实践并不直接影响经济绩效，而是通过环境绩效的间接作用，将其作用转化为经济绩效。这一点在多重中介及链式中介的检验部分亦得到验证（H23）。

3. 内外部绿色供应链管理实践之间关系的结果讨论

本书将绿色供应链管理实践划分为内部绿色供应链管理实践（IG）及外部绿色供应链管理实践（EG）两个维度。IG 是指在企业内部整合环境要求，主要涉及产品设计、采购、制造、交付和逆向物流等方面。EG 是指将环境思维纳入供应链管理，与供应商和客户等供应链成员整合。国外有关环境管理的研究中，支持内部绿色供应链管理实践激励外部绿色供应链管理实践的观点已有，但对于中国企业特别是制造业是否同样适用，并没有实证研究予以证明，因此本书提出：内部绿色供应链管理实践正向影响外部绿色供应链管理实践的假设（H15），并在中国市场背景下进行实证分析。结果证明，内部绿色供应链管理实践对外部绿色供应链管理实践有正向显著影响（H15 为 $\rho=0.612$，$P<0.01$），假设 H15 获得支持。本书与以往研究的不同之处在于，着眼于整个供应链，因此研究结论将为核心企业处理供应链企业间的关系、高效决策提供更为翔实的依据。

4. 企业环境绩效影响经济绩效的结果讨论

关于企业环境绩效与经济绩效之间关系的研究较多。研究结论表明，环境绩效对企业绩效有积极影响，包括财务绩效和经济绩效。本书做出同样的假设，即环境绩效正向影响经济绩效（H16），并以中国企业为样本，进行实证分析。结果证明，环境绩效对经济绩效有积极显著影响（H16 为 $\rho=0.357$，$P<0.001$），假设 H16 获得支持。实证检验结果再一次验证了波特假说，并进一步说明环境与经济共赢是完全可能的。

5. 多重及链式中介效应的结果讨论

（1）供应链质量整合→环境绩效直接效应显著存在，供应链质量整合→IG→环境绩效间接效应显著存在，因此说明中介假设成立（H17），IG 在供应链质量整合与环境绩效间起部分中介作用；其中，总效应为 0.849，直接效应为 0.264，中介效应为 0.395；供应链质量整合→环境绩效直接效应显著存在，供应链质量整合→EG→环境绩效间接效应显著存在，因此说明中介假设成立（H18），EG 在供应链质量整合与环境绩效间起部分中介传导作用；其中，总效应为 0.849，直接效应为 0.264，中介效应占总效应的 6.8%；供应链质量整合→IG→EG→环境绩效间接效应显著存在，因此说明链式中介假设成立（H20）。其中，总效应为 0.849，直接效应为 0.264，中介效应占总效应的 12.2%。由此可见，IG 和 EG 不仅是供应链质量整合与环境绩效之间的多重中介变量，而且可以组成链式中介并产生作用。直接效应占总效应的 31.1%，经 IG 的中介效应占总效应的 46.5%，经 EG 的中介效应占总效应的 8%，链式中介效应占总效应的 14.4%。说明供应链质量整合是影响环境绩效的重要因素，但大部分影响要通过 IG、EG 及由 IG 和 EG 组成的多重或链式中介转化形成。

（2）供应链质量整合→经济绩效直接效应显著存在，供应链质量整合→IG→环境绩效→经济绩效间接效应显著存在，因此说明，供应链质量整合与经济绩效间存在链式中介效应（H19a），内部绿色供应链管理实践、环境绩效在供应链质量整合与经济绩效间起链式中介作用，其中，总效应为 0.864，直接效应为 0.241，占总效应的 27.9%，链式中介效应为 0.141，占总效应的 16.3%；供应链质量整合→经济绩效直接效应显著存在，供应链质量整合→EG→环境绩效→经济绩效间接效应显著存在，因此说明供应链质量整合与经济绩效间存在链式中介效应（H19b），外部绿色供应链管理实践、环境绩效在供应链质量整合与经济绩效间起链式中介作用，链式中介效应为 0.024，占总效应的 2.7%；供应链质量整合→IG→EG→环境绩效→经济绩效间接效应显著，说明供应链质量整合与经济绩效之间存在由 IG、EG、环境绩效组成的链式中介（H21），其效应为 0.039，占总效应的 4.5%。通过比较可以看出，供应链质量整合对经济绩效的直接影响更显著，比三条链式中介效应之和更大，因此，供应链质量整合相较于绿色管理供应链实践，对经济绩效的影响更大。

（3）IG→环境绩效直接效应显著存在，IG→EG→环境绩效间接效应显著存在，因此说明中介假设成立（H22），EG 在 IG 与环境绩效间起部分中介作用。其中，总效应为 0.587，直接效应为 0.449，中介效应为 0.138，直接效应占总效应的 76.5%，中介效应占总效应的 23.5%。由此说明，IG 是实现环境绩效最主要的因素。

（4）IG→经济绩效直接效应不显著存在，IG→EG→环境绩效→经济绩效间接效应显著存在，因此说明中介假设成立，EG 和环境绩效 IG 在与经济绩效间起完全中介传导作用（H23）。

由此，我们得出不同变量间的解释路径：供应链质量整合与环境绩效的关系中，IG 和 EG 是一组多重中介解释路径，分别在两变量间起中介作用，从路径系数看，IG 的解释力度更大。供应链质量整合与经济绩效的关系中，IG 和 EG 分别与环境绩效组成两条链式中介解释两变量之间的作用机制，并且 IG 与环境绩效的链式中介解释力度更大。IG 与环境绩效的关系中，EG 是中介解释路径，说明 IG 的成果不仅可以直接获得环境绩效，也可以通过 EG 实现转化。IG 与经济绩效关系中，环境绩效充当了中介，解释了 H14a 不被支持的原因，即 IG 通过环境绩效的完全中介转化为经济绩效。这些研究结论在以往研究中很少涉及，也是本书获得的理论成果的一部分。

6. 控制变量影响的结果讨论

本书将企业规模和行业性质作为控制变量，检定其对各变量是否存在影响。结果显示，企业固定资产对供应链质量整合的影响不显著（$P>0.05$），企业固定资产对外部绿色供应链管理实践的影响不显著（$P>0.05$），企业固定资产对内部供应链管理实践的影响不显著（$P>0.05$）；行业性质对外部绿色供应链管理实践的影响不显著（$P>0.05$），行业性质对内部绿色供应链管理实践的影响不显著（$P>0.05$），行业性质对供应链质量整合影响不显著（$P>0.05$）。因此说明，企业规模及行业性质不同，对供应链质量整合、外部绿色供应链管理实践和内部绿色供应链管理实践的影响不大，企业对于供应链质量整合、内外部绿色供应链管理实践及环境绩效的关注及实施均采取了积极的态度。

6.2　管理启示

本书主要探讨了 3 个问题：第一，供应链质量整合前因是什么？第二，在考虑绿色供应链管理实践时，供应链质量整合能否对企业绩效起正向激励作用？第三，供应链质量整合与绿色供应链管理实践是否可以同时影响企业绩效？研究通过实证的方法，采集中国市场范围内 500 个样本数据，对 404 份有效数据进行了统计检验，得出 6.1 节所述的结论。研究结果为供应链核心企业实施供应链质量整合、绿色供应链管理实践提供了指导。

6.2.1　加强关系资本构建

根据实证研究结果，社会资本各维度中，内部关系资本影响供应链质量整合作用最显著。具体而言，供应商关系资本对内部绿色供应链管理实践影响作用更显著；客户关系资本对外部绿色供应链管理实践作用更显著。因此，供应链核心企业加强关系资本的构建，能有效促进供应链质量整合与绿色供应链管理实践的实施，进而实现企业绩效的提升。

1. 加强内部关系资本构建

由关系资本的内涵及构成要素可知，供应链核心企业加强内部关系资本构建，主要通过提升员工之间的认同感和信任度、加强内部部门及员工之间的合作、制定行为规范等途径实现。

第一，提升员工之间的认同感和信任度，需要树立员工对企业高质量发展及绿色发展战略的高度认同感及对企业、管理层及其他同事的高度信任。这种高度认同需要在员工入职时就进行培训，并采取在职员工团建等方式，将企业对高质量及绿色发展的理念深入到活动中，培养企业员工对高质量及绿色发展的积极态度。

第二，加强内部部门及员工之间合作的主要途径就是加强沟通，打破部门之间的信息壁垒，充分的信息流动和无阻碍的沟通除了需要技术支持，还应有一定的规范，即内部关系资本构建中的行为规范。另外，顺畅的沟通也离不开彼此的高度信任，因此归根结底，企业内部之间的信任关系至关重要。行为规范的约束、技术手段的参与及彼此的高度信任，能加强甚至保证部门之间的高质量沟通及部门与员工之间的合作。

第三，企业内部制定行为规范的目的是使企业内部，无论是部门之间还是员工之间都能形成高度认同和高度信任并构建高质量的企业内部关系资本网络，使其发挥对供应链质量整合的充分正向作用。

2. 提升核心企业对供应商的关系管理能力

下面从质量和环境两个方面来说明。

加强核心企业对供应商质量管理的能力，可以从以下两个方面实践：①构建供应商质量控制体系并对供应商按供应原材料的稀缺及重要程度进行分级管理。控制体系要加强双向管理功能，便于在出现质量问题时能够及时反馈至指定节点并解决。②建设供应商质量评估网络平台，完善评估机制。企业在日常管理过程中需要在平台中录入供应商的基本信息、提供的材料名称、数量及供应商的产地等，这样也能够对质量管理效果进行评估，及时发现企业在供应商质量管理工作中存在的不足之处并加以解决，保障供应商的质量管理效果。

为实现绿色供应链管理，核心企业对供应商采取"监督+激励"的机制，在监督机制的基础上实施适当的激励，不仅能够改善供应商的环境效益，而且还会反过来影响核心企业的环境声誉和绩效。因此，核心企业对供应商采用更高水平的激励策略将会取得更高的环境收益。实施激励可以大致分为以下两种情况：①核心企业需要对供应商采取激励措施，调动供应商对绿色技术的研发积极性，以达到改善原材料的质量和绿色化程度、维持绿色产品市场的可持续发展、提高最终产品的环保性、扩大绿色产品市场份额的目的；②供应商有能力进行绿色技术研发，但是研发成本较高，最终产品销售价格较高，销售额较低，这时核心企业需进行适当的补偿作为激励。

此外，无论是质量目标还是环保目标，对供应商的定期培训都是必要的。例如，每年组织质量及绿色主题的培训或年会，向供应商传达需求预测、质量控制发展方向及绿色技术创新的动态，使供应商与核心企业在质量和环保理念方面保持高度统一。

3. 加强核心企业对市场和客户的关系管理能力

市场和客户需求始终是整个供应链的开端和导向，供应链质量整合及绿色供应链管理正是以市场和客户需求为基础的。维护和强化客户管理的过程就是开发和维护与客户关系的过程。客户需求强调的是对顾客个性化需求的管理，它能及时把顾客的潜在需求反馈给设计、生产部门，制造出使顾客满意的产品。通过这个过程，管理者能辨认关键客户及其需求，并把其作为公司战略的一部分。整个供应链的运作以顾客的需求拉动，供需协调，能够消除推动式供应链管理的弊端。

具体实践建议如下：①建立产品原材料数据收集分析平台，用于收集客户对产品关键部件原材料的需求名录，以此倒推选择供应商。实际操作时，可以为客户提供选项，明确各原材料品牌，调研客户的质量及环保需求。②建立客户分级制度，识别重要客户群体并设专人管理。通过组织客户答谢活动定期向重点客户宣传核心企业的质量及环保理念，使客户认同并支持企业采取的相关措施。

6.2.2　优先实施供应链质量整合

研究结果表明，供应链质量整合将正向激励绿色供应链管理实践的实施。由此可见，质量提升可以实现改善环境的目标，绿色供应链管理实践能将供应链质量整合的成果进行转化，形成环境绩效，进而提升经济绩效。这说明供应链情境下，质量提升与环境改善可以同时实现。这一结论说明，供应链核心企业能同时满足对质量和环境的高要求。但在实践中应注意实施两类活动的优先次序，尤其是当资源有限时，应首先从供应链质量整合入手，再实施绿色供应链管理实践。同时应注意，供应链质量整合对内外部绿色供应链管理实践的作用路径不尽相同，即其推动内部绿色供应链管理实践的效果更加突出。因此，供应链核心企业在实施供应链质量整合的过程中，应更注重内部绿色供应链管理实践的实施范围和力度。

6.3　本章小结

本章对第 5 章所得的研究结果进行了总结，主要路径分析中除内部绿色供应链管理实践正向影响企业经济绩效的假设（H14a）不被支持外，其余假设均获得支持，即显著正向影响均成立。中介假设中获得支持的假设有：内部绿色供应链管理实践对供应链质量整合与环境绩效之间的积极关系起中介作用（H17）；外部绿色供应链管理实践对供应链质量整合与环境绩效之间的积极关系起中介作用（H18）；内部绿色供应链管理实践与环境绩效对供应链质量整合与经济绩效之间的积极关系起链式中介作用（H19a）；外部绿色供应链管理实践与环境绩效对供应链质量整合与经济绩效之间的积极关系起链式中介作用（H19b）；外部绿色供应链管理实践对内部绿色供应链管理实践与环境绩效之间的积极关系起中介作用（H22）；外部绿色供应链管理实践与环境绩效对内部绿色供应链管理实践与经济绩效之间的积极关系起链式中介作用（H23）。本章还说明了假设不成立的原因及获得的管理方面的启示，给出企业层面可行的策略建议。

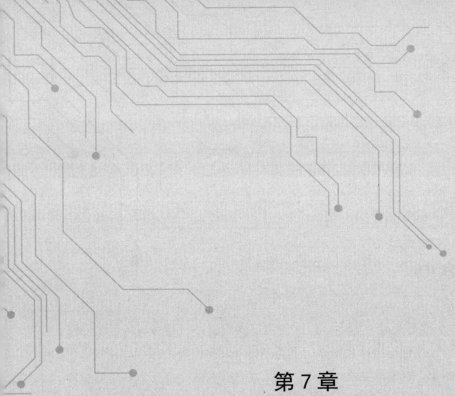

第 7 章

结论及展望

7.1　主要结论

本书围绕一个核心问题，即"企业如何实现供应链质量整合与绿色供应链管理实践的融合"，综合运用社会资本、资源基础观、组织能力观等理论，沿着"资源—能力—结果"的逻辑主线，探讨绿色视角下供应链社会资本与质量整合之间的影响机制。首先，以三级供应链为对象，从"供应商—制造商（核心企业）—客户"三方视角，厘清供应链情境下社会资本的内涵、维度，并开发量表；其次，构建"社会资本—SCQI（GSCM）—企业可持续绩效"理论模型，提出相关研究假设；最后，收集中国市场 404 份有效数据，采用多元回归分析及偏最小二乘法检验研究假设，并进行结果讨论，为供应链核心企业决策提供依据。主要研究结论包括以下几点。

（1）供应链情境下的社会资本是一个多维概念，并呈现出二阶多因子结构特征，存在内部各维度相互影响的作用机制。

本书结合供应链结构特征，在理论分析的基础上，探讨供应链社会资本的内部维度结构，并结合文献分析设计相应测量量表。供应链社会资本呈现二阶九因子的维度结构，即（供应商、客户、企业内部）结构资本、（供应商、客户、企业内部）认知资本和（供应商、客户、企业内部）关系资本。从已知文献可知，结构资本和认知资本对关系资本有积极影响。本书从供应链上下游企业视角分析后发现：（供应商客户、企业内部）认知资本及结构资本对核心企业关系资本均存在正向作用，但各方结构资本的作用相较更为显著。这说明供应商（客户）稳定的结构网络对企业关系资本的构建更为重要。这一结论揭示出供应链企业社会资本的内部作用机理，为核心企业做出更高效的供应链决策提供依据。

（2）（供应商、客户、企业内部）关系资本对供应链质量整合具有正向显著影响，并且企业内部关系资本对供应链质量整合的正向影响最显著。

根据资源基础理论，企业运作所需关键资源不仅存在于企业内部，也广泛存在于企业之间。高水平的企业社会资本能够打通获取供应链网络中关键资源的道路，保障企业更好地参与供应链成员之间的协作，以制胜于激烈的市场竞争。因此，社会资本能够促进供应链企业尽快达成合作，并最终为供应链质量整合的实现提供帮助。从结论（1）中可知，供应商、客户及企业内部认知资本和结构资本正向作用于关系资本，因此，供应商、客户及企业内部关系资本将是获取企业外部资源的最关键因素。实证结果进一步表明：企业内部关系资本是驱动供应链质量整合最重要的因素，即部门内部、部门间的相互信任在获取外部资源、实现供应链质量整合过程中的作用最为显著。

（3）关系资本对绿色供应链管理实践存在正向积极影响，但对内外部绿色供应链管理实践影响存在差异。供应商关系资本对内部绿色供应链管理实践的影响最显著，企业内部关系资本次之，客户关系资本最小；而客户关系资本对外部绿色供应链管理实践的影响最显著，供应商关系资本次之，企业内部关系资本最小。

内部绿色供应链管理实践（IG）是指企业内部环境思维的整合，包括产品设计、材料采购和选择、制造过程、向消费者交付最终产品及产品使用完成后的报废管理。外部绿色供应链管理实践（EG）是通过与供应商和客户的互动，将产品设计、材料采购和选择、制造过程、向消费者交付直至最终废弃或回收等环境问题纳入供应链管理的过程。实证分析结果表明：供应商关系资本是 IG 的前提和基础，供应商关系资本越高，越能保证核心企业实现生态设计、绿色采购、绿色制造，并最终延伸到绿色营销的最终环节。客户关系资本主要影响 EG，客户关系资本越高，越能促进企业与上下游供应链企业间的互动能力，从而促使供应商积极主动地执行环境标准并配合环境审计，也能推动绿色包装、绿色配送等外部绿色供应链管理实践。

（4）供应链质量整合对内外部绿色供应链管理实践的正向影响，进而正向影响企业可持续绩效。

本书将企业绩效划分为环境绩效和经济绩效两个维度，通过理论分析提出供应链质量整合与绿色供应链的关系假设，以及供应链质量整合与环境绩效（经济绩效）的研究假设。实证检验结果显示：供应链质量整合对 IG 和 EG 均存在积极正向影响，并且对 IG 的影响显著大于对 EG 的影响。这说明供应链质量整合对管理实践的影响程度和作用方式存在差异,这一结论在实践中也获得支持。由于环境问题受到广泛关注，环境影响成为企业战略必须考虑的因素。例如，要求在产品设计过程中使用生命周期方法，不仅重视输入材料、制造过程和客户使用，还重视产品的最终处理，从企业内部流程推动绿色制造的理念。就企业外部而言，核心企业与供应商共享生产信息、库存水平及生产计划等，实现供应链上游整合，可以加强彼此信任，消除经营中的不确定性，更高效地采购产品所需原材料，开展高效合作；核心企业与下游客户的质量整合，客户信息得以共享，使企业能够高效快速满足客户对产品质量功能及环境的需求。

因此，研究结果证实了供应链质量整合和绿色供应链管理实践之间直接积极的关系，表明供应链质量整合能促进绿色供应链管理实践的开展，这一发现不仅扩展了绿色供应链整合理论的研究视角,也为相关研究的结论提供了支持。

与此同时，实证结果还表明，供应链质量整合对环境绩效和经济绩效除了有正向的显著影响外，还存在不同的中介作用路径，并且影响程度和作用方式不尽相同。供应链质量整合是影响环境绩效的重要因素，但大部分影响要通过 IG、EG 及由 IG、EG 组成的多重或链式中介转化形成；而供应链质量整合对经济绩效的直接影响更显著，说明供应链质量整合相较于绿色供应链管理实践，对经济绩效的影响更大。

（5）IG、EG 对环境绩效和经济绩效的影响存在明显差异。

IG 对环境绩效的影响明显大于 EG，EG 对经济绩效有正向显著影响，而 IG 对经济绩效的正向促进作用不被支持。不被支持的原因在于 IG 对经济绩效的影响将间接实现，这一点从链式中介效应检验结果中被证实，即 EG 与环境绩效在 IG 与经济绩效之间存在链式中介效应。

7.2 创新点

本书以"企业如何实现 SCQI 与 GSCM 的融合"为导向，研究社会资本、供应链质量整合、内外部绿色供应链管理实践、环境绩效及经济绩效等变量之间的关系机理，不仅能够在很大程度上填补研究空白、发展相关理论，更能够在实践角度上满足企业质量与环保的高要求。本书创新点如下。

（1）明确了供应链情境下社会资本的概念内涵、研究维度，识别出核心企业内外社会资本维度的差异性，扩展了社会资本的研究情境，补充了社会资本理论。

文献研究显示，国内外学者对社会资本的内涵表述不尽相同，将其大体划分为认知资本、关系资本和结构资本 3 个维度。上下游企业间的嵌入式关系对企业的影响越来越重要，因此，对社会资本内部关系和结构形态的研究仍需进一步深入。为此，①本书将社会资本理论拓展应用于供应链领域，厘清了上下游企业间关系对社会资本的影响，论证了社会资本的研究范围。②基于供应商、核心企业及客户三方视角，论证了社会资本的新内涵，拓展了社会资本的深度和广度。③将社会资本划分为（供应商、核心企业及客户）结构资本、（供应商、核心企业及客户）认知资本及（供应商、核心企业及客户）关系资本 3 个层次、9 个维度。实证结果表明，该维度划分，将有效增加社会资本的研究维度，为厘清供应链情境下社会资本的内部关系特征及结构形态提供支撑依据。④根据研究情境，识别出核心企业内外社会资本维度的差异性，即针对核心企业，强调内部互动、感性信任及共同愿景；针对供应商及客户，强调上下游企业间的外部互动、理性信任及共识语言，并由此设计出供应链社会资本量表。

（2）探明了社会资本驱动 SCQI、GSCM 的作用机制。

通过研究梳理，尽管学者们从不同视角对供应链质量整合展开研究，并获得较多成果，但社会资本与供应链质量整合的关系仍需进一步研究。

为此，本书基于供应链三方视角，在分析并探索社会资本的内在影响机制的基础上，继续深入探讨社会资本驱动 SCQI、GSCM 的作用机制。①基于社会资本理论和资源基础理论，通过论证社会资本、SCQI 及 GSCM 之间的关系构建 CIMP 模型。②针对各维度与供应链质量整合、绿色供应链管理实践可能存在的影响关系提出假设，进行实证检验，由此得出结构资本、认知资本及关系资本影响作用存在差异。③讨论实证结果并得出结论，实证结果表明：内部关系资本是驱动 SCQI 最重要的因素，而供应商关系资本和客户关系资本是次要因素；供应商关系资本是驱动 IG 的最主要因素，客户关系资本是驱动 EG 的最重要因素。由此揭示出社会资本驱动供应链质量整合、绿色供应链管理实践的作用机制。这一结论为企业管理决策提供了清晰的理论依据。

（3）揭示出 SCQI、GSCM 影响核心企业可持续绩效（ENP 和 EP）的 7 条作用路径，证明了不同领域实践协同关系的存在性。

通过研究梳理，学者们已证实供应链质量整合正向影响环境绩效或运营绩效；绿色采购、生态设计、绿色创新等要素促进环境绩效或经济绩效。但是，不同领域实践能否实现环境绩效和经济绩效的协同提升，产生倍增效应，这一点仍需进一步研究。为此，本书在检验作用路径的基础上，证明了协同作用的存在性。①在厘清供应链质量整合与绿色供应链管理实践之间关系的基础上，进一步提出两个影响核心企业可持续绩效的研究假设，进行实证检验，揭示出供应链质量整合、绿色供应链管理实践影响核心企业可持续绩效的作用路径。②利用研究假设，经实证检验，证实了多重中介及链式中介的存在性。③实证结果表明：供应链质量整合对核心企业经济绩效，存在正向影响关系；证明了内外部绿色供应链管理实践和环境绩效是多重中介变量，探明了供应链质量整合与经济绩效之间的作用机制；IG（EG）与环境绩效组成链式中介，证明供应链质量整合可以利用 IG（EG）和环境绩效的转化作用，实现经济绩效，进一步证实了实现环境与经济双赢的可行性。

（4）揭示了（供应商、客户、企业内部）结构资本、认知资本正向影响关系资本的内部作用机理。

通过扩展供应链社会资本内涵和维度，建构社会资本、供应链质量整合及绿色供应链管理实践等多变量影响关系的理论模型，本书对社会资本各维度的内在作用机理进行分析并验证。①论证了（供应商、客户、企业内部）结构资本对（供应商、客户、企业内部）关系资本的影响，提出研究假设。②通过论证供应商（客户、企业内部）认知资本对（供应商、客户、企业内部）关系资本的影响，提出研究假设。③进行实证检验并分析讨论结果。实证结果表明：供应商、企业内部及客户结构资本与认知资本对关系资本均有正向影响，但结构资本表现出更显著的作用。这一结论揭示出社会资本架构及关系特征，为核心企业制定上下游企业关系决策提供依据。④识别出供应链关系资本是 SCQI 和 GSCM 重要的前因变量，即供应链社会资本各维度中，关系资本是驱动 SCQI 和 GSCM 最重要的因素，增加了社会资本理论的解释力。

7.3　研究局限及展望

　　虽然本书通过理论分析和实证检验厘清了社会资本各维度与供应链质量整合、绿色供应链管理实践及企业绩效之间的关系，得到了相关的研究结论，但是由于个人能力有限，且受到研究时间、精力和调研过程等各种客观限制因素，本书还存在一些局限性及有待进一步研究的问题，主要表现在以下几个方面。

　　（1）本书所提出的理论模型基本得到了数据验证，但该模型还不够全面，未对供应链质量整合进行维度的划分，本书也未在量表及问卷设计中予以区分，这将是下一步研究需要继续深入考虑的问题。另外，本书将人的主观元素看作企业的一种资源，纳入社会资本的考量，但主观意识对行为的作用是必然的，如高管对质量和环保的认知和意愿，在未来研究中可以纳入模型作为调节变量予以分析。

　　（2）本书发放的调查问卷由一人回答所有问题，存在一定的数据同源性风险，未来研究中应采用多方问卷回答模式，分角色分变量完成相应题项，规避数据同源性偏差问题。

　　（3）鉴于供应链成员间存在博弈，下一步研究可考虑从博弈视角出发，选择另一种类型供应链——物流服务供应链，通过构建多级物流服务供应链结构，将物流服务集成商、物流服务提供商、平台及消费者综合考虑，搭建新的结构；借助质量成本理论，通过构建成本优化模型，运用合理算法，求解最优解，从而解决物流服务供应链管理中亟待解决的成本控制问题，并尝试构建供应链服务提供商选择模型，为相关选择提供决策依据；讨论比较物流服务供应链成员不同博弈模型，求解最优解，得出最佳的博弈结构，为物流服务供应链决策提供依据。

附录 A　问卷企业所属行业统计

行　业	企业数量/家	占　比
食品	5	1.24%
化工	11	2.72%
木材与家具	7	1.73%
制药	1	0.25%
建筑材料	89	22.03%
橡胶与塑料	3	0.74%
金属、机械与工程	97	24.01%
电子产品与电器	177	43.81%
纺织品与服饰	14	3.47%
合计	404	100.00%

附录 B 部分企业名录

企业所属地域	企业
浙江	浙江伟明环保股份有限公司
	福达合金材料股份有限公司
	浙江中欣氟材股份有限公司
	浙江龙盛集团股份有限公司
	宁波圣龙汽车动力系统股份有限公司
	日月重工股份有限公司
	宁波润禾高新材料科技股份有限公司
	宁波鲍斯能源装备股份有限公司
	宁波旭升汽车技术股份有限公司
	浙江春风动力股份有限公司
	杭州老板电器股份有限公司
	浙江苏泊尔股份有限公司
天津	天津中环半导体股份有限公司
	天津百利特精电气股份有限公司
	天津利安隆新材料股份有限公司
	天津久日新材料股份有限公司
	天津环球磁卡股份有限公司
	天津富通鑫茂科技股份有限公司
上海	中微半导体设备（上海）股份有限公司
	博通集成电路（上海）股份有限公司
	上海环境集团股份有限公司
	上海交大昂立股份有限公司
西安	西安天和防务技术股份有限公司
	中国西电电气股份有限公司
	西安铂力特增材技术股份有限公司
	陕西航天动力高科技股份有限公司
	西安蓝晓科技新材料股份有限公司
	西安陕鼓动力股份有限公司
	中航电测仪器股份有限公司

续表

企业所属地域	企 业
太原	太原重工股份有限公司
	晋西车轴股份有限公司
烟台	烟台艾迪精密机械股份有限公司
	中节能万润股份有限公司
	万华化学集团股份有限公司
	烟台正海生物科技股份有限公司
	烟台泰和新材料股份有限公司
山东	山东矿机集团股份有限公司
	青岛海尔生物医疗股份有限公司
	澳柯玛股份有限公司
	青岛海容商用冷链股份有限公司
	青岛双星股份有限公司
	金正生态工程集团股份有限公司
	国美通讯设备股份有限公司
	神思电子技术股份有限公司
	鲁银投资集团股份有限公司
	沈阳芯源微电子设备股份有限公司
	沈阳蓝英工业自动化装备股份有限公司
	中航沈飞股份有限公司
	沈阳远大智能工业集团股份有限公司
	沈阳机床股份有限公司
大连	大连华锐重工集团股份有限公司
	大化集团大连化工股份有限公司
	大连智云自动化装备股份有限公司
	比亚迪股份有限公司
北京	北京思特奇信息技术股份有限公司
	北京北信源软件股份有限公司
	中国东方红卫星股份有限公司
	中材科技股份有限公司
	大唐电信科技股份有限公司
	博天环境集团股份有限公司
	北京天宜上佳高新材料股份有限公司
	神州高铁技术股份有限公司

附录 C 调查问卷

尊敬的女士/先生：

非常感谢您能参与本次调查研究。本次调查的主题是针对我国供应链企业社会资本、质量整合、绿色供应链管理实践及相关影响因素，通过数据搜集和整理了解和分析相互之间的作用机理，以期为提高我国企业供应链质量及绿色供应链管理提供有力的理论支撑。本研究以学术研究为目的，对于您提供的资料，我们会严格保密，并承诺仅用于科学研究，不用于任何商业目的，特此告知！请您拨冗客观回答问题。

问卷问题具有一定专业性，我们认为应答人应对供应链有全面了解，公司总经理、董事长、首席执行官或负责供应链管理的高层管理人员（如供应链经理等）是填写问卷的适当人选。如您认为您不是填写问卷的最佳人选，恳请您邀请知情者作答。

衷心感谢您的帮助及您提出的宝贵意见。

基本信息

请您根据实际情况，在相应选项前打"√"。填空题请将答案写在空格处。

您的学历：

□高中及以下　　□大专　　　　　□本科　　　　　　□硕士及以上

您当前的职位：

□高层管理人员　□中层管理人员　□基层管理人员　　□其他

您任现职的工作时间：

□3 年及以下　　□4～6 年　　　□7～12 年　　　　□12 年以上

贵公司经营时间：

□5 年及以下　　　□6～10 年　　　□11～20 年　　　□20 年以上

贵公司经营性质：

☐国有企业　　　　　☐集体企业　　　☐私企（中国大陆）

☐合资企业　　　　　☐外资企业　　　☐其他

贵公司的员工总数：

☐＜50 人以下　　　☐50～99 人　　☐100～199 人　　☐200～499 人

☐500～999 人　　　☐1000～4999 人　☐5000 人及以上

贵公司所属行业类型：

☐食品、饮料、酒精与香烟　　　　☐化学制剂与石油化工

☐木材与家具　　　　　　　　　　☐制药

☐建筑材料　　　　　　　　　　　☐橡胶与塑料

☐金属、机械与工程　　　　　　　☐电子产品与电器

☐纺织品与服饰　　　　　　　　　☐玩具

☐珠宝首饰　　　　　　　　　　　☐美术与工艺

☐出版与印刷　　　　　　　　　　☐其他

贵公司的固定资产：

☐＜500 万元　　　　☐500 万～1000 万元　　☐1000 万～2000 万元

☐2000 万～5000 万元　☐5000 万～1 亿元　　☐1 亿元以上

贵公司的 2023 年的销售收入：

☐＜500 万元　　　　☐500 万～1000 万元　　☐1000 万～2000 万元

☐2000 万～5000 万元　☐5000 万～1 亿元　　☐1 亿元以上

贵公司所在地：　　　　省　　　市

企业名称（可不填）：

第一部分：社会资本量表

　　请依据实际情况，对以下针对贵公司的问题做出选择，并在选项上打"√"。
各选项含义为：1=完全不符合，2=比较不符合，3=部分不符合，4=不确定，5=
部分符合，6=比较符合，7=完全符合。

题项	内容	1	2	3	4	5	6	7
供应商认知资本（SCC）								
SCC01	贵公司与主要供应商企业文化及管理风格相近							
SCC02	贵公司与主要供应商交易方式相近							
SCC03	贵公司与主要供应商经营目标一致							
SCC04	贵公司与主要供应商对未来公司发展的愿景相似							
供应商结构资本（SSC）								
SSC01	贵公司员工能与主要供应商员工保持互动							
SSC02	贵公司能与主要供应商同级员工之间（如经理与经理）保持互动							
SSC03	贵公司能与主要供应商双方不同级别员工之间（如经理与工程师）保持互动							
SSC04	贵公司能与主要供应商具有相同职能部门员工（如物流与物流部门）保持互动							
SSC05	贵公司能与主要供应商不同职能部门员工（如物流与市场部门）保持互动							
供应商关系资本（SRC）								
SRC01	贵公司能与主要供应商在多个层次上保持沟通							
SRC02	贵公司能与主要供应商在多个层次上相互信任							
SRC03	贵公司能与主要供应商在多个层次上相互尊重							
SRC04	贵公司能与主要供应商在多个层次上建立友好关系							
SRC05	贵公司的目标和主要供应商在多个层次上是互惠的							
内部认知资本（ICC）								
ICC01	公司内部各部门理解并认同企业文化及管理风格							
ICC02	公司内部各部门理解并认同企业的战略和目标							
ICC03	公司内部各部门对企业发展有共同的愿景							
ICC04	公司内部各部门之间遵从共同的行为准则							
ICC05	公司内部各部门之间有共同语言能有效沟通							
内部结构资本（ISC）								
ISC01	公司内部各部门员工之间保持互动							
ISC02	公司内部各部门同级员工之间（如经理与经理）保持互动							
ISC03	公司内部各部门不同级别员工之间（如经理与工程师）保持互动							
ISC04	公司内部具有相同职能部门员工（如物流与物流部门）保持互动							
ISC05	不同职能部门员工（如物流与市场部门）保持互动							

题项	内容	1	2	3	4	5	6	7
内部关系资本（IRC）								
IRC01	公司内部不同部门进行多层次互动							
IRC02	公司内部不同部门能做到多层次信任							
IRC03	公司内部不同部门之间能多层次互相尊重							
IRC04	公司内部不同部门在多层次上建立了友好关系							
IRC05	公司内部不同部门能实现多层次互惠							
客户认知资本（CCC）								
CCC01	贵公司与主要客户拥有相似的文化背景、价值观和管理风格							
CCC02	贵公司与主要客户有相似的商业交易方式							
CCC03	贵公司与主要客户有相同的目标							
CCC04	贵公司与主要客户对未来发展有相近的愿景							
客户结构资本（CSC）								
CSC01	贵公司员工与主要客户员工保持互动							
CSC02	贵公司与主要客户双方同级员工（如经理与经理）保持互动							
CSC03	贵公司能与主要客户双方不同级别员工之间（如经理与工程师）保持互动							
CSC04	贵公司能与主要客户具有相同职能部门员工（如物流与物流部门）保持互动							
CSC05	贵公司能与主要客户不同职能部门员工（如物流与市场部门）保持互动							
客户关系资本（CRC）								
CRC01	贵公司能与主要客户在多个层次上保持沟通							
CSC02	贵公司能与主要客户在多个层次上相互信任							
CRC03	贵公司能与主要客户在多个层次上相互尊重							
CRC04	贵公司能与主要客户在多个层次上建立友好关系							
CRC05	贵公司的目标和主要客户在多个层次上是互惠的							

第二部分：供应链质量整合量表

请依据实际情况，对以下针对贵公司的问题做出选择，并在选项上打"√"。各选项含义为：1=完全不符合，2=比较不符合，3=部分不符合，4=不确定，5=部分符合，6=比较符合，7=完全符合。

题项	内容	1	2	3	4	5	6	7
供应商质量整合（SQI）								
SQI01	贵公司能与主要供应商在质量管理方面保持合作关系							
SQI02	贵公司能帮助主要供应商提高质量							
SQI03	贵公司能与主要供应商密切沟通质量与设计改进问题							
SQI04	贵公司的主要供应商能为新产品开发设计中的质量控制提供投入							
SQI05	贵公司的主要供应商参与新产品开发过程中的质量管理							
SQI06	贵公司的主要供应商参与质量改进工作							
SQI07	贵公司会帮助主要供应商改进流程以更好地满足质量需求							
SQI08	贵公司会与主要供应商共享质量需求信息							
SQI09	贵公司能与主要供应商联合解决质量问题							
SQI10	贵公司能与主要供应商协商制定统一的质量标准							
客户质量整合（CQI）								
CQI01	贵公司能与主要客户在质量管理方面保持合作关系							
CQI02	贵公司能帮助主要客户提高质量							
CQI03	贵公司能与主要客户密切沟通质量与设计改进问题							
CQI04	贵公司的主要客户能为新产品开发设计中的质量控制提供投入							
CQI05	贵公司的主要客户参与新产品开发过程中的质量管理							
CQI06	贵公司的主要客户参与质量改进工作							
CQI07	贵公司会帮助主要客户改进流程以更好地满足质量需求							
CQI08	贵公司会与主要客户共享质量需求信息							
CQI09	贵公司能与主要客户联合解决质量问题							
CQI10	贵公司能与主要客户协商制定统一的质量标准							
内部质量整合（IQI）								
IQI01	贵公司内部不同部门之间能协同质量管理工作							
IQI02	贵公司内部不同部门之间能通过协商解决质量问题所引发的矛盾							
IQI03	贵公司不同部门之间能协调开展质量活动							
IQI04	贵公司不同部门之间能做到质量信息互通有无							
IQI05	贵公司在质量问题决策方面能做到征询所有团队成员的意见和想法							
IQI06	贵公司通过有针对性地组建团队解决质量问题							

题项	内容	1	2	3	4	5	6	7
IQI07	贵公司能充分认识问题解决型团队有助于改善质量管理流程							
IQI08	贵公司有能力实现质量运营数据实时获取							
IQI09	贵公司不同部门能联合解决质量问题							
IQI10	贵公司定期召开跨部门的质量专题会议							

第三部分：绿色供应链管理量表

请依据实际情况，对以下针对贵公司的问题做出选择，并在选项上打"√"。各选项含义为：1=完全不符合，2=比较不符合，3=部分不符合，4=不确定，5=部分符合，6=比较符合，7=完全符合。

题项	内容	1	2	3	4	5	6	7
内部绿色供应链管理（IG）								
IG01	贵公司高级管理人员承诺实施环境管理							
IG02	贵公司中层管理人员积极支持环境管理							
IG03	贵公司为改善环境积极进行企业内各部门合作							
IG04	贵公司严格进行环境合规和审计方案							
IG05	贵公司设计产品时具备减少材料/能源消耗举措							
IG06	贵公司设计产品时考虑材料零部件的再利用、再循环和再生							
IG07	贵公司设计产品时考虑产品和/或制造过程中避免或减少使用危险物							
IG08	贵公司有回收多余库存或材料相关措施							
IG09	贵公司根据环保目标销售废旧材料							
IG10	贵公司根据需要出售闲置资产设备							
外部绿色供应链管理（EG）								
EG01	贵公司向供应商提供包括环境要求在内的设计说明书							
EG02	贵公司为实现环境目标与供应商长期合作							
EG03	贵公司定期对供应商内部进行环境审计							
EG04	贵公司鼓励或奖励供应商获得 ISO 14001 认证							
EG05	贵公司定期对二级供应商（供应商的供应商）环境友好实践进行评估							
EG06	贵公司与客户在生态设计方面进行合作							
EG07	贵公司与客户开展清洁生产方面的合作							
EG08	贵公司与客户进行绿色包装方面的合作							

第四部分：企业绩效量表

请依据实际情况，对以下针对贵公司的问题做出选择，并在选项上打"√"。各选项含义为：1=完全不符合，2=比较不符合，3=部分不符合，4=不确定，5=部分符合，6=比较符合，7=完全符合。

题项	内容	1	2	3	4	5	6	7
环境绩效（ENP）								
ENP01	与同类企业相比，贵公司积极采取措施实现废气减排							
ENP02	与同类企业相比，贵公司积极采取措施实现废水减排							
ENP03	与同类企业相比，贵公司积极采取措施实现固态废物减排							
ENP04	与同类企业相比，贵公司生产运营过程中积极采取措施减少有害或有毒原料消耗量							
ENP05	与同类企业相比，企业采取多种措施降低环境事故频率							
ENP06	与同类企业相比，企业采取多种措施降低废品率							
ENP07	与同类企业相比，企业环境声誉显著提升							
经济绩效（EP）								
EP01	实施绿色供应链管理措施，贵公司及时供货的产品数量明显提高							
EP02	实施绿色供应链管理措施，贵公司库存明显减少							
EP03	实施绿色供应链管理措施，贵公司生产产品后剩余材料明显减少							
EP04	实施绿色供应链管理措施，贵公司产品质量明显改善							
EP05	实施绿色供应链管理措施，贵公司产品生产线的效率明显提高							
EP06	实施绿色供应链管理措施，贵公司生产能力的利用率显著提高							
EP07	贵公司通过材料再利用和再循环使采购成本显著降低							
EP08	通过实施绿色供应链管理措施，贵公司能源消耗成本明显减少							
EP09	通过实施绿色供应链管理措施，贵公司废物处理成本明显减少							
EP10	通过实施绿色供应链管理措施，贵公司废物排放费用明显降低							

参考文献

[1] 刘回春. 76%召回车辆因设计缺陷[J]. 中国质量万里行，2020（2）：48-50.

[2] ABDULRAHMAN M D, GUNASEKARAN A, SUBRAMANIAN N. Critical barriers in implementing reverse logistics in the Chinese manufacturing sectors[J]. International Journal of Production Economics, 2014, 147: 460-471.

[3] ALFALLA-LUQUE R, MARIN-GARCIA J A, MEDINA-LOPEZ C. An analysis of the direct and mediated effects of employee commitment and supply chain integration on organisational performance[J]. International Journal of Production Economics, 2015, 162: 242-257.

[4] ZAHEER A, MCEVILY B, PERRONE V. Does trust matter? Exploring the effects of interorganizational and interpersonal trust on performance[J]. Organization Science, 1998, 9(2): 141-159.

[5] ALFRED A M, ADAM R F. Green management matters regardless[J]. Academy of Management Perspectives, 2009, 23(3): 17-26.

[6] DE SOUSA J A B L, JABBOUR C J C, LATAN H, et al. Quality management, environmental management maturity, green supply chain practices and green performance of Brazilian companies with ISO 14001 certification: Direct and indirect effects[J]. Transportation Research Part E: Logistics and Transportation Review, 2014, 67: 39-51.

[7] INKPEN A C, TSANG E W K. Social capital, networks, and knowledge transfer[J]. Academy of Management Review, 2005, 30(1): 146-165.

[8] BAIRD K, JIA HU K, REEVE R. The relationships between organizational culture, total quality management practices and operational performance[J]. International Journal of Operations & Production Management, 2011, 31(7): 789-814.

[9] ROXAS B, COETZER A. Institutional environment, managerial attitudes and

environmental sustainability orientation of small firms[J]. Journal of Business Ethics, 2012, 111: 461-476.

[10]　BARNEY J B. Resource-based theories of competitive advantage: A ten-year retrospective on the resource-based view[J]. Journal of Management, 2001, 27(6): 643-650.

[11]　HUO B F, HAN Z J, ZHAO X D. The impact of institutional pressures on supplier integration and financial performance: Evidence from China[J]. International Journal of Production Economics, 2013, 146(1): 82-94.

[12]　HUO B F. The impact of supply chain integration on company performance: an organizational capability perspective[J]. Supply Chain Management: An International Journal, 2012, 17(6): 596-610.

[13]　BORCHARDT M, POLTOSI L A C, SELLITTO M A, et al. Adopting ecodesign practices: Case study of a midsized automotive supplier[J]. Environmental Quality Management, 2009, 19(1).

[14]　CAI S H, JUN M J, YANG Z L. Implementing supply chain information integration in China: The role of institutional forces and trust[J]. Journal of Operations Management, 2010, 28(3): 257-268.

[15]　CAO M, ZHANG Q Y. Supply chain collaboration: Impact on collaborative advantage and firm performance[J]. Journal of Operations Management, 2011, 29(3): 163-180.

[16]　CARR A S, PEARSON J N. Strategically managed buyer-supplier relationships and performance outcomes[J]. Journal of Operations Management, 1999, 17(5): 497-519.

[17]　CARTER C R, CARTER J R. Interorganizational determinants of environmental purchasing: initial evidence from the consumer products industries[J]. Decision Sciences, 1998, 29(3): 659-684.

[18]　CARTER C R. Purchasing social responsibility and firm performance: The key mediating roles of organizational learning and supplier performance[J]. International Journal of Physical Distribution & Logistics Management, 2005, 35(3): 177-194.

[19] CARTER C R, DRESNER M. Purchasing's role in environmental management: cross‐functional development of grounded theory[J]. Journal of Supply Chain Management, 2001, 37(2): 12-27.

[20] CARTER C R, JENNINGS M M. Social responsibility and supply chain relationships[J]. Transportation Research Part E: Logistics and Transportation Review, 2002, 38(1): 37-52.

[21] CARTER C R, KALE R, GRIMM C M. Environmental purchasing and firm performance: an empirical investigation[J]. Transportation Research Part E: Logistics and Transportation Review, 2000, 36(3): 219-228.

[22] CASTKA P, BALZAROVA M A. The impact of ISO 9000 and ISO 14000 on standardisation of social responsibility-an inside perspective[J]. International Journal of Production Economics, 2008, 113(1): 74-87.

[23] CHEN C L. Design for the environment: A quality-based model for green product development[J]. Management Science, 2001, 47(2): 250-263.

[24] HSU C C, CHOON T K, HANIM M Z S, et al. Supply chain drivers that foster the development of green initiatives in an emerging economy[J]. International Journal of Operations & Production Management, 2013, 33(6): 656-688.

[25] HSU C C, TAN K C, LAOSIRIHONGTHONG T. Antecedents of SCM practices in ASEAN automotive industry: Corporate entrepreneurship, social capital, and resource-based perspectives[J]. The International Journal of Logistics Management, 2014, 25(2): 334-357.

[26] WONG C W Y. Leveraging environmental information integration to enable environmental management capability and performance[J]. Journal of Supply Chain Management, 2013, 49(2): 114-136.

[27] CHURCHILL J G A. A paradigm for developing better measures of marketing constructs[J]. Journal of Marketing Research, 1979, 16(1): 64-73.

[28] CLEMENS B, BAKSTRAN L. A framework of theoretical lenses and strategic purposes to describe relationships among firm environmental strategy, financial performance, and environmental performance[J]. Management Research Review, 2010, 33(4): 393-405.

[29] BLOME C, PAULRAJ A, SCHUETZ K. Supply chain collaboration and sustainability: a profile deviation analysis[J]. International Journal of Operations & Production Management, 2014, 34(5): 639-663.

[30] DROGE C, VICKERY S K, JACOBS M A. Does supply chain integration mediate the relationships between product/process strategy and service performance? An empirical study[J]. International Journal of Production Economics, 2012, 137(2): 250-262.

[31] COLEMAN J S. Social capital in the creation of human capital[J]. American Journal of Sociology, 1988, 94: S95-S120.

[32] COLEMAN J S. Foundations of social theory[M]. Harvard: Harvard University Press, 1994.

[33] COLLINS J D, HITT M A. Leveraging tacit knowledge in alliances: The importance of using relational capabilities to build and leverage relational capital[J]. Journal of Engineering and Technology Management, 2006, 23(3): 147-167.

[34] CHEN D Q, PRESTON D S, XIA W D. Enhancing hospital supply chain performance: A relational view and empirical test[J]. Journal of Operations Management, 2013, 31(6): 391-408.

[35] DAUGHERTY P J, CHEN H Z, MATTIODA D D, et al. Marketing/logistics relationships: Influence on capabilities and performance[J]. Journal of Business Logistics, 2009, 30(1): 1-18.

[36] CANTOR D E, MORROW P C, MCELROY J C, et al. The role of individual and organizational factors in promoting firm environmental practices[J]. International Journal of Physical Distribution & Logistics Management, 2013, 43(5/6): 407-427.

[37] SIRMON D G, HITT M A, IRELAND R D. Managing firm resources in dynamic environments to create value: Looking inside the black box[J]. Academy of Management Review, 2007, 32(1): 273-292.

[38] TEECE D J, PISANO G, SHUEN A. Dynamic capabilities and strategic management[J]. Strategic Management Journal, 1997, 18(7): 509-533.

[39] PARKER D B, ZSIDISIN G A, RAGATZ G L. Timing and extent of supplier integration in new product development: a contingency approach[J]. Journal of Supply Chain Management, 2008, 44(1): 71-83.

[40] DE BURGOS JIMÉNEZ J, CÉSPEDES LORENTE J J. Environmental performance as an operations objective[J]. International Journal of Operations & Production Management, 2001, 21(12): 1553-1572.

[41] DIJKSTRA T K. Latent variables and indices: Herman Wold's basic design and partial least squares[M]//Handbook of partial least squares: Concepts, methods and applications. Heidelberg: Springer Berlin Heidelberg, 2009: 23-46.

[42] DROGE C, VICKERY S K, JACOBS M A. Does supply chain integration mediate the relationships between product/process strategy and service performance? An empirical study[J]. International Journal of Production Economics, 2012, 137(2): 250-262.

[43] DYER J H, SINGH H. The relational view: Cooperative strategy and sources of interorganizational competitive advantage[J]. Academy of Management Review, 1998, 23(4): 660-679.

[44] EBRAHIMI M, SADEGHI M. Quality management and performance: An annotated review[J]. International Journal of Production Research, 2013, 51(18): 5625-5643.

[45] TACHIZAWA E M, WONG C Y. The performance of green supply chain management governance mechanisms: A supply network and complexity perspective[J]. Journal of Supply Chain Management, 2015, 51(3): 18-32.

[46] SNIR E M. Liability as a catalyst for product stewardship[J]. Production and Operations Management, 2001, 10(2): 190-206.

[47] CHEAH E T, CHAN W L, CHIENG C L L. The corporate social responsibility of pharmaceutical product recalls: An empirical examination of US and UK markets[J]. Journal of Business Ethics, 2007, 76: 427-449.

[48] FLORIDA R. Lean and green: the move to environmentally conscious manufacturing[J]. California Management Review, 1996, 39(1): 80-105.

[49] FLYNN B B, FLYNN E J. Synergies between supply chain management and quality management: emerging implications[J]. International Journal of Production Research, 2005, 43(16): 3421-3436.

[50] FLYNN B B, HUO B F, ZHAO X D. The impact of supply chain integration on performance: A contingency and configuration approach[J]. Journal of Operations Management, 2010, 28(1): 58-71.

[51] FLYNN B B, SCHROEDER R G, SAKAKIBARA S. The impact of quality management practices on performance and competitive advantage[J]. Decision Sciences, 1995, 26(5): 659-691.

[52] FORKER L B, MENDEZ D, HERSHAUER J C. Total quality management in the supply chain: what is its impact on performance?[J]. International Journal of Production Research, 1997, 35(6): 1681-1702.

[53] FORNELL C, LARCKER D F. Evaluating structural equation models with unobservable variables and measurement error[J]. Journal of Marketing Research, 1981, 18(1): 39-50.

[54] FOSTER JR S T. Towards an understanding of supply chain quality management[J]. Journal of Operations Management, 2008, 26(4): 461-467.

[55] FOSTER JR S T, OGDEN J. On differences in how operations and supply chain managers approach quality management[J]. International Journal of Production Research, 2008, 46(24): 6945-6961.

[56] FROHLICH M T. Techniques for improving response rates in OM survey research[J]. Journal of Operations Management, 2002, 20(1): 53-62.

[57] FROHLICH M T, WESTBROOK R. Arcs of integration: An international study of supply chain strategies[J]. Journal of Operations Management, 2001, 19(2): 185-200.

[58] BOWEN F E, COUSINS P D, LAMMING R C, et al. The role of supply management capabilities in green supply[J]. Production and Operations Management, 2001, 10(2): 174-189.

[59] WIENGARTEN F, FYNES B, ONOFREI G. Exploring synergetic effects between investments in environmental and quality/lean practices in supply

chains[J]. Supply Chain Management: An International Journal, 2013, 18(2): 148-160.

[60] WIENGARTEN F, PAGELL M, FYNES B. ISO 14000 certification and investments in environmental supply chain management practices: identifying differences in motivation and adoption levels between Western European and North American companies[J]. Journal of Cleaner Production, 2013, 56: 18-28.

[61] FREEDMAN M, JAGGI B. An analysis of the association between pollution disclosure and economic performance[J]. Accounting, Auditing & Accountability Journal, 1988, 1(2): 43-58.

[62] PIL F K, ROTHENBERG S. Environmental performance as a driver of superior quality[J]. Production and Operations Management, 2003, 12(3): 404-415.

[63] FRAJ-ANDRÉS E, MARTINEZ-SALINAS E, MATUTE-VALLEJO J. A multidimensional approach to the influence of environmental marketing and orientation on the firm's organizational performance[J]. Journal of Business Ethics, 2009, 88: 263-286.

[64] GAVRONSKI I, KLASSEN R D, VACHON S, et al. A resource-based view of green supply management[J]. Transportation Research Part E: Logistics and Transportation Review, 2011, 47(6): 872-885.

[65] BELL G G, OPPENHEIMER R J, BASTIEN A. Trust deterioration in an international buyer-supplier relationship[J]. Journal of Business Ethics, 2002, 36: 65-78.

[66] SCHREYÖGG G, KLIESCH-EBERL M. How dynamic can organizational capabilities be? Towards a dual-process model of capability dynamization[J]. Strategic Management Journal, 2007, 28(9): 913-933.

[67] KASSINIS G I, SOTERIOU A C. Greening the service profit chain: The impact of environmental management practices[J]. Production and Operations Management, 2003, 12(3): 386-403.

[68] GERMAIN R, IYER K N S. The interaction of internal and downstream integration and its association with performance[J]. Journal of Business

Logistics, 2006, 27(2): 29-52.

[69] VERONA G. A resource-based view of product development[J]. Academy of Management Review, 1999, 24(1): 132-142.

[70] DE GIOVANNI P. Do internal and external environmental management contribute to the triple bottom line?[J]. International Journal of Operations & Production Management, 2012, 32(3): 265-290.

[71] GOLD S, SEURING S, BESKE P. Sustainable supply chain management and inter‐organizational resources: a literature review[J]. Corporate Social Responsibility and Environmental Management, 2010, 17(4): 230-245.

[72] GRANOVETTER M. Economic action and social structure: The problem of embeddedness[J]. American Journal of Sociology, 1985, 91(3): 481-510.

[73] GREEN JR K W, ZELBST P J, MEACHAM J, et al. Green supply chain management practices: impact on performance[J]. Supply Chain Management: An International Journal, 2012, 17(3): 290-305.

[74] GRANT R M. The resource-based theory of competitive advantage: implications for strategy formulation[J]. California Management Review, 1991, 33(3): 114-135.

[75] GRANT R M, SHANI R, KRISHNAN R. TQM's challenge to management theory and practice[J]. MIT Sloan Management Review, 1994, 35(2): 25.

[76] GRIFFITH A, BHUTTO K. Improving environmental performance through integrated management systems (IMS) in the UK[J]. Management of Environmental Quality: An International Journal, 2008, 19(5): 565-578.

[77] GRIFFITH A, BHUTTO K. Better environmental performance: A framework for integrated management systems (IMS) [J]. Management of Environmental Quality: An International Journal, 2009, 20(5): 566-580.

[78] HAIR J F, RINGLE C M, SARSTEDT M. PLS-SEM: Indeed a silver bullet[J]. Journal of Marketing theory and Practice, 2011, 19(2): 139-152.

[79] HANDFIELD R, SROUFE R, WALTON S. Integrating environmental management and supply chain strategies[J]. Business Strategy and the Environment, 2005, 14(1): 1-19.

[80] HANDFIELD R B, WALTON S V, SEEGERS L K, et al. 'Green' value chain practices in the furniture industry[J]. Journal of Operations Management, 1997, 15(4): 293-315.

[81] HOLLOS D, BLOME C, FOERSTL K. Does sustainable supplier co-operation affect performance? Examining implications for the triple bottom line[J]. International Journal of Production Research, 2012, 50(11): 2968-2986.

[82] HAIR JR J F, HULT G T M, RINGLE C M, et al. Partial least squares structural equation modeling (PLS-SEM) using R: A workbook[M]. Springer Nature, 2021.

[83] HAZLETON V, KENNAN W. Social capital: reconceptualizing the bottom line[J]. Corporate Communications: An International Journal, 2000, 5(2): 81-87.

[84] HENSELER J, RINGLE C M, SARSTEDT M. Using partial least squares path modeling in advertising research: basic concepts and recent issues[M]// Handbook of Research on International Advertising. USA: Edward Elgar Publishing, 2012.

[85] HENSELER J, RINGLE C M, SINKOVICS R R. The use of partial least squares path modeling in international marketing[M]//New challenges to international marketing. Leeds: Emerald Group Publishing Limited, 2009: 277-319.

[86] HERVANI A A, HELMS M M, SARKIS J. Performance measurement for green supply chain management[J]. Benchmarking: An international Journal, 2005, 12(4): 330-353.

[87] SUN H Y, NI W B. The impact of upstream supply and downstream demand integration on quality management and quality performance[J]. International Journal of Quality & Reliability Management, 2012, 29(8): 872-890.

[88] HORN P, SCHEFFLER P, SCHIELE H. Internal integration as a pre-condition for external integration in global sourcing: a social capital perspective[J]. International Journal of Production Economics, 2014, 153: 54-65.

[89] HOMBURG C, STOCK R M. The link between salespeople's job satisfaction

and customer satisfaction in a business-to-business context: A dyadic analysis[J]. Journal of the Academy of Marketing Science, 2004, 32: 144-158.

[90] HSU C C, CHOON TAN K, HANIM M Z S, et al. Supply chain drivers that foster the development of green initiatives in an emerging economy[J]. International Journal of Operations & Production Management, 2013, 33(6): 656-688.

[91] HUO B F. The impact of supply chain integration on company performance: an organizational capability perspective[J]. Supply Chain Management: An International Journal, 2012, 17(6): 596-610.

[92] HUO B F, HAN Z J, ZHAO X D, et al. The impact of institutional pressures on supplier integration and financial performance: Evidence from China[J]. International Journal of Production Economics, 2013, 146(1): 82-94.

[93] HUO B F, QI Y N, WANG Z Q, et al. The impact of supply chain integration on firm performance: The moderating role of competitive strategy[J]. Supply Chain Management: An International Journal, 2014, 19(4): 369-384.

[94] HUO B F, SELEN W, HOI Y Y J, et al. Understanding drivers of performance in the 3PL industry in Hong Kong[J]. International Journal of Operations & Production Management, 2008, 28(8): 772-800.

[95] HUO B F, ZHAO X D, LAI F J. Supply chain quality integration: antecedents and consequences[J]. IEEE Transactions on Engineering Management, 2013, 61(1): 38-51.

[96] HORN P, SCHEFFLER P, SCHIELE H. Internal integration as a pre-condition for external integration in global sourcing: a social capital perspective[J]. International Journal of Production Economics, 2014, 153: 54-65.

[97] GORDON S C, HUBER G A. The political economy of prosecution[J]. Annual Review of Law and Social Science, 2009, 5(1): 135-156.

[98] WU I L, CHUANG C H, HSU C H. Information sharing and collaborative behaviors in enabling supply chain performance: A social exchange perspective[J]. International Journal of Production Economics, 2014, 148: 122-132.

[99]   ARMSTRONG J S, OVERTON T S. Estimating nonresponse bias in mail surveys[J]. Journal of Marketing Research, 1977, 14(3): 396-402.

[100] NAHAPIET J, GHOSHAL S. Social capital, intellectual capital, and the organizational advantage[J]. Academy of Management Review, 1998, 23(2): 242-266.

[101] JAP S D. Perspectives on joint competitive advantages in buyer-supplier relationships[J]. International Journal of Research in Marketing, 2001, 18(1-2): 19-35.

[102] MCGUIRE J B, SUNDGREN A, SCHNEEWEIS T. Corporate social responsibility and firm financial performance[J]. Academy of Management Journal, 1988, 31(4): 854-872.

[103] DYER J H, SINGH H. The relational view: Cooperative strategy and sources of interorganizational competitive advantage[J]. Academy of Management Review, 1998, 23(4): 660-679.

[104] DYER J H, CHU W. The role of trustworthiness in reducing transaction costs and improving performance: Empirical evidence from the United States, Japan, and Korea[J]. Organization Science, 2003, 14(1): 57-68.

[105] JENNINGS V. Addressing the economic bottom line[M]// London: The Triple Bottom Line. Routledge, 2013: 155-166.

[106] LIAO J W, WELSCH H. Roles of social capital in venture creation: Key dimensions and research implications[J]. Journal of Small Business Management, 2005, 43(4): 345-362.

[107] DAI J, MONTABON F L, CANTOR D E. Linking rival and stakeholder pressure to green supply management: Mediating role of top management support[J]. Transportation Research Part E: Logistics and Transportation Review, 2014, 71: 173-187.

[108] NI J Z, FLYNN B B, JACOBS F R. Impact of product recall announcements on retailers' financial value[J]. International Journal of Production Economics, 2014, 153: 309-322.

[109] LLACH J, PERRAMON J, ALONSO-ALMEIDA M, et al. Joint impact of

quality and environmental practices on firm performance in small service businesses: An empirical study of restaurants[J]. Journal of Cleaner Production, 2013, 44: 96-104.

[110] DAVIS J M, MORA-MONGE C, QUESADA G, et al. Cross-cultural influences on e-value creation in supply chains[J]. Supply Chain Management: An International Journal, 2014, 19(2): 187-199.

[111] KAHN K B. Interdepartmental integration: a definition with implications for product development performance[J]. Journal of Product Innovation Management, 1996, 13(2): 137-151.

[112] KANNAN V R, TAN K C. Just in time, total quality management, and supply chain management: understanding their linkages and impact on business performance[J]. Omega, 2005, 33(2): 153-162.

[113] CONNER K R. A historical comparison of resource-based theory and five schools of thought within industrial organization economics: do we have a new theory of the firm?[J]. Journal of Management, 1991, 17(1): 121-154.

[114] KALE P, SINGH H, PERLMUTTER H. Learning and protection of proprietary assets in strategic alliances: Building relational capital[J]. Strategic Management Journal, 2000, 21(3): 217-237.

[115] KARIA N, WONG C Y. The impact of logistics resources on the performance of Malaysian logistics service providers[J]. Production Planning & Control, 2013, 24(7): 589-606.

[116] KLASSEN R D, MCLAUGHLIN C P. The impact of environmental management on firm performance[J]. Management science, 1996, 42(8): 1199-1214.

[117] KLASSEN R D, WHYBARK D C. Environmental management in operations: The selection of environmental technologies[J]. Decision Sciences, 1999, 30(3): 601-631.

[118] KLASSEN R D, WHYBARK D C. The impact of environmental technologies on manufacturing performance[J]. Academy of Management Journal, 1999, 42(6): 599-615.

[119] KAYNAK H. The relationship between total quality management practices and their effects on firm performance[J]. Journal of Operations Management, 2003, 21(4): 405-435.

[120] KAYNAK H, HARTLEY J L. A replication and extension of quality management into the supply chain[J]. Journal of Operations Management, 2008, 26(4): 468-489.

[121] LAI K H, WU S J, WONG C W Y. Did reverse logistics practices hit the triple bottom line of Chinese manufacturers?[J]. International Journal of Production Economics, 2013, 146(1): 106-117.

[122] SMITH K G, CARROLL S J, ASHFORD S J. Intra-and interorganizational cooperation: Toward a research agenda[J]. Academy of Management Journal, 1995, 38(1): 7-23.

[123] PETERSEN K J, HANDFIELD R B, LAWSON B, et al. Buyer dependency and relational capital formation: the mediating effects of socialization processes and supplier integration[J]. Journal of Supply Chain Management, 2008, 44(4): 53-65.

[124] GREEN JR K W, ZELBST P J, MEACHAM J, et al. Green supply chain management practices: impact on performance[J]. Supply Chain Management: An International Journal, 2012, 17(3): 290-305.

[125] ZHOU K Z, ZHANG Q Y, SHENG S B, et al. Are relational ties always good for knowledge acquisition? Buyer-supplier exchanges in China[J]. Journal of Operations Management, 2014, 32(3): 88-98.

[126] WOOK K S. Effects of supply chain management practices, integration and competition capability on performance[J]. Supply Chain Management: An International Journal, 2006, 11(3): 241-248.

[127] KIM S W. An investigation on the direct and indirect effect of supply chain integration on firm performance[J]. International Journal of Production Economics, 2009, 119(2): 328-346.

[128] KING A, LENOX M. Exploring the locus of profitable pollution reduction[J]. Management Science, 2002, 48(2): 289-299.

[129] KLEINDORFER P R, SINGHAL K, VAN W L N. Sustainable operations management[J]. Production and Operations Management, 2005, 14(4): 482-492.

[130] KRAUSE D R, HANDFIELD R B, TYLER B B. The relationships between supplier development, commitment, social capital accumulation and performance improvement[J]. Journal of Operations Management, 2007, 25(2): 528-545.

[131] KOUFTEROS X A, CHENG T C E, LAI K H. 'Black-box' and 'gray-box' supplier integration in product development: Antecedents, consequences and the moderating role of firm size[J]. Journal of Operations Management, 2007, 25(4): 847-870.

[132] KOUFTEROS X A, RAWSKI G E, RUPAK R. Organizational integration for product development: the effects on glitches, on‐time execution of engineering change orders, and market success[J]. Decision Sciences, 2010, 41(1): 49-80.

[133] KOUFTEROS X, VICKERY S K, DRÖGE C. The effects of strategic supplier selection on buyer competitive performance in matched domains: Does supplier integration mediate the relationships?[J]. Journal of Supply Chain Management, 2012, 48(2): 93-115.

[134] YUEN K F, THAI V V. The relationship between supply chain integration and operational performances: A study of priorities and synergies[J]. Transportation Journal, 2016, 55(1): 31-50.

[135] LAI K H, WONG C W Y. Green logistics management and performance: Some empirical evidence from Chinese manufacturing exporters[J]. Omega, 2012, 40(3): 267-282.

[136] LAI K H, CHENG T C E, YEUNG A C L. Relationship stability and supplier commitment to quality[J]. International Journal of Production Economics, 2005, 96(3): 397-410.

[137] LAI K H, WONG C W Y, LUN Y H V. The role of customer integration in extended producer responsibility: A study of Chinese export manufacturers[J].

International Journal of Production Economics, 2014, 147: 284-293.

[138] LAI K H, WU S J, WONG C W Y. Did reverse logistics practices hit the triple bottom line of Chinese manufacturers?[J]. International Journal of Production Economics, 2013, 146(1): 106-117.

[139] LAU A K W, YAM R C M, TANG E P Y. Supply chain integration and product modularity: An empirical study of product performance for selected Hong Kong manufacturing industries[J]. International Journal of Operations & Production Management, 2010, 30(1): 20-56.

[140] LAWSON B, COUSINS P D, HANDFIELD R B, et al. Strategic purchasing, supply management practices and buyer performance improvement: an empirical study of UK manufacturing organisations[J]. International Journal of Production Research, 2009, 47(10): 2649-2667.

[141] LAWSON B, TYLER B B, COUSINS P D. Antecedents and consequences of social capital on buyer performance improvement[J]. Journal of Operations Management, 2008, 26(3): 446-460.

[142] LEVARY R R. Better supply chains through information technology[J]. Industrial Management, 2000, 42(3): 24-24.

[143] LEE S Y. Drivers for the participation of small and medium - sized suppliers in green supply chain initiatives[J]. Supply Chain Management: An International Journal, 2008, 13(3): 185-198.

[144] ZHAO L, HUO B F, SUN L Y, et al. The impact of supply chain risk on supply chain integration and company performance: A global investigation[J]. Supply Chain Management: An International Journal, 2013, 18(2): 115-131.

[145] LI Y, ZHAO Y B, TAN J, et al. Moderating effects of entrepreneurial orientation on market orientation-performance linkage: Evidence from Chinese small firms[J]. Journal of Small Business Management, 2008, 46(1): 113-133.

[146] LI W L, HUMPHREYS P K, YEUNG A C L, et al. The impact of specific supplier development efforts on buyer competitive advantage: an empirical model[J]. International Journal of Production Economics, 2007, 106(1): 230-247.

[147] LIN C H, CHOW W S, MADU C N, et al. A structural equation model of supply chain quality management and organizational performance[J]. International Journal of Production Economics, 2005, 96(3): 355-365.

[148] MARSDEN P, LIN N. Social resources and instrumental action[J]. Social Structure and Network Analysis, 1982, 198.

[149] LIN N. Social capital: A theory of social structure and action[M]. Cambridge: Cambridge University Press, 2002.

[150] LINK S, NAVEH E. Standardization and discretion: Does the environmental standard ISO 14001 lead to performance benefits?[J]. IEEE Transactions on Engineering Management, 2006, 53(4): 508-519.

[151] LIU W. The environmental responsibility of multinational corporation[J]. Journal of American Academy of Business, 2010, 15(2): 81-88.

[152] LIU X B, YANG J, QU S X, et al. Sustainable production: Practices and determinant factors of green supply chain management of Chinese companies[J]. Business Strategy and the Environment, 2012, 21(1): 1-16.

[153] LO C K Y, YEUNG A C L, CHENG T C E. The impact of environmental management systems on financial performance in fashion and textiles industries[J]. International Journal of Production Economics, 2012, 135(2): 561-567.

[154] LO M S. Effects of supply chain position on the motivation and practices of firms going green[J]. International Journal of Operations & Production Management, 2013, 34(1): 93-114.

[155] LO V H Y, YEUNG A. Managing quality effectively in supply chain: a preliminary study[J]. Supply Chain Management: An International Journal, 2006, 11(3): 208-215.

[156] LO V H Y, YEUNG A H W, YEUNG A C L. How supply quality management improves an organization's quality performance: a study of Chinese manufacturing firms[J]. International Journal of Production Research, 2007, 45(10): 2219-2243.

[157] MELLAT-PARAST M. Supply chain quality management: An inter-

organizational learning perspective[J]. International Journal of Quality & Reliability Management, 2013, 30(5): 511-529.

[158] MELLAT-PARAST M, DIGMAN L A. Learning: The interface of quality management and strategic alliances[J]. International Journal of Production Economics, 2008, 114(2): 820-829.

[159] MELLO J E, STANK T P. Linking firm culture and orientation to supply chain success[J]. International Journal of Physical Distribution & Logistics Management, 2005, 35(8): 542-554.

[160] LOCKSTRÖM M, LEI L. Antecedents to supplier integration in China: A partial least squares analysis[J]. International Journal of Production Economics, 2013, 141(1): 295-306.

[161] MATHIYAZHAGAN K, GOVINDAN K, NOORUL H A. Pressure analysis for green supply chain management implementation in Indian industries using analytic hierarchy process[J]. International Journal of Production Research, 2014, 52(1): 188-202.

[162] BERNON M, UPPERTON J, BASTL M, et al. An exploration of supply chain integration in the retail product returns process[J]. International Journal of Physical Distribution & Logistics Management, 2013, 43(7): 586-608.

[163] PORTER M E. The contributions of industrial organization to strategic management[J]. Academy of Management Review, 1981, 6(4): 609-620.

[164] LI H X, KHALIL P. Review: The resource-based view and information systems research: Review, extension, and suggestions for future research[J]. Management, 2006: 131-136.

[165] ZHANG M, HUO B F. The impact of dependence and trust on supply chain integration[J]. International Journal of Physical Distribution & Logistics Management, 2013, 43(7): 544-563.

[166] MONTABON F, SROUFE R, NARASIMHAN R. An examination of corporate reporting, environmental management practices and firm performance[J]. Journal of Operations Management, 2007, 25(5): 998-1014.

[167] MONEVA J M, ORTAS E. Corporate environmental and financial

performance: a multivariate approach[J]. Industrial Management & Data Systems, 2010, 110(2): 193-210.

[168] MONEVA J M, RIVERA-LIRIO J M, MUÑOZ-TORRES M J. The corporate stakeholder commitment and social and financial performance[J]. Industrial Management & Data Systems, 2007, 107(1): 84-102.

[169] SAMBASIVAN M, BAH S M, JO-ANN H. Making the case for operating 'Green': Impact of environmental proactivity on multiple performance outcomes of Malaysian firms[J]. Journal of Cleaner Production, 2013, 42: 69-82.

[170] NAIR A. Meta-analysis of the relationship between quality management practices and firm performance-implications for quality management theory development[J]. Journal of Operations Management, 2006, 24(6): 948-975.

[171] NAHAPIET J, GHOSHAL S. Social capital, intellectual capital, and the organizational advantage[J]. Academy of Management Review, 1998, 23(2): 242-266.

[172] NARASIMHAN R, SWINK M, VISWANATHAN S. On decisions for integration implementation: An examination of complementarities between product-Process technology integration and supply chain integration[J]. Decision Sciences, 2010, 41(2): 355-372.

[173] NAKAO Y, AMANO A, MATSUMURA K, et al. Relationship between environmental performance and financial performance: an empirical analysis of Japanese corporations[J]. Business Strategy and the Environment, 2007, 16(2): 106-118.

[174] NEWBERT S L. Empirical research on the resource-based view of the firm: an assessment and suggestions for future research[J]. Strategic Management Journal, 2007, 28(2): 121-146.

[175] BUSTINZA O F, MOLINA L M, GUTIERREZ-GUTIERREZ L J. Outsourcing as seen from the perspective of knowledge management[J]. Journal of Supply Chain Management, 2010, 46(3): 23-39.

[176] GONZÁLEZ-TORRE P, ALVAREZ M, SARKIS J, et al. Barriers to the

implementation of environmentally oriented reverse logistics: Evidence from the automotive industry sector[J]. British Journal of Management, 2010, 21(4): 889-904.

[177] PEREIRA-MOLINER J, CLAVER-CORTÉS E, MOLINA-AZORÍN J F, et al. Quality management, environmental management and firm performance: Direct and mediating effects in the hotel industry[J]. Journal of Cleaner Production, 2012, 37: 82-92.

[178] CASTKA P, PRAJOGO D. The effect of pressure from secondary stakeholders on the internalization of ISO 14001[J]. Journal of Cleaner Production, 2013, 47: 245-252.

[179] PENG D X S, LAI F J. Using partial least squares in operations management research: A practical guideline and summary of past research[J]. Journal of Operations Management, 2012, 30(6): 467-480.

[180] WARD P, ZHOU H G. Impact of information technology integration and lean/just-in-time practices on lead‐time performance[J]. Decision Sciences, 2006, 37(2): 177-203.

[181] PRAJOGO D, OLHAGER J. Supply chain integration and performance: The effects of long-term relationships, information technology and sharing, and logistics integration[J]. International Journal of Production Economics, 2012, 135(1): 514-522.

[182] PULLMAN M E, MALONI M J, CARTER C R. Food for thought: Social versus environmental sustainability practices and performance outcomes[J]. Journal of Supply Chain Management, 2009, 45(4): 38-54.

[183] PUTNAM R D. The prosperous community[J]. The American Prospect, 1993, 4(13): 35-42.

[184] PUTNAM R D. Bowling alone: The collapse and revival of American community[M]. Simon and Schuster, 2000.

[185] ZHU Q H, GENG Y. Drivers and barriers of extended supply chain practices for energy saving and emission reduction among Chinese manufacturers[J]. Journal of Cleaner Production, 2013, 40: 6-12.

[186] NARASIMHAN R, SWINK M, VISWANATHAN S. On decisions for integration implementation: An examination of complementarities between product-Process technology integration and supply chain integration[J]. Decision Sciences, 2010, 41(2): 355-372.

[187] RAO P, HOLT D. Do green supply chains lead to competitiveness and economic performance?[J]. International Journal of Operations & Production Management, 2005, 25(9): 898-916.

[188] FLORIDA R. Lean and green: The move to environmentally conscious manufacturing[J]. California Management Review, 1996, 39(1): 80-105.

[189] OSBORN R N, HAGEDOORN J. The institutionalization and evolutionary dynamics of interorganizational alliances and networks[J]. Academy of Management Journal, 1997, 40(2): 261-278.

[190] LO M S. Effects of supply chain position on the motivation and practices of firms going green[J]. International Journal of Operations & Production Management, 2013, 34(1): 93-114.

[191] SUN H Y, NI W B. The impact of upstream supply and downstream demand integration on quality management and quality performance[J]. International Journal of Quality & Reliability Management, 2012, 29(8): 872-890.

[192] SWINK M, NARASIMHAN R, WANG C. Managing beyond the factory walls: effects of four types of strategic integration on manufacturing plant performance[J]. Journal of Operations Management, 2007, 25(1): 148-164.

[193] TATE W L, ELLRAM L M, KIRCHOFF J F. Corporate social responsibility reports: a thematic analysis related to supply chain management[J]. Journal of Supply Chain Management, 2010, 46(1): 19-44.

[194] TEECE D J, PISANO G, SHUEN A. Dynamic capabilities and strategic management[J]. Strategic Management Journal, 1997, 18(7): 509-533.

[195] KULL T J, NARASIMHAN R, SCHROEDER R. Sustaining the benefits of a quality initiative through cooperative values: A longitudinal study[J]. Decision Sciences, 2012, 43(4): 553-588.

[196] KULL T J, NARASIMHAN R. Quality management and cooperative values:

Investigation of multilevel influences on workgroup performance[J]. Decision Sciences, 2010, 41(1): 81-113.

[197] YE F, ZHAO X D, PRAHINSKI C, et al. The impact of institutional pressures, top managers' posture and reverse logistics on performance-Evidence from China[J]. International Journal of Production Economics, 2013, 143(1): 132-143.

[198] LI Y. Environmental innovation practices and performance: Moderating effect of resource commitment[J]. Journal of Cleaner Production, 2014, 66: 450-458.

[199] YU W T, CHAVEZ R, FENG M Y, et al. Integrated green supply chain management and operational performance[J]. Supply Chain Management: An International Journal, 2014, 19(5/6): 683-696.

[200] HANIM M Z S, ELTAYEB T K, HSU C C, et al. The impact of external institutional drivers and internal strategy on environmental performance[J]. International Journal of Operations & Production Management, 2012, 32(6): 721-745.

[201] ZAHEER A, MCEVILY B, PERRONE V. Does trust matter? Exploring the effects of interorganizational and interpersonal trust on performance[J]. Organization Science, 1998, 9(2): 141-159.

[202] ZHAO L, HUO B F, SUN L Y, et al. The impact of supply chain risk on supply chain integration and company performance: A global investigation[J]. Supply Chain Management: An International Journal, 2013, 18(2): 115-131.

[203] ZHAO X D, FLYNN B B, ROTH A V. Decision sciences research in China: current status, opportunities, and propositions for research in supply chain management, logistics, and quality management[J]. Decision Sciences, 2007, 38(1): 39-80.

[204] ZHAO X D, HUO B F, SELEN W, et al. The impact of internal integration and relationship commitment on external integration[J]. Journal of Operations Management, 2011, 29(1-2): 17-32.

[205] HAN Z J, HUO B F. The impact of green supply chain integration on sustainable performance[J]. Industrial Management & Data Systems, 2020,

120(4): 657-674.

[206]　ZHANG M, HUO B F. The impact of dependence and trust on supply chain integration[J]. International Journal of Physical Distribution & Logistics Management, 2013, 43(7): 544-563.

[207]　ZHU Q H, SARKIS J. The moderating effects of institutional pressures on emergent green supply chain practices and performance[J]. International Journal of Production Research, 2007, 45(18-19): 4333-4355.

[208]　ZHU Q H, GENG Y, LAI K H. Circular economy practices among Chinese manufacturers varying in environmental-oriented supply chain cooperation and the performance implications[J]. Journal of Environmental Management, 2010, 91(6): 1324-1331.

[209]　李惠斌. 社会资本与社会发展引论[J]. 马克思主义与现实，2000（2）：35-40.

[210]　熊捷，孙道银. 企业社会资本、技术知识获取与产品创新绩效关系研究[J]. 管理评论，2017，29（5）：23-39.

[211]　冯长利，刘洪涛，梅小敏. 供应链整合与企业绩效的关系研究——基于 Meta 分析[J]. 管理评论，2016，28（11）：217-227.

[212]　包凤耐，彭正银. 网络能力视角下企业关系资本对知识转移的影响研究[J]. 南开管理评论，2015，18（3）：95-101.

[213]　文风，成龙，冯华. 供应链社会资本对供应链整合影响的实证研究[J]. 科技进步与对策，2015，32（22）：5.

[214]　方杰，温忠麟，张敏强，等. 基于结构方程模型的多重中介效应分析[J]. 心理科学，2014，37（3）：735-741.

[215]　刘衡，李垣，李西垚，等. 关系资本、组织间沟通和创新绩效的关系研究[J]. 科学研究，2010，28（12）：1912-1919.

[216]　朱庆华，耿涌. 绿色供应链管理动力转换模型实证研究[J]. 管理评论，2009，21（11）：113-120.

[217]　朱庆华. 绿色供应链管理[M]. 北京：化学工业出版社，2004.

[218]　朱庆华，耿涌. 基于统计分析的中国制造业绿色供应链管理动力研究[J]. 管理学报，2009，6（8）：1029-1034.

[219] 曾文杰，马士华. 信任和权力对供应链协同影响的实证研究[J]. 武汉理工大学学报（信息与管理工程版），2011，33（2）：314-319，324.

[220] 赵丽，孙林岩，李刚，等. 中国制造企业供应链整合与企业绩效的关系研究[J]. 管理工程学报，2011，25（3）：1-9.

[221] 叶飞，薛运普. 供应链伙伴间信息共享对运营绩效的间接作用机理研究——以关系资本为中间变量[J]. 中国管理科学，2011，19（6）：112-125.

[222] 曹智，霍宝锋，赵先德. 供应链整合模式与绩效：全球视角[J]. 科学与科学技术管理，2012，33（7）：44-52.

[223] 戴万亮，张慧颖，金彦龙. 内部社会资本对产品创新的影响——知识螺旋的中介效应[J]. 科学研究，2012，30（8）：1263-1271.

[224] 陆杉. 供应链关系资本及其对供应链协同影响的实证研究[J]. 软科学，2012，26（9）：39-43.

[225] 霍宝锋，韩昭君，赵先德. 权力与关系承诺对供应商整合的影响[J]. 管理科学学报，2013，16（4）：33-50.

[226] 张慧颖，徐可，于淏川. 社会资本和供应链整合对产品创新的影响研究——基于中国实证调查的中介效应模型[J]. 华东经济管理，2013，27（7）：164-170.

[227] 郁玉兵，熊伟，代吉林. 供应链质量管理与绩效关系研究述评及展望[J]. 软科学，2014，28（8）：141-144.

[228] 张妍，魏江. 战略导向国内外研究述评与未来展望[J]. 中国科技论坛，2014，（11）：139-143.

[229] 张爱丽. 内外部社会资本对知识创造作用的实证研究[J]. 科学研究，2010，28（4）：591-596.

[230] 刘莉. 供应链整合与企业竞争优势关系研究[J]. 中国流通经济，2008，（2）：30-33.

[231] 潘文安. 基于整合能力的供应链伙伴关系与企业竞争优势研究[J]. 科研管理，2006（6）：47-53.

[232] 陈建华，马士华. 供应链整合管理的实现机制与技术解决方案[J]. 工业工程与管理，2006（1）：23-31.

[233] 朱庆华，曲英. 中国制造企业绿色供应链管理实践统计分析[J]. 管理科学，2005（2）：2-7.

[234] 汪应洛，王能民，孙林岩. 绿色供应链管理的基本原理[J]. 中国工程科学，2003（11）：82-87.

[235] 马祖军. 绿色供应链管理的集成特性和体系结构[J]. 南开管理评论，2002（6）：47-50.

[236] 曾文杰，马士华. 制造行业供应链合作关系对协同及运作绩效影响的实证研究[J]. 管理学报，2010，7（8）：1221-1227.

[237] 郭毅，朱熹. 国外社会资本与管理学研究新进展——分析框架与应用述评[J]. 外国经济与管理，2003（7）：2-7.

[238] 鲍盛祥，陶文庆. 外部社会资本对新创企业绩效的影响研究——知识获取的中介作用[J]. 工业技术经济，2014，33（9）：144-152.

[239] 田亚飞，宋彧. 联盟企业社会资本对联盟绩效的影响研究[J]. 中国管理信息化，2018，21（10）：109-110.

[240] 邓龙安，徐玖平. 供应链整合下的企业网络创新绩效管理研究[J]. 科学与科学技术管理，2008（2）：86-90.

[241] 杨光勇，计国君. 构建基于三重底线的绿色供应链：欧盟与美国的环境规制比较[J]. 中国工业经济，2011（2）：120-130.

[242] 杨耀红，段文凤，宋雅静. 基于激励机制的工程供应链合作绩效系统模拟研究[J]. 价值工程，2012，31（32）：16-18.

[243] 邹安全，罗杏玲，全春光. 基于 EIO-LCA 的钢铁产品生命周期碳排放研究[J]. 管理世界，2013（12）：178-179.

[244] 罗胜强，姜嬿. 管理学问卷调查研究方法[M]. 重庆：重庆大学出版社，2014.

[245] 周浩，龙立荣. 共同方法偏差的统计检验与控制方法[J]. 心理科学进展，2004（6）：942-950.

[246] 温忠麟，黄彬彬，汤丹丹. 问卷数据建模前传[J]. 心理科学，2018，41（1）：204-210.

[247] 孙兰兰，翟士运，王竹泉. 供应商关系、社会信任与商业信用融资效应[J]. 软科学，2017，31（2）：71-74.

[248] 冯华，魏娇娇. 社会控制与供应链整合之间的相互作用关系探讨——以依赖和信息共享能力为中介[J]. 珞珈管理评论，2019（3）：175-192.